# Ambiente e arquitetura hospitalar

Graciele de Matia

O selo DIALÓGICA da Editora InterSaberes faz referência às publicações que privilegiam uma linguagem na qual o autor dialoga com o leitor por meio de recursos textuais e visuais, o que torna o conteúdo muito mais dinâmico. São livros que criam um ambiente de interação com o leitor – seu universo cultural, social e de elaboração de conhecimentos –, possibilitando um real processo de interlocução para que a comunicação se efetive.

# Ambiente e arquitetura hospitalar

Graciele de Matia

EDITORA
**intersaberes**

Rua Clara Vendramin, 58 . Mossunguê
CEP 81200-170 . Curitiba . PR . Brasil
Fone: (41) 2106-4170
www.intersaberes.com
editora@editoraintersaberes.com.br

**Conselho editorial**
Dr. Ivo José Both (presidente)
Dr.ª Elena Godoy
Dr. Neri dos Santos
Dr. Ulf Gregor Baranow

**Editora-chefe**
Lindsay Azambuja

**Supervisora editorial**
Ariadne Nunes Wenger

**Analista editorial**
Ariel Martins

**Preparação de originais**
Gilberto Girardello Filho

**Copidesque**
Emilson Werner

**Capa**
Charles L. da Silva (*design*)
Spotmatik Ltd/Shutterstock (imagem)

**Projeto gráfico**
Charles L. da Silva (*design*)
MSSA/Shutterstock (imagem)

**Diagramação**
Kátia Priscila Irokawa

**Iconografia**
Regina Claudia Cruz Prestes

Dados Internacionais de Catalogação na Publicação (CIP)
(Câmara Brasileira do Livro, SP, Brasil)

| |
|---|
| Matia, Graciele de |
| Ambiente e arquitetura hospitalar/Graciele de Matia. Curitiba: InterSaberes, 2017. (Série Princípios da Gestão Hospitalar) |
| Bibliografia. |
| ISBN 978-85-5972-372-4 |
| 1. Arquitetura (Tecnologia do Ambiente) 2. Arquitetura de hospitais 3. Hospitais – Administração 4. Hospitais – Arquitetura 5. Serviço de saúde – Administração. I. Título. II. Série. |
| 17-02491                                                           CDD-362.1068 |

Índice para catálogo sistemático:
1. Ambiente e arquitetura hospitalar: Administração 362.1068

1ª edição, 2017.

Foi feito o depósito legal.

Informamos que é de inteira responsabilidade da autora a emissão de conceitos.

Nenhuma parte desta publicação poderá ser reproduzida por qualquer meio ou forma sem a prévia autorização da Editora InterSaberes.

A violação dos direitos autorais é crime estabelecido na Lei n. 9.610/1998 e punido pelo art. 184 do Código Penal.

# Sumário

| | |
|---|---|
| 7 | *Dedicatória* |
| 9 | *Agradecimentos* |
| 11 | *Prefácio* |
| 15 | *Apresentação* |
| 19 | *Como aproveitar ao máximo este livro* |

Capítulo 1
23 **O hospital: história e conceitos**
30  1.1 Um pouco de história dos hospitais
47  1.2 O conceito atual de hospital e suas consequências

Capítulo 2
61 **Ambiente hospitalar: ambiência, composição e estrutura dos serviços de saúde**
64  2.1 A arquitetura de hospitais e serviços de saúde
95  2.2 Bases de desenho arquitetônico
109  2.3 Ambiência do hospital
118  2.4 Proposta de efetivação para a infraestrutura hospitalar

Capítulo 3
133 **Normativas para a arquitetura de serviços de saúde**
136  3.1 A Resolução RDC n. 50/2002, de 21 de fevereiro de 2002, e normas correlatas
141  3.2 Atribuições dos estabelecimentos assistenciais
166  3.3 Critérios para projetos de estabelecimentos assistenciais de saúde
227  3.4 Níveis de biossegurança
233  3.5 Condições ambientais de conforto em ambientes hospitalares

Capítulo 4
251 **Princípios sobre o custo das decisões arquitetônicas**
255 4.1 Custos de construção e de manutenção
256 4.2 Divisão dos edifícios em planos horizontais, verticais e instalações
259 4.3 Concepção da planta do edifício e sua relação com o custo
260 4.4 Quantidade de andares e custos relativos
262 4.5 Manutenção da arquitetura hospitalar

267 *Para concluir...*
269 *Lista de siglas*
271 *Referências*
289 *Respostas*
293 *Sobre a autora*

# Dedicatória

Dedico este livro a todos os profissionais que trabalham diariamente em prol de uma melhor assistência à saúde.

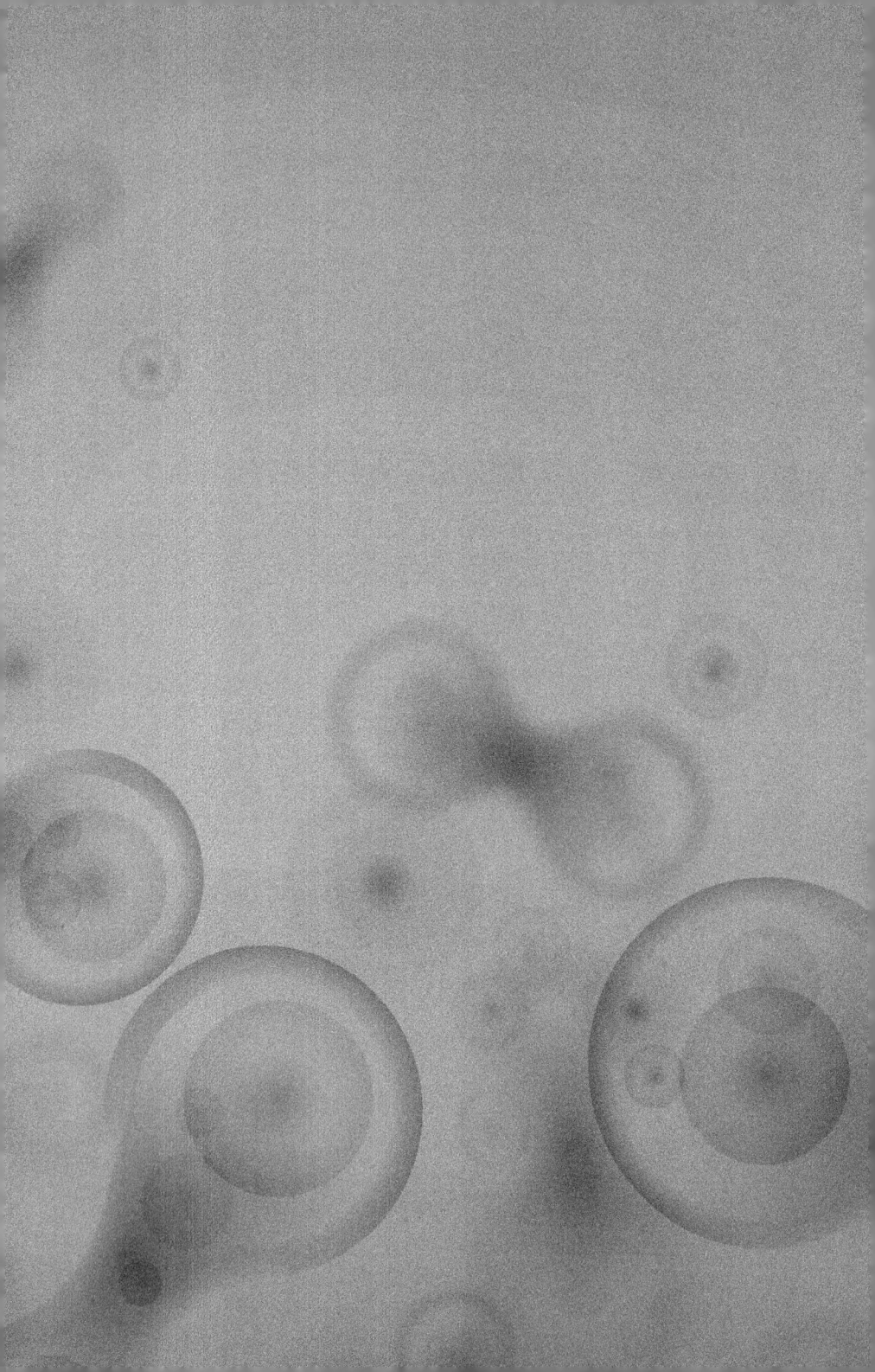

# Agradecimentos

Escrever um livro é um trabalho que apresenta muitos desafios, e o que aparentemente é uma tarefa individual, revela-se um esforço coletivo, pois até mesmo as discussões com os colegas colaboram para a escrita.

Carinhosamente, agradeço a meus pais, João Pedro de Matia e Maria Edite de Matia, pelo incentivo de uma vida toda, e também a meu esposo, Ruderson G. da Silva, e aos meus filhos, Victor G. de Matia e Pedro G. de Matia, por serem presentes em todos os minutos de minha vida e por compreenderem minhas ausências.

Agradeço, ainda, às alunas de iniciação científica Alessandra Luisa Kosiol e Ana Carolina Cardoso de Almeida, por todo o apoio, e também à pedagoga Aline de Mattos Guilhermette, que fez as adaptações necessárias para que esta obra se tornasse atrativa para a educação a distância

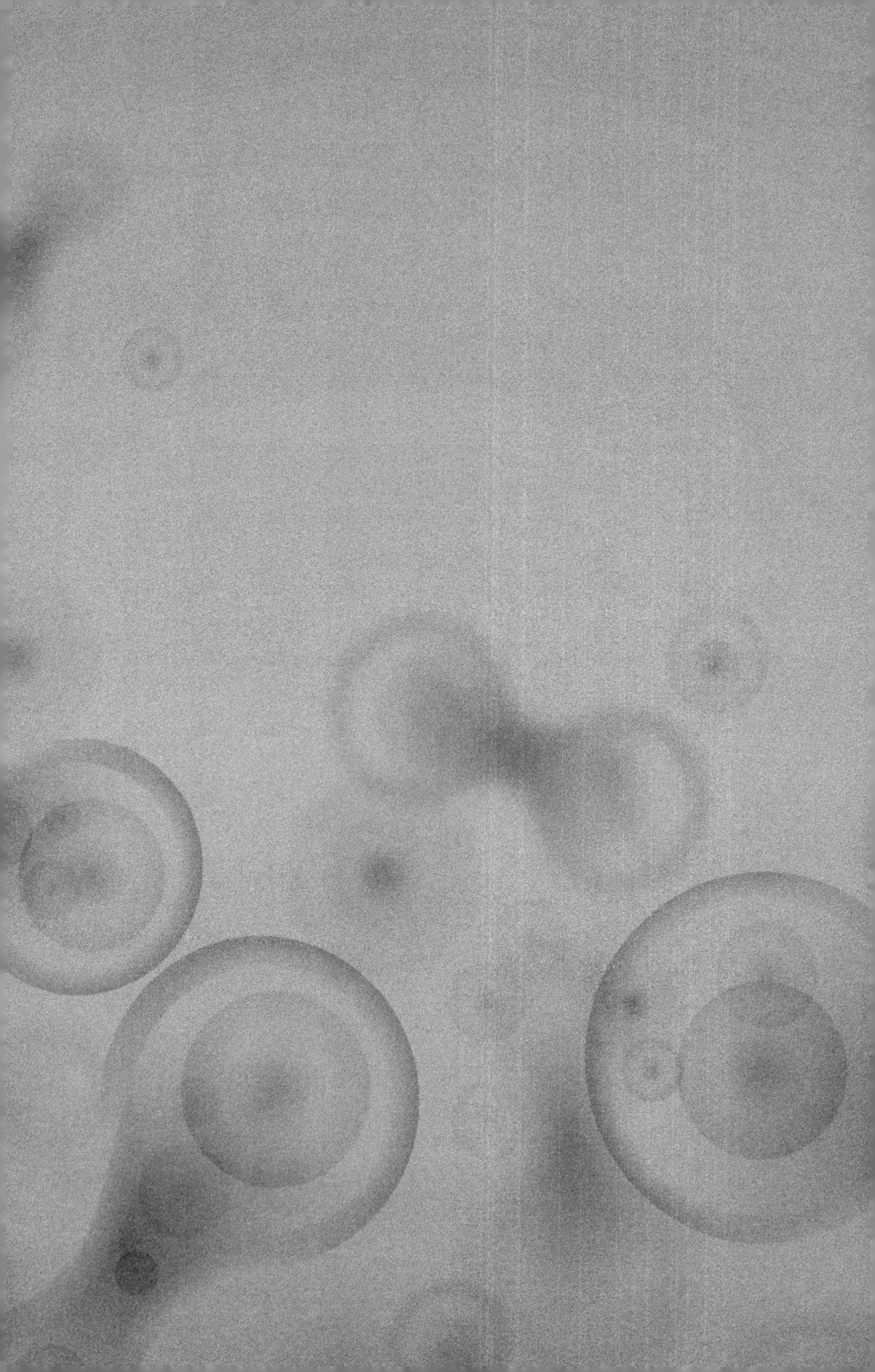

# Prefácio

Pensar em **estrutura hospitalar** nos remete a uma reflexão sobre espaços que permitam acolher os clientes de forma humanizada, com segurança e que satisfaçam às necessidades de todos aqueles que os utilizarão.

Humanizar o ambiente é auxiliar na recuperação dos indivíduos, por meio de uma equipe em condições de fazer o melhor trabalho possível, são ações que significam oferecer mais que uma assistência segura: podemos propiciar um ambiente seguro, que seja harmonioso, acolhedor e agradável, construindo uma realidade mais próxima daquela vivida diariamente pelas pessoas.

Precisamos levar em conta que é no momento da internação hospitalar que os clientes demonstram mais fragilidade e necessitam de condições favoráveis a seu restabelecimento. Portanto, aspectos como inovação tecnológica, alguns programas institucionais (como rodas de conversa e o Projeto Cão Amigo) e espaços externos que favoreçam o contato com a natureza são fatores que interferem na cura e amenizam o sofrimento no período de permanência nos hospitais.

O arquiteto, antes de iniciar o projeto, deve conhecer o perfil e a missão do hospital, o perfil dos clientes que serão atendidos, a filosofia da instituição e seus valores, buscando entender as necessidades e aplicando esses conhecimentos para construir ambientes conceitualmente inovadores e que favoreçam a recuperação da saúde.

A estada em um hospital é um momento de fragilidade, tanto do cliente quanto de sua família, tempo em que se busca o restabelecimento físico e emocional. Assim, além de uma longa e detalhada legislação que deve ser cumprida, é necessário atender a clientes de diferentes faixas etárias e conforme seu perfil – pessoas com deficiência, idosos, crianças e acompanhantes –, ambientando-os com cores agradáveis, ambientes calmos, espaços amplos, identificação clara dos ambientes, iluminação o mais natural possível, para que os clientes possam se ambientar no tempo e no espaço, sentindo-se parte da sociedade, com o direito de ter a melhor qualidade disponível para seu restabelecimento. Jardins, solários, espaços de convivência e brinquedoteca também devem ser pensados para proporcionar bem-estar e auxiliar na recuperação.

Atualmente, o conceito de **arquitetura hospitalar** passa por adequações e inovações, desde a hotelaria até as instalações de internamento e alta. Os hospitais são empresas de administração complexa, pois se configuram como um conjunto de vários serviços – como recepção, rouparia, segurança, lanchonete, descansos, vestiários, administração de resíduos (que fazem parte da hotelaria), serviço de imagem, ambulatório, serviço de nutrição, engenharia clínica, engenharia civil, emergência e ala de internação, entre outros – em um único espaço.

Além de refletir sobre sua estrutura física, uma organização de saúde deve ser conduzida como uma empresa, com desafios e oportunidades, otimizando os recursos disponíveis sem desperdícios, por meio de planejamento e gestão eficazes.

Nas maternidades, nos hospitais geriátricos, nas alas pediátricas e nos centros de terapia intensiva (CTIs), independentemente do setor, é necessário inovar em relação às estruturas clássicas existentes, criando espaços propícios a suprir necessidades físicas e emocionais, trazendo aos clientes uma reaproximação à

realidade externa e oferecendo, ao mesmo tempo, serviço de qualidade e com segurança.

Com a crescente expectativa de vida e a pirâmide etária da população brasileira passando por uma inversão significativa, devem ser pensados ambientes que atendam particularmente às necessidades das pessoas idosas: espaços seguros, que favoreçam a locomoção, que evitem quedas e auxiliem nos cuidados específicos e especiais a serem oferecidos.

As contribuições para o meio ambiente, que abrangem reaproveitamento da água da chuva, investimentos em aquecimento solar, janelas com iluminação natural e políticas de destino de resíduos são imprescindíveis para melhorar a qualidade do ar que se respira e também para evitar desperdício de água e contaminação do solo, com perspectivas inclusive de melhora na saúde das pessoas, um retorno indireto, mas bastante benéfico. Aos gestores hospitalares, cabe se preparar para esses desafios, investindo no conhecimento e na atualização constante, valorizando o contexto geral da instituição a fim de oferecer serviços de excelência, com a otimização de escalas e insumos e com tecnologias que possibilitem diagnósticos e tratamentos aos pacientes em tempo hábil e com resolutividade.

Assim, não basta projetar – é preciso ter **olhar holístico**, buscando atender a todas as demandas, inovar e ter criatividade, tornando o ambiente hospitalar um local que vá além da mera prestação de serviços, sendo espaço para recuperação física e mental dos indivíduos. Isso é obtido por meio de participação ativa de técnicos da saúde nos projetos, em trabalho harmônico com os arquitetos, desde a concepção da ideia até a finalização da construção, processo no qual as decisões não atenderão apenas ao critério estético, mas ao ético, da prática do cuidado, com o oferecimento de serviços dignos.

Vale lembrar, ainda, que todas essas propostas devem fazer parte do planejamento de hospitais privados e públicos, com olhar integral em direção à assistência aos indivíduos.

Esses são os desafios para os novos profissionais, que podem e devem valorizar a arquitetura mais antiga, mas também adequar os espaços internos para atender à evolução necessária na assistência, com ousadia, inovação e criatividade, sem deixar de atender às normas que regem a construção de edificações hospitalares.

Com isso, este livro deve trazer à baila novos conceitos, novos olhares, novos pensamentos. A autora, ao realizar uma análise detalhada de vários aspectos da estrutura física hospitalar, nos conduz a uma série de reflexões sobre questões ambientais, estruturais e, principalmente, com um olhar para o aspecto humano. Não são apenas tijolos nem apenas tinta, mas a mão do homem criando para o homem!

Tereza Kindra
Diretora de Atenção à Saúde da Fundação Estatal de Atenção Especializada em Saúde de Curitiba (Feaes)

# Apresentação

Direcionada principalmente aos profissionais da área da saúde que têm interesse em estruturas hospitalares, nesta obra discutimos como o planejamento e a execução de uma estrutura hospitalar são ações que requerem uma parceria incessante de vários profissionais, os quais devem trabalhar com um objetivo comum: implantar a melhor estrutura possível para prestar a melhor assistência aos que utilizam esse serviço.

Veremos, ao longo do livro, que um planejamento adequado deve ter vários focos, como a acessibilidade, as barreiras, as proteções, os meios e os recursos (físicos, funcionais e operacionais), aspectos que podem auxiliar na redução das infecções hospitalares.

Sabemos que, como balizador de todas essas vertentes, temos o custo dessa arquitetura e, posteriormente, sua manutenção. Estes são os desafios que apresentaremos de maneira clara e objetiva, tornando você, leitor, um coautor desta obra, considerando suas práticas e conhecimentos prévios.

Contextualizaremos o ambiente e a arquitetura hospitalar e analisaremos a participação da equipe de saúde no planejamento da infraestrutura hospitalar. Em seguida, apresentaremos as principais normas para a construção de estabelecimentos de saúde e sua composição física. Finalmente, do custo das decisões arquitetônicas. Toda a estrutura deste livro foi pensada de maneira singular, a fim de aprofundar seus conhecimentos sobre os temas abordados.

Para atender aos objetivos propostos, dividimos a obra em 4 capítulos. No Capítulo 1, traremos um resumo da história dos hospitais e estabelecimentos similares, bem como trataremos do conceito atual de hospital e suas consequências. No Capítulo 2, trataremos sobre o ambiente e a arquitetura hospitalar e sobre a relevância da participação da equipe de saúde no planejamento da infraestrutura desse ambiente. Já no Capítulo 3, apresentaremos as principais normativas para a construção de estabelecimentos de saúde e no Capítulo 4 analisaremos algumas bases sobre os custos das decisões arquitetônicas.

Nessa seleção de tópicos a serem tratados, tencionamos satisfazer a necessidade do profissional de gestão e planejamento hospitalar de obter conhecimentos relevantes para poder lidar com decisões relacionadas a ambientes e estruturas hospitalares em seu cotidiano de trabalho.

*A ciência descreve as coisas como são; a arte, como são sentidas, como se sente que são.*

*Fernando Pessoa, 1966*

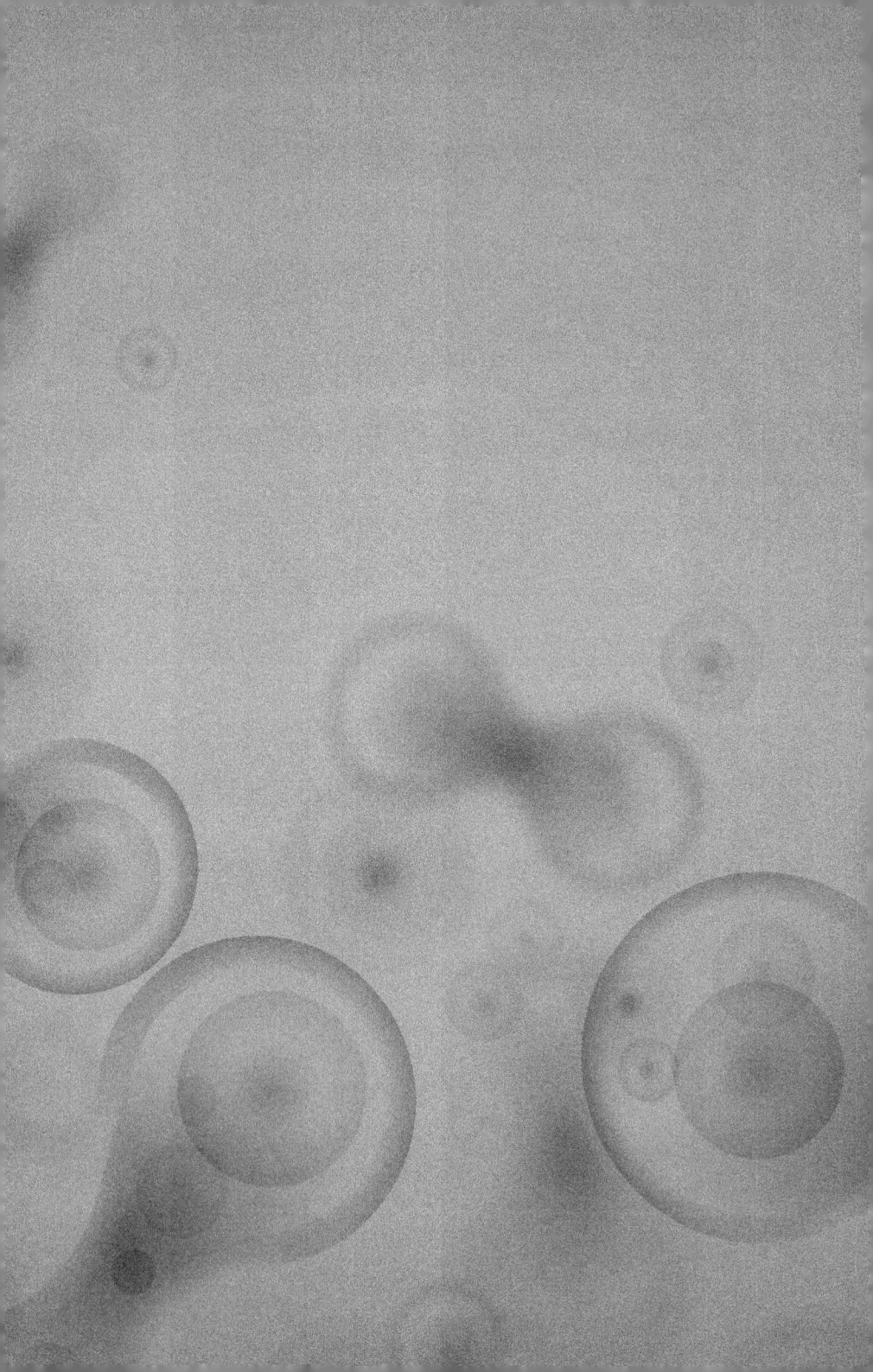

# Como aproveitar ao máximo este livro

Este livro traz alguns recursos que visam enriquecer o seu aprendizado, facilitar a compreensão dos conteúdos e tornar a leitura mais dinâmica. São ferramentas projetadas de acordo com a natureza dos temas que vamos examinar. Veja a seguir como esses recursos se encontram distribuídos no decorrer desta obra.

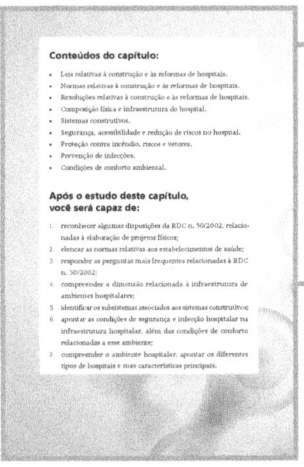

*Conteúdos do capítulo:*

Logo na abertura do capítulo, você fica conhecendo os conteúdos que nele serão abordados.

*Após o estudo deste capítulo,*
*você será capaz de:*

Você também é informado a respeito das competências que irá desenvolver e dos conhecimentos que irá adquirir com o estudo do capítulo.

## Estudo de caso

Esta seção traz ao seu conhecimento situações que vão aproximar os conteúdos estudados de sua prática profissional.

## Síntese

Você dispõe, ao final do capítulo, de uma síntese que traz os principais conceitos abordados.

## Questões para revisão

Com estas atividades, você tem a possibilidade de rever os principais conceitos analisados. Ao final do livro, os autores disponibilizam as respostas às questões, a fim de que você possa verificar como está sua aprendizagem.

## Questões para reflexão

Nesta seção, a proposta é levá-lo a refletir criticamente sobre alguns assuntos e a trocar ideias e experiências com seus pares.

## Para saber mais

Você pode consultar as obras indicadas nesta seção para aprofundar sua aprendizagem.

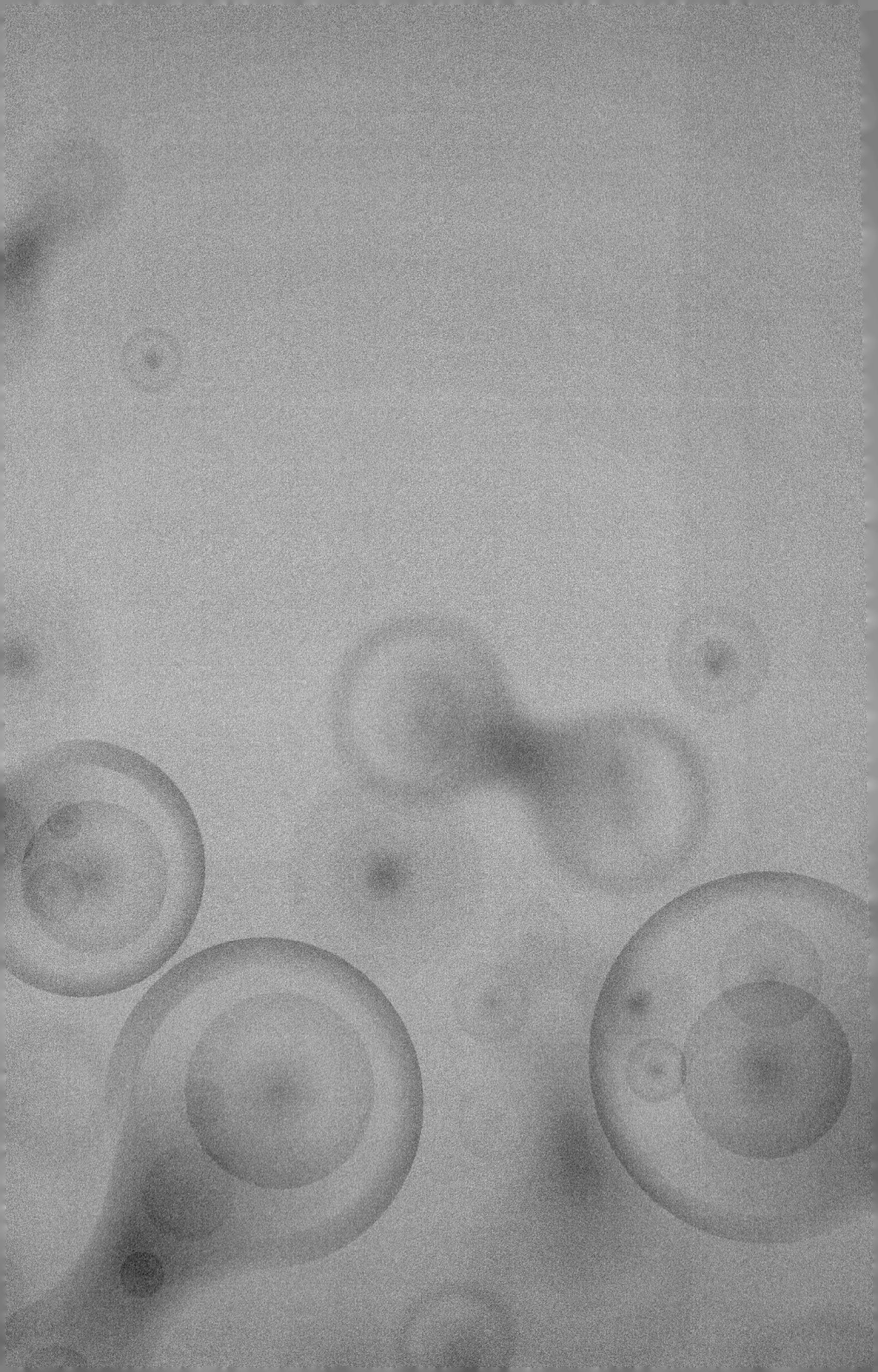

**Capítulo 1**
# O hospital: história e conceitos

**Conteúdos do capítulo:**

- História dos hospitais e estabelecimentos similares.
- Conceito de hospital e estabelecimentos assistenciais de saúde (EASs).
- Tipologia de estabelecimentos de saúde.

**Após o estudo deste capítulo, você será capaz de:**

1. acompanhar a história dos hospitais na humanidade;
2. identificar o que é um hospital atualmente e como ele se constitui;
3. apontar a tipologia dos estabelecimentos de saúde adotada no Brasil.

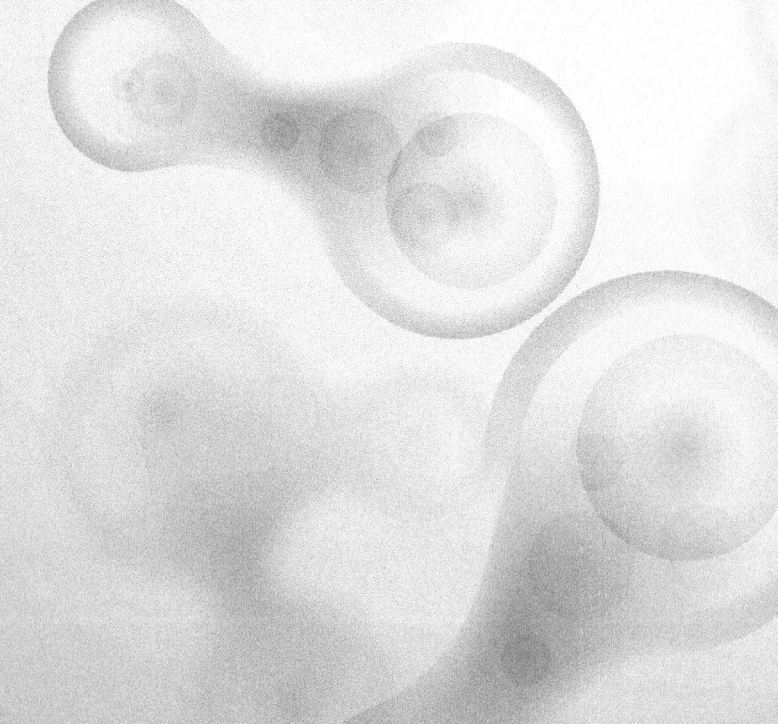

Atualmente, devemos pensar o conceito de **hospital** atrelado a uma nova configuração, cada vez mais vinculada ao processo de planejamento. Para tanto, é necessário incorporar aos projetos dessas instituições dimensões de conforto ambiental, procurando aumentar, por exemplo, a eficiência energética, por meio de técnicas alternativas de racionalização, e tomar medidas que também reduzam o consumo e o desperdício de água, bem como aproveitem as condições climáticas favoráveis do local.

Devemos observar, também, que é preciso agregar uma compreensão humana aos estabelecimentos e construir relações psicológicas entre os indivíduos e o espaço que os acolhe como elemento de cura, uma vez que a humanização do ambiente hospitalar favorece o tratamento dos pacientes, além do bem-estar dos profissionais que trabalham nesse local.

Tais locais devem ser versáteis e capazes de assimilar a constante evolução tecnológica dos equipamentos e de criar condições de sustentabilidade do momento da sua construção à sua operação (Souza, 2008). Dessa forma, percebemos que o planejamento do espaço físico hospitalar traz grandes benefícios para a instituição e para seus funcionários, como melhor aproveitamento de espaços e redução de gastos desnecessários, além de estar relacionado ao processo de cura dos pacientes (Lima; Lopes; Gonçalves, 2010).

Nos últimos tempos, os estabelecimentos assistenciais de saúde (EASs) vêm ganhando semelhanças a empreendimentos empresariais, em face da necessidade de se desenvolverem mecanismos de planejamento que direcionem e organizem essas instituições, que se tornam cada vez mais flexíveis e, ao mesmo tempo, complexas.

Além disso, as transformações tecnológicas, assim como os novos conceitos e as novas metodologias sobre como tratar as enfermidades, fazem com que as instituições de saúde repensem seu cenário, demandando um novo modelo de instituição hospitalar, com uma estrutura física altamente flexível, o que aumenta sua capacidade de adaptação, sem esquecer medidas que reduzam os custos, tanto operacionais quanto físicos (Souza, 2008). Para que se obtenha esse bom aproveitamento, é preciso elaborar um projeto e, nessa elaboração, é necessária a participação de uma equipe multiprofissional (Lima; Lopes; Gonçalves, 2010).

Podemos considerar um bom planejamento aquele realizado de forma proativa, ou seja, elaborado com vistas ao bom funcionamento e ao atingimento dos objetivos estabelecidos (Lima; Lopes; Gonçalves, 2010). Dessa forma, para se ter uma boa estrutura física, é preciso discutir toda a programação do hospital, listar os ambientes que são necessários na instituição e considerar a funcionalidade de cada local.

Durante a elaboração dos projetos hospitalares, percorrem-se três etapas imprescindíveis:

1. **Estudo preliminar** – É a etapa em que se realiza o estudo técnico, considerando a análise da viabilidade das soluções com base nos dados levantados no local. Assim, são consideradas as condições físicas, a demanda de eventuais condicionantes do contratante e os demais elementos existentes relativos ao problema. Após essa análise, deve-se escolher uma ou mais soluções que respondam aos objetivos propostos e que sejam passíveis de aplicação naquela realidade hospitalar. O estudo preliminar procura estabelecer a solução que atenda às necessidades determinadas anteriormente, levando em consideração as variáveis legais, técnicas, econômicas e ambientais do empreendimento (Brasil, 2002a).

2. **Projeto básico** – Trata-se da etapa em que são definidos os critérios técnicos e dimensionais das soluções adotadas. Nesta fase do projeto, deve-se incluir a descrição clara e precisa do sistema proposto, bem como a indicação de todos os componentes, características e materiais que serão utilizados em cada edificação. O projeto básico atualiza e aprofunda as informações já constantes do estudo preliminar, sempre considerando o detalhamento relativo aos materiais, equipamentos e serviços previstos (Brasil, 2002a).
3. **Projeto executivo** – É nesta etapa que deve ser apresentada a concepção da estrutura de todos os componentes do projeto. Alguns detalhes são importantes e devem ser considerados, como as atividades que ocorrerão na instituição de saúde, o número de leitos e os materiais e equipamentos que serão utilizados em cada divisão. Partindo-se da proposta constante no projeto básico, é possível dar início aos projetos elétrico, hidráulico, de climatização e de iluminação (Brasil, 2002a).

Quando da construção de um hospital, a localização de seus diferentes setores tem de ser bem pensada. Da mesma maneira, deve-se sempre pensar na localização relativa dos setores dentro do hospital. Apenas como exemplo, uma unidade de terapia intensiva (UTI) deve estar localizada, quando possível, em uma área geográfica distinta dentro do hospital e ter acesso controlado, sem trânsito para outros departamentos. Por isso, sua localização precisa ter acesso direto e ser próxima a ao menos um elevador, ao serviço de emergência, ao centro cirúrgico, à sala de recuperação anestésica, às unidades intermediárias de terapia e aos serviços ambulatorial e radiológico (Brasil, 1994c).

A arquitetura hospitalar constitui uma das partes da realização do planejamento do espaço físico, porém só pode ser feita após a delimitação dos espaços necessários para o hospital que se quer construir. Para tanto, é preciso decidir o tipo de hospital que se deseja e, após essa primeira escolha, levar também em conta o objetivo de longo prazo do empreendimento, pois, no planejamento de uma estrutura como essa, é fundamental pensar também em possíveis futuras expansões (Lima; Lopes; Gonçalves, 2010).

Após essa etapa de consideração de limites e de avaliação sobre o projeto e seu futuro, é preciso listar os locais que devem ser construídos na obra e adicionar uma descrição de cada local planejado, evidenciando as funções e os materiais utilizados em cada um deles (Lima; Lopes; Gonçalves, 2010). Nesse percurso, é necessário considerar a integração dos espaços e as várias necessidades arquitetônicas: aquelas ligadas à engenharia, à administração hospitalar, à engenharia clínica, à bioengenharia, e, particularmente, aquelas ligadas às necessidades das futuras funções planejadas, relacionando os seus resultados com a preocupação da comissão de controle de infecção hospitalar – CCIH (Fiorentini; Lima; Karman, 1995).

Conforme Bello (2000), citado por Lima, Lopes e Gonçalves (2010, p. 489), por meio do "recurso físico do ambiente podem-se estimular comportamentos diversos, por isso o cuidado da escolha nesse quesito vem crescendo a cada dia". Lima, Lopes e Gonçalves (2010) também apontam que um planejamento adequado do espaço físico hospitalar pode trazer vários benefícios à instituição: melhora o aproveitamento dos espaços, diminui gastos, auxilia no processo de cura e previne a disseminação de doenças infectocontagiosas.

Quanto ao atendimento às necessidades sociais, hospitais são instituições necessárias e objeto de demanda de todas as comunidades atualmente, além do direito à saúde ser garantia constitucional, definido na Constituição Federal de 1988:

> Art. 6º São direitos sociais a educação, a saúde, a alimentação, o trabalho, a moradia, o transporte, o lazer, a segurança, a previdência social, a proteção à maternidade e à infância, a assistência aos desamparados, na forma desta Constituição. (Brasil, 1988)

Gonçalves (1998) acrescenta que os hospitais, na sociedade atual, constituem instituições fundamentais para a vida em comunidade, da mesma maneira que as escolas e as instituições políticas e as religiosas.

A estrutura física e a tecnologia usada em um hospital para aplicações técnicas não podem ser de uso generalizado nem tampouco ser intercambiáveis ou mudar a todo momento, sobretudo as escolhas arquitetônicas e o planejamento e a disposição prediais, que devem ser objeto de análise e escolha prévias dos planejadores e objeto de decisões mais permanentes. Essas decisões requerem, portanto, balizamento em normas rígidas, planejamento prévio e previsibilidade clara, para que as instalações se mostrem adequadas, úteis e possibilitem atendimento de qualidade tanto na área de assistência direta ao público quanto nas decisões administrativas.

Desse modo, ao compreendermos o que é, como pode ser planejado e construído um hospital no Brasil atualmente, podemos compreender melhor como essa instituição pode contribuir para a melhora das condições de vida, de convivência e de produtividade dos brasileiros. Iniciaremos pela compreensão de certos conceitos e de um pouco de história sobre como os hospitais vieram a ser o que são e para o que servem na atualidade.

## 1.1 Um pouco de história dos hospitais

É natural que as primeiras citações a locais para a prática da medicina sejam relacionadas a templos e sacerdotes, pois era ao templo que as pessoas acorriam em busca da ajuda dos deuses, e ali eram atendidas pelos sacerdotes, que assim acumulavam o papel de sacerdotes e de médicos, inicialmente. Com o tempo, passou a ser necessário também acolher e acomodar esses doentes, por vezes nos arredores do templo, outras vezes dentro dele próprio, para ficarem ali enquanto durasse o processo de cura. Os templos passaram a ser, então, construídos em locais propícios às curas: fontes de águas curativas, ao abrigo dos ventos frios, perto de termas. Desse modo, convertiam-se em locais de cura sob a guarda do deus.

Historicamente, vemos que o conceito de **hospital** vem se construindo, através das épocas percorridas pela humanidade, conforme já citamos, adquirindo características tecnológicas e sociais de cada período. A palavra *hospital*, originariamente, vem do latim *hospitale*, que significa "casa para hóspedes". Portanto, inicialmente, o nome está ligado à função de hospedaria, como local de descanso e estada para os doentes. Dessa mesma raiz derivam as palavras atuais *hospital* e *hospício*, designando, inicialmente, hospedarias para enfermos, viajantes e peregrinos. Embora essa seja a palavra mais difundida, houve muitos outros termos usados para se referir a essas instituições, designadas principalmente conforme seu uso, para um ou outro tipo de pacientes. Termos em geral derivados das duas línguas clássicas – por vezes híbridos, por vezes puros –, como *nosocomium* (local de tratamento de doentes), *gynetrophium* (hospital para mulheres), *ptochodochium, potochotrophium* (asilo para pobres), *poedotrophium* (asilo para crianças), *gerontokomium* (asilo para velhos), *xenodochium* ou *xenotrophium* (silo e refúgio para viajantes e estrangeiros), *arginaria* (asilo para os incuráveis), *orphanotrophium* (orfanato) são de uso corrente em textos até a Idade Média, referindo-se a locais que podem ser equiparados a certas especialidades de hospitais modernos (Brasil, 1944). Algumas dessas denominações ainda ocorrem com frequência, como *hospitium* (lugar onde hóspedes eram recebidos), que passa a denominar a instituição para doentes com problemas mentais, assim como *asylum* (abrigo ou algum tipo de assistência a loucos), que ainda hoje é usada, mais restritamente (Brasil, 1944).

A prática da medicina havia começado, entre os babilônios, no mercado público, sem locais específicos para seu exercício, conforme testemunha Heródoto, historiador grego:

*Como não há médicos no país, os doentes são transportados para a praça pública, e os transeuntes deles se acercam. Os que já tiveram a mesma doença ou conheceram alguém que a tivesse acodem o enfermo com os seus conselhos, exortando-o a fazer o que eles próprios fizeram ou viram outros fazer para curar-se. Não é permitido passar perto de um doente sem inquirir do seu mal.* (Heródoto, 2006, p. 124)

Apesar disso, já se tinha notícia de estabelecimentos usados como hospitais desde os egípcios e indianos antigos, que usavam templos, como o de Saturno, no Egito, e de outros deuses, como Serápis e Ísis, segundo o modelo grego de aplicação da medicina, e havia as escolas médicas de Sais e Osíris, que funcionavam junto aos templos. Heródoto também elogiou a medicina egípcia:

*A medicina está de tal maneira organizada no Egito, que um médico não cuida senão de uma especialidade. Há médicos por toda parte. Uns, para a vista; outros, para a cabeça; estes, para os dentes; aqueles, para os males do ventre; outros, enfim, para as doenças internas.* (Heródoto, 2006, p. 170)

Entre os gregos, a medicina também se mistura à religião, além de ser bastante antiga. Um dos filhos de Apolo, que também responde pela saúde e pela medicina, é Asclépio ou Esculápio, considerado deus da medicina e um dos poucos humanos que ascendeu à divindade.

Afora isso, é destaque entre os antigos a importância dada à higiene e aos cuidados com purificação, preservação de certos alimentos, banho das mulheres e circuncisão, características do povo judeu, desde a Antiguidade. Além disso, a proteção e o amparo aos enfermos eram obrigações para os judeus.

Entre os hindus, a arte da cirurgia progrediu bastante, assim como os cuidados higiênicos do praticante profissional de métodos cirúrgicos. Quanto aos ambientes hospitalares propriamente ditos, foram os budistas que mais se preocuparam em propagá-los. O fundador dessa religião, príncipe Gautama, foi grande construtor de hospitais e exigiu um médico a cada dez cidades. Após, seu filho o seguiu nessas decisões, construindo e mantendo hospitais, que existem pelo Oriente desde 437 a.C., segundo registros. O rei hindu Asoka construiu ao menos 18 hospitais por volta de 226 a.C., fato pelo qual podemos ver a importância dada aos hospitais e à medicina na cultura hindu. As medicinas, bem como a documentação relativa a hospitais, na China e no Japão, são bem posteriores, datando do século VII ou VIII. O mais antigo hospital conhecido no Japão é de 758 d.C., feito pela imperatriz Komyo. Já próximo ao ano 1000 d.C., há conhecimento de hospitais para os portadores de varíola, no livro *Ishin-ho*, escrito por Yasuyori Tamba.

O Império Romano, com sua expansão guerreira, dava aos seus cidadãos cuidados médicos e tratava seus doentes em diferentes estabelecimentos. Os primeiros, chamados *medicatrinas*, eram inspirados nos *iatruns* gregos, dos quais já citamos alguns exemplos. A esses estabelecimentos, somavam-se as *tabernae medicae*, que eram locais em que se tratavam as pessoas, porém sem internamento, como se fossem ambulatórios ou clínicas; e também as *asclepieia*, que eram como pequenos templos em que se misturava a função sacerdotal à médica. Essa mistura perdurou até certa época na Idade Média, pois ocorria então até mesmo o monopólio da arte curativa pelos clérigos. Foi na Grécia, em um desses estabelecimentos, que ocorreu a primeira sistematização e interpretação de casos clínicos por um sacerdote desses templos, Hipócrates, que relatou e interpretou os casos que via no templo. Ele relatou os casos das placas votivas e das oferendas de prata, ouro ou mármore, em forma de partes do corpo, que eram doadas pelos doentes curados em gratidão ao deus. Esse modelo de doação é, curiosamente, seguido até hoje, em locais de devoção a santos da Igreja, onde se encontram grutas ou torres com ex-votos de doentes curados, gratos pela cura.

Um terceiro tipo de estabelecimento que havia nessa época eram os *valetudinari*, que eram locais destinados principalmente a escravos, nos quais um médico era encarregado. Havia ainda os hospitais militares, aos quais eram levados os feridos de guerra.

Com a era cristã, houve grande aumento no número e nos tipos de instalações hospitalares. Em 335 d.C., um decreto de Constantino determinou o fim das *asclepieias*, o que levou ao um estímulo à criação de hospitais nos moldes cristãos, durante os séculos IV e V d.C. Eram do tipo *ptochotrophium* (asilo para os mais pobres) e *xenodochium* (asilos para viajantes e estrangeiros). Então, houve disseminação desses tipos de hospitais pelo Império

Romano, tanto no oriente quanto no ocidente, em Cesareia, em Constantinopla, em Roma e em Jerusalém. No Império Romano do Ocidente, a notícia mais antiga de fundação de um hospital (*nosocomium*) é atribuído a uma senhora rica, Fabíola, que se dedicou a construí-lo entre os anos de 380 d.C. e 400 d.C., tendo também construído um *xenodochium* (abrigo para estrangeiros) destinado a africanos viajantes.

Desde o século VI, houve grandes epidemias e guerras assolando a Europa. Contra isso, uma das poucas forças que podiam contrapor poder era a Igreja Católica, que podia manter seus protegidos longe das catástrofes. As ordens religiosas, então, passaram a exercer a piedade e procurar a diminuição do sofrimento humano. Cresceram nesse período as ordens chamadas *hospitalárias*:

- *[Ordem] dos Antonianos, fundada em 1095, em Viena.*
- *Ordem dos Trinitários, que somente em seu início esteve inteiramente dedicada à atividade hospitalar e à assistência dos doentes.*
- *Ordem dos Crucíferos.*
- *Ordem dos Cavaleiros de São João de Jerusalém, fundada com o objetivo de atuar nos hospitais que auxiliavam os peregrinos de passagem pela Terra Santa e que, com a explosão dos cristãos de Jerusalém, instalou outros hospitais em Rodes e WalJetta (ilha de Malta).*
- *Ordem dos Cavaleiros de São Lázaro, a qual, durante dois séculos; construiu leprosários em diversas regiões da Europa.*
- *Ordem dos Teotônios.*
- *Ordem do Espírito Santo que criou, na cidade de Montpellier um grande hospital.*
- *Hospitaleiros de Montepascio.*
- *Ordem Hospitalar de Santo Antão.*

- *Ordem Santíssima Trindade.*
- *Ordem Hospitalar dos Agostinianos de Constança.* (Lisboa, 2002, p. 17)

Após essas fundações, surgiram hospitais, principalmente de caridade, em toda a Europa, até o final da Idade Média. Em 1204, o papa fundou o hospital em Sassia, chamado *Hospital do Espírito Santo*. Com isso, espalharam-se esses hospitais em todo o mundo conhecido então. Decisões de concílios de bispos os obrigavam a recolher os doentes em suas dioceses e até mesmo impunham que se construíssem hospitais ao lado das igrejas, como no Islã ocorria ao lado das mesquitas. Com o reconhecimento da Ordem dos Cavaleiros do Espírito Santo, fundada no ano de 1145 por Guy Montpellier, houve um grande movimento de fundação de hospitais em toda a Europa, que atingiu 900 hospitais em 200 anos. Essa difusão é assim descrita:

*Foi uma consequência do reconhecimento da ordem pelo papa Inocêncio III, em 1198. Além desse ato Inocêncio concitou os habitantes das mais importantes cidades a subscreverem as somas que pudessem para fundação dos hospitais do Espírito Santo. Dando o exemplo, ele mesmo criou uma destas instituições, em Sassia, como já foi dito, no ano 1204. Terminada, sua construção atraiu a atenção de nacionais e estrangeiros. Somente em Roma construíram-se nove hospitais análogos. Conta-se que Roma possuiu quatro hospitais no XI século, seis no XII e 10 no XIII. Berlim teve o seu hospital do Espírito Santo em 1070. A Alemanha possuiu 155 instituições congêneres.*
*O problema da lepra acelerou a construção hospitalar pela necessidade de defesa pública sanitária. Segundo GARRISON hospitais para leprosos foram mencionados por Gregório de Tours, no ano 560. Ao tempo de Luiz XIII eles existiam na França em número de 2.000. Na Inglaterra e Escócia eram em número de 220.* (Brasil, 1944, p. 31)

A ordem monástica dos beneditinos também foi importantíssima na difusão dos hospitais durante a Idade Média. Temos uma descrição de aspectos arquiteturais determinados nos edifícios beneditinos:

> Os mosteiros beneditinos serviram de modelo para outras ordens religiosas que se dedicaram aos enfermos, inclusive ordens militares posteriores. O mosteiro de São Galo, na Suíça (fundado em 614 e transformado no século VIII), possuía, ao lado dos locais dedicados ao culto e residência dos religiosos, um hospital, dispondo de enfermarias, unidades de· isolamento, farmácia, banheiros, instalações para os médicos e ajudantes, assim como para os dirigentes. [...] Os aspectos mais determinantes do projeto englobam:
> 
> ♦ as morfologias estruturais – a construção de alojamentos em forma fie ferradura anexa ao edifício da capela.
> ♦ a separação dos doentes por patologias.
> ♦ o agrupamento dos doentes em risco de vida junto ao abade-médico e à farmácia de ervas.
> ♦ a separação das funções de apoio e serviço das funções de hospedagem e tratamento.
> ♦ a valorização do saneamento, ventilação e iluminação naturais.
> 
> (Lisboa, 2002, p. 15)

Essa determinação dos beneditinos se espalhou entre os monastérios, de modo que surgiram hospitais, asilos e hospícios junto aos conventos, além do interesse pelo estudo da medicina nos monges. No entanto, ocorreram concílios em Clermont, em 1130, e em Latrão, em 1139, que iniciaram a retirada dos monges da assistência médica, determinando que se restrinjissem ao apoio religioso, enquanto a medicina seria exercida por leigos (determinado em Viena, em 1312). Em contraposição a isso, os hospitais continuaram religiosos. Entre os séculos XII e XVI, os hospitais ainda seguiam essa regra religiosa.

Por seu lado, os maometanos também deram desenvolvimento à construção de hospitais, e tal fato se deu por influência cristã, por causa de um grupo de nestorianos (uma heresia nascida em Constantinopla, em 428 d.C.) que se refugiou no deserto e se dedicou ao estudo da medicina, construindo então grandes hospitais em Edessa, cidade na Mesopotâmia. Foram novamente expulsos dali e seguiram para a Pérsia, onde estabeleceram a escola de Gandisapor, dando início à medicina maometana e fundando grandes hospitais em Hippo, Epheus e Damasco (em 707 d.C.). O califa Harum al-Raschid (786 d.C.-801 d.C.) ordenou que as mesquitas tivessem hospitais anexos, quando então surgiu o hospital de Bagdá, o qual foi depois dirigido por Avicena (890 d.C.-1036 d.C.), filósofo e médico importantíssimo. Os hospitais do Egito (sob domínio maometano) eram reconhecidos por sua organização e bom atendimento. Junto com esses fatos também começam a se espalhar as universidades, que vinham sendo fundadas desde a Idade Média.

Em Bolonha, na Itália, desenvolveram-se estudos da medicina, principalmente ao fim da Idade Média. Como era uma cidade universitária, lá havia uma divisão entre os *legistas* (estudavam direito civil e canônico e tinham grande prestígio) e os *artistas* (que estudavam filosofia, medicina, cirurgia, astrologia e matemática, com menor prestígio). A escola dessa cidade ficou famosa, o que levou, em 1563, à inauguração de um edifício próprio para os estudos: o *archigimnasio*, onde ensinou Marcelo Malpighi, dito "o Galileu da medicina". Nessa escola, suas aulas de anatomia eram concorridas: "Toda Bolonha acudia para presenciar o espetáculo, inclusive o cardeal legado, as autoridades da comuna, senadores, conselheiros, professores, estudantes, fadas de damasco" (Brasil, 1944, p. 36).

Um resumo da medicina na Idade Média é dado por Neuburger (citado por Brasil, 1944, p. 36), que a classifica em quatro períodos:

> *do quinto ao décimo século, de caráter monástico; décimo primeiro ao décimo segundo séculos, influenciada pela grande escola de Salerno, "a civitas hipocrática"; décimo terceiro século, de entrosamento da cultura árabe com a do oeste; neste período os hospitais começaram a passar das mãos das autoridades eclesiásticas para as da municipalidade; décimo quarto século – pré-renascença.*

As grandes epidemias que assolaram a Europa durante esse período levaram à abertura de lazaretos, para quarentena dos doentes. Provavelmente, o primeiro foi o da Igreja de São Lázaro de Pisa, aberto em 1464.

Nessa época, já iniciada a Renascença, o mais comum era que os hospitais passassem à administração das cidades, por causa das determinações da Igreja, de que os clérigos não se dedicassem à prática da medicina e a deixassem para os leigos. O grande desenvolvimento da ciência levou ao aperfeiçoamento dos hospitais. O levantamento da proibição de se fazerem estudos com cadáveres e a realização de operações que derramassem sangue deu impulso à cirurgia e à anatomia, que não podiam se desenvolver se dependessem ainda da Igreja. Nesse período, o advento da Reforma prejudicou o progresso onde ela se revelou detentora do poder. Na Inglaterra, o rei Henrique VIII ordenou a secularização ou a destruição dos hospitais católicos, e os doentes foram postos à rua. Após pedido da sociedade londrina, ele autorizou o funcionamento do Hospital de São Bartolomeu.

Na Espanha e na Península Ibérica, pode-se creditar à influência dos árabes, que invadiram a península e ali permaneceram por quase oitocentos anos, a importância da medicina. Universidades foram fundadas em Córdoba, Toledo, Sevilha e Múrcia. Hospitais, em várias cidades como Oviedo, Toledo, Sevilha, Porto Marín, Barcelona, Santiago, Burgos e Valência, eram construídos principalmente em três tipos:

> **Tipo basilical**: *Um grande edifício de pedra, com extensas naves abobadadas e suspensas por maciças colunas; pequenas janelas, uma galeria claustral que circundava o edifício, ao fundo, uma capela, do outro lado, uma chaminé; nas paredes, ao lado das camas, nichos para as lâmpadas e outros, servindo de mesas e criados-mudos.*
> Era o caráter dos hospitais da idade média de que foi exemplo, na Espanha o hospital de Burgos.
>
> **Tipo cruciforme**: *Consiste em dois grandes corredores, de igual tamanho, que formam uma cruz grega, com dois pisos; no encontro dos braços há um cruzeiro com a altura de ambos os pisos, coroado por um lustre. Os braços da cruz envolvem quatro pátios cujo perímetro se fecha com outros corredores que abrigam os serviços. O edifício, em seu todo, tem a planta quadrada; a capela se coloca no cruzeiro ou no extremo do braço, à cabeceira. Os doentes, saindo das camas e assomando à balaustrada, presenciavam os divinos ofícios.*
> Exemplos: os hospitais de Santiago, de 1501; de Toledo, de 1504; de Granada, de 1511.
>
> **Tipo palaciano**: *Um conjunto quadrado ou retangular, cujo núcleo é um pátio ou dois, com variantes na colocação da Igreja, no fundo do pátio ou em um dos lados.* (Lomperez y Romea, citado por Brasil, 1944, p. 39, tradução nossa)

Essa citação pode descrever todos os hospitais da época, na Europa Meridional do Renascimento. Nessa época, os hospitais passaram a ser administrados pelos municípios e a se inserir de maneira diferente na vida urbana. Com a migração crescente em direção às cidades, gerada pela Revolução Industrial na transição para a Idade Moderna, ocorreu um grande incremento na construção de hospitais. Lisboa (2002) destaca as duas grandes mudanças que ocorreram nos hospitais no período entre o século XVII e XVIII. A primeira, numa especialização inicial, foi a divisão de funções entre os tipos de estabelecimentos, o hospitalar e o asilar, que separou os pacientes em enfermos, de um lado, e abrigados, de outro. A segunda mudança foi a instalação de um novo tipo de instituição – o ambulatório (nome baseado no corredor que circundava o claustro, em que ambulavam os monges, mas também condizente com a condição de entrada do paciente, aquele que podia andar) ou dispensário, que consistiam em unidades que realizavam consultas, porém sem internamento, apenas para tratamentos rápidos.

É nessa etapa do século XVII que se indica o início do hospital propriamente dito, como o concebemos hoje: um hospital terapêutico, dedicado à cura e ao tratamento dos doentes. Michel Foucault destacou as diferenças que se realizaram no conceito de hospital, nessa época, em sua conferência sobre o nascimento do hospital (Foucault, 2014). Essa mudança ocorreu no final do século:

> *O hospital como instrumento terapêutico é uma invenção relativamente nova, que data do final do século XVIII. A consciência de que o hospital pode e deve ser um instrumento destinado a curar aparece claramente em torno de 1780 e é assinalada por uma nova prática: a visita e a observação sistemática e comparada dos hospitais. Houve na Europa uma série de viagens, entre as quais podemos destacar a de Howard, inglês que percorreu hospitais, prisões e lazaretos da Europa, entre 1775/1780 e a do francês Tenon, a pedido da* **Academia de Ciências**, *no momento em que se colocava o problema da reconstrução do Hôtel-Dieu de Paris.*

Essas viagens-inquérito têm várias características:

1. Sua finalidade é definir, depois do inquérito, um programa de reforma e reconstrução dos hospitais. Quando, na França, a **Academia de Ciências** decidiu enviar Tenon a diversos países da Europa para inquirir sobre a situação dos hospitais, formulou a importante frase: "São os hospitais existentes que devem se pronunciar sobre os méritos ou defeitos do novo hospital". Considera-se que nenhuma teoria médica por si mesma é suficiente para definir um programa hospitalar. Além disso, nenhum plano arquitetônico abstrato pode dar a fórmula do bom hospital. Este é um objeto complexo de que se conhece mal os efeitos e as consequências, que age sobre as doenças e é capaz de agravá-las, multiplicá-las ou atenuá-las. Somente um inquérito empírico sobre esse novo objeto ou esse objeto interrogado e isolado de maneira nova – o hospital – será capaz de dar ideia de um novo programa de construção dos hospitais. O hospital deixa de ser uma simples figura arquitetônica. Ele agora faz parte de um fato médico-hospitalar que se deve estudar como são estudados os climas, as doenças etc.

2. Esses inquéritos dão poucos detalhes sobre o exterior do hospital ou sobre a estrutura geral do edifício. Não são mais descrições de monumentos, como as dos viajantes clássicos, nos séculos XVII e XVIII, mas descrições funcionais. Howard e Tenon dão a cifra de doentes por hospital, a relação entre o número de doentes, o número de leitos e a área útil do hospital, a extensão e altura das salas, a cubagem de ar de que cada doente dispõe e a taxa de mortalidade e de cura. [...]

3. Os autores dessas descrições funcionais da organização médico-espacial do hospital não são mais arquitetos. Tenon é médico e, como médico, é designado pela **Academia de Ciências** para visitar os hospitais. Howard não é médico, mas pertence à categoria das pessoas que são predecessoras dos filantropos e tem uma competência

*quase sociomédica. Surge, portanto, um novo olhar sobre o hospital considerado como máquina de curar e que, se produz efeitos patológicos, deve ser corrigido.* (Foucault, 2014, p. 58-59, grifo do original)

Emerge então a ideia do hospital moderno, por meio da qual o hospital geral antigo, ligado às entidades cristãs, dá lugar ao novo, mais profissionalizado, especializado e com novo perfil terapêutico. Um acontecimento trágico é simbólico nessa transição: o incêndio do Hôtel de Dieu de Paris, em 1772. Encarregou-se a Academia de Ciências da França de planejar a nova construção, e desse planejamento participaram Lavoisier, Laplace e outros cientistas famosos. As conclusões da comissão estabelecida foram usadas como guia para a construção de hospitais por mais de um século após isso. Uma pequena descrição do plano e da reconstrução feita:

*O Hôtel de Dieu continha 1.100 leitos para um doente, cada um, e 600 leitos grandes, para mais de uma pessoa, cada um, podendo, assim a instituição abrigar cerca de 2.500 doentes, em total. Para o programa de reconstrução era exigida a capacidade de 5.000 leitos.* (Brasil, 1944, p. 42)

Portanto, por razões sanitárias, a comissão resolveu diminuir o tamanho do projeto, de 5 mil para 2,5 mil leitos. Um resumo do plano da comissão:

*Em resumo, a comissão da Academia de Ciência propôs:*
1. *redução do número de leitos de cada hospital – 1.200 leitos;*
2. *redução do número de leitos de cada enfermaria;*
3. *maior isolamento das salas, umas das outras;*
4. *condenação das salas contínuas do Hospital São Luís;*

5. *disposição das salas de modo a se constituírem aberturas de todos os lados, para renovação do ar;*
6. *colocação dos pavilhões em ordem, paralela e orientados no sentido mais favorável;*
7. *exposição das fachadas uma ao Norte e outra ao Sul;*
8. *construção de um só pavilhão destinado aos enfermos, dois pavimentos em caso de escassez de terreno;*
9. *concessão para 3 andares; em certos casos, o mais elevado para os empregados, o térreo e o intermediário para os enfermos.* (Brasil, 1944, p. 42)

O importante a se notar é que as sugestões da comissão não foram aproveitadas na ocasião, pois o Hôtel de Dieu foi reconstruído sobre as mesmas bases de antes e o programa proposto só foi seguido totalmente cerca de 70 anos depois, com a construção do Hospital Lariboisière, em 1854. Esses projetos tiveram grande influência em Portugal, onde os hospitais, desde a construção do hospital da Faculdade de Medicina da Universidade de Coimbra em 1890, foram determinados certos padrões compatíveis com os planos da comissão francesa.

No século XIX, ocorreram grandes descobertas e grandes mudanças na medicina. O desenvolvimento da teoria bacteriológica para a causa das doenças se tornou vencedora, principalmente com as descobertas e Pasteur e Koch; os métodos de assepsia e antissepsia renovados e especializados diminuíram as mortes por infecção em grande número; a introdução e o desenvolvimento da anestesia, que permitiu a cirurgia sem dor, mudaram em muito a imagem anterior do hospital como depósito de doentes em direção à morte, tornando-o um local de cura e tratamento, mais que de internamento. Em consequência disso, pela primeira vez os hospitais adotaram a prática de manter também enfermeiras, como assistentes dos doentes, ao lado da medicina, que tentava curá-los. Então, a partir de 1860, principalmente com Florence Nightingale[1], a enfermagem ganhou a dimensão de profissão técnica, com prática e ensinamentos próprios, e por fim, com sua própria escola técnica.

Então, houve o surgimento de um novo tipo de hospital, com vários edifícios independentes e com o fito de não propagar infecções entre os enfermos:

> O receio da contaminação entre os doentes levou os técnicos da época a descentralizar o hospital que até então era concentrado. Surgiu destarte o hospital jardim, subdividido em pavilhões, distribuídos em extensa área. Tivemos, então, o tipo que pode ser caracterizado pelo Eppendorf de Hamburgo, com seus 1.500 leitos dispersos em setenta edifícios independentes, ou o Virchow de Berlim, com seus trinta pavilhões, de dois pavimentos, com capacidade total de 2.000 camas.
>
> O tipo de pavilhões dispersos, predominante na Alemanha, era, também, seguido na França: o Nouvelle Pitié, de Paris, o Edouard Heriot (La Grange-Blanche), de Lyon. Em forma menos dispersiva o hospital de Cairo, o Maggiore, de Milão, o de Como, o de Bergamo, o de Bréscia etc., cingiram-se a este estilo.
>
> Com o melhoramento das instalações e o progresso científico a cirurgia entrou em rápido progresso. O aperfeiçoamento da técnica operatória foi determinando a necessidade de instalações e aparelhamentos cada vez mais complexos e dispendiosos. Apareceram as especialidades cirúrgicas como a oftalmologia, a otorrinolaringologia, a neurocirurgia, cirurgia estética, solicitando novas condições de técnica e de ambiência. E neste

---

1   A enfermeira britânica Florence Nightingale foi precursora no tratamento a feridos de guerra. Nasceu em Florença, em 12 de maio de 1820, e faleceu em Londres, em 13 de agosto de 1910.

*particular a guerra de 1914-1918 foi um grande campo experimental principalmente para a cirurgia*. (Brasil, 1944, p. 48)

No entanto, esse sucesso de uma arquitetura baseada em edifícios dispersos causava diversos problemas logísticos, como o transporte de material, de doentes, de médicos, de pessoal de enfermagem, de objetos de laboratório, medicamentos e refeições; as canalizações de água, aquecimento e eletricidade, que se estendiam por centenas de metros para alcançar os vários edifícios, acabaram por trazer mais problemas que solucioná-los. Na prevenção a infecções, o método também se mostrou pouco eficiente, pois a proximidade com o solo propiciava a proximidade a insetos, bactérias do solo e poeira, o que não diminuía o contágio. Alguns teóricos ainda acusam a vaidade de muitos chefes de clínica, que queriam ter seus nomes nas alas dos hospitais, de postergar a mudança dos edifícios múltiplos para construções mais altas e com vários andares. Com o uso e o tempo, demonstrou-se que a multiplicidade de pavilhões não reduzia o contágio.

As contribuições do progresso da tecnologia construtiva também foram múltiplas nessa época, e o concreto armado, os vigamentos metálicos permitiram que se construíssem edifícios mais altos e mais seguros. Como os elevadores se difundiram e seu preço passou a ser competitivo, começou-se a perceber que o transporte vertical de pessoas não causava os problemas encontrados nas construções de edifícios múltiplos. Esse tipo de construção tem origem nos Estados Unidos e dá mais eficiência no atendimento e uso dos espaços. São muitas as vantagens desse tipo de construção, que só foi possível com os avanços paralelos da medicina e da tecnologia da construção civil:

1) *Economia de construção e manutenção.*

2) *Facilidade dos transportes e portanto no movimento do hospital, tanto do pessoal como do material.*

3) *Concentração das tubulações hidráulicas, térmicas, de esgoto, eletricidade etc.*

4) *Possibilidade de bons serviços operatórios, de raios X, radium, de fisioterapia e fisiodiagnóstico, de laboratórios etc.*

5) *Possibilidade de ter na direção de cada serviço um técnico de grande valor, bem remunerado, o que não seria possível em serviços multiplicados.*

6) *Melhor disciplina interna e de vigilância.*

7) *Melhores condições de isolamento por pavimento do que em pavilhões dispersos.*

8) *Maior afastamento do ruído, da poeira e da mosca, o que faz nos hotéis serem preferidos, apesar de mais caros, os pavimentos mais elevados.*

9) *Mais íntimo contato e cooperação do pessoal técnico.*

10) *Facilidade de administração.* (Brasil, 1944, p. 51)

Concluindo essa avaliação da evolução da arquitetura dos hospitais, vemos que também no Brasil seguiu-se esse movimento, principalmente em meados do século XX:

> No Brasil, a orientação da construção hospitalar em monobloco já ganhou raízes e vem imprimindo este conceito em todos os planos atuais. Tomaram essa diretiva o Hospital Escola da Faculdade de Medicina, da Universidade de São Paulo, o Hospital Escola da Faculdade de Medicina da Bahia, o Hospital Escola da Faculdade de Medicina de Porto Alegre, o Hospital Escola da Escola Paulista de Medicina, o Hospital da Santa Casa de Misericórdia da Escola Paulista de Medicina, o Hospital da Santa Casa de Misericórdia de Belo Horizonte, o anteprojeto para o Hospital Escola da Faculdade de Medicina da Universidade do Brasil, o projeto do hospital da Santa Casa de Misericórdia de Juiz de Fora etc. (Brasil, 1944, p. 54)

Nesse pequeno passeio histórico pudemos acompanhar passagens em que se destacam as mudanças da arquitetura nos prédios hospitalares e a evolução da medicina, sempre em consonância com as descobertas e as crenças científicas de cada época, conjugadas às inovações tecnológicas na maneira de construir os prédios. Desde os primeiros estabelecimentos, entre os budistas ou entre os gregos, o objetivo era tornar melhor a vida dos doentes, necessitados e feridos; é nessa direção que a pesquisa e a ciência caminham lado a lado com a vida da humanidade, sempre adiante.

## 1.2 O conceito atual de hospital e suas consequências

O hospital, como hoje o senso comum o vê, é um local para o qual se acorre com o objetivo de curar e tratar doenças e ferimentos (conforme Houaiss; Villar, 2009). No entanto, esse conceito, numa visão mais aprofundada e científica, engloba várias outras componentes, como especialidades médicas, edificações com diferentes usos e também muitas funções diversificadas para a assistência à população e às necessidades da comunidade a seu redor. Essa conceituação é atual, porém, como vimos, historicamente o hospital é uma instituição que vem sendo construída gradualmente, conforme as necessidades e as tecnologias de cada época e o que pode ser oferecido como possibilidade de cura e tratamento para os pacientes.

Na atualidade, podemos ressaltar que a conceituação mais típica para o termo hospital vem da Organização Mundial da Saúde (OMS), que cuida das questões dessa área no âmbito da Organização das Nações Unidas (ONU) e estabeleceu, em 1957, um grupo de especialistas chamado Comitê de Especialistas em Organização da Assistência Médica, o qual foi responsável por exarar vários informes com a normalização de temas de importância na área da saúde. Entre eles, o de número 122, denominado *Função dos hospitais nos programas de proteção da saúde*, demonstra o interesse profundo que a organização mundial tinha sobre a questão da saúde das populações, dedicando-se, principalmente, a determinar quesitos mínimos para exigências de cumprimento, pelos seus participantes, como a existência de hospitais nas comunidades. Por isso, o conceito apresentado no documento ressalta preocupações sociais, com a saúde pública, prevenção e formação de profissionais:

> *O hospital é parte integrante de uma organização médica e social, cuja missão consiste em proporcionar à população uma assistência médico-sanitária, tanto curativa como preventiva, e cujos serviços externos irradiam até o âmbito familiar; o hospital é também um centro de formação de pessoal médico-sanitário e de investigação biossocial.* (OMS, 1957, p. 4, tradução nossa)

A OMS (1957) inclusive detalha como seriam exercidas essas atribuições dentro dos hospitais, quando define o que chama de *funções do hospital geral*:

> *Ao examinar as funções de um hospital geral, tendo em conta o estado atual da ciência médica, o Comitê recomendou que um estabelecimento desse gênero não deve limitá-las exclusivamente à esfera curativa, senão que deve organizar-se, na medida em que as circunstâncias o permitam, para atender também as necessidades de prevenção das doenças, ao ensino e a investigação. Estas funções [...] se resumem no quadro seguinte:*

1. *Reparação da saúde*
   a. *diagnóstico: nos serviços de ambulatório e do hospital;*
   b. *tratamento curativo e paliativo da doença, com inclusão das intervenções médico-cirúrgicas e especiais;*
   c. *readaptação física, mental e social;*
   d. *assistência em casos de urgência: acidentes e doenças.*
2. *Prevenção de doença*
   a. *controle das gestações e dos partos normais;*
   b. *controle do crescimento normal da criança e do adolescente;*
   c. *luta contra as doenças transmissíveis;*
   d. *prevenção das doenças crônicas;*
   e. *prevenção da invalidez mental e física;*
   f. *educação sanitária;*
   g. *higiene do trabalho.*
3. *Função educativa*
   a. *estudantes de medicina;*
   b. *graduados: especialistas e médicos gerais;*
   c. *enfermeiras e obstetrizes;*
   d. *assistentes médico-sociais;*
   e. *outros profissionais afins.*
4. *Investigações*
   a. *Aspectos físicos, psicológicos e sociais da saúde e da doença;*
   b. *Métodos técnicos e administrativos do hospital.* (OMS, 1957, p. 9)

Essa conceituação teve repercussão também no Brasil e nas entidades governamentais responsáveis, como fica refletido nas publicações do Ministério da Saúde. Inicialmente, em 1977, na primeira definição oficial de terminologia aplicada em instituições de saúde no Brasil, que traz, como definição para *hospital*, praticamente uma tradução da definição da ONU, com algumas adaptações de termos. Esse trabalho foi conduzido antes por um grupo de trabalho, constituído em 1975, para estudar a uniformização terminológica para o campo da saúde e sanitário. A definição de *hospital* seguiu então o que era uma compreensão internacional:

> *É parte integrante de uma organização médica e social, cuja função básica consiste em proporcionar à população assistência médica integral, curativa e preventiva, sob quaisquer regimes de atendimento, inclusive o domiciliar, constituindo-se também em centro de educação, capacitação de recursos humanos e de pesquisas em saúde, bem como de encaminhamento de pacientes, cabendo-lhe supervisionar e orientar os estabelecimentos de saúde a ele vinculados tecnicamente.* (Brasil, 1977b, p. 11)

Podemos ver uma preocupação na adaptação dos termos na expressão *assistência médica integral* em vez de *médico-sanitária*, o que destacaria, se fosse reproduzido o original, o aspecto sanitário da medicina preventiva, o qual fica diluído na expressão *assistência integral*. Isso aparece também na expressão *atendimento domiciliar* – que não engloba o aspecto de medicina familiar descrito pela ONU – e ainda na parte final da definição, que determina a supervisão pelos hospitais sobre estabelecimentos a eles vinculados. Esta última diferença pode ser creditada a certa especificidade das instituições de saúde brasileiras na época, que tratava como instituições diferentes aquelas para atendimento de urgência, de emergência e ambulatório, podendo haver ligações entre elas.

A terminologia para a saúde no Brasil foi atualizada posteriormente, na década seguinte, com o objetivo de uniformizar a terminologia e também de facilitar a comunicação no sistema nacional de saúde. Nesse documento, a definição, além de atualizada, torna-se mais sucinta. Ali, o *hospital* é definido como o "estabelecimento de saúde destinado a prestar assistência sanitária em regime de internação, a uma determinada clientela, ou de não internação, no caso de ambulatório ou outros serviços" (Brasil, 1987, p. 12). Vemos que a preocupação do Ministério da Saúde se restringe ao aspecto físico e predial, ressaltando-se na definição a expressão *estabelecimento de saúde*, e às funções disponibilizadas, de internação e de atendimento ambulatorial.

Isso quer dizer que, nesta segunda definição preconizada pelo governo à época, ressaltava-se o exercício do serviço de saúde em estabelecimento próprio e nas modalidades de internação e não internação, descartando-se ali o aspecto social anteriormente visível tanto no destaque à medicina integral quanto na medicina familiar ressaltada na definição da OMS.

Atualmente, temos uma ideia de como deve ser concebido um hospital, para que sejam atendidas as necessidades da comunidade e dos investidores, sejam privados, sejam públicos (das diferentes esferas de governo). Assim, em concepção geral, alguns conceitos correlatos devem facilitar a compreensão da atuação e das funções sociais desempenhadas por esses estabelecimentos.

O Ministério da Saúde, em documento eletrônico, atualizou essas definições em 2008, ressaltando as diferenciações básicas para hospitais e conceitos correlatos. Nesse documento, redefine-se o *hospital geral*, desta vez de modo mais extenso, como "destinado à prestação de atendimento nas especialidades básicas, por especialistas e/ou outras especialidades médicas. Pode dispor de serviço de Urgência/Emergência. Deve dispor também de SADT [Serviço de Apoio Diagnóstico e Terapêutico] de média complexidade. Podendo ter ou não SIPAC [Sistema Integrado de Patrimônio, Administração e Contratos]" (Brasil, 2008).

## 1.2.1 Tipologia dos estabelecimentos de saúde: o CNES

As funções desenvolvidas por um hospital são hoje muito diversas, conforme já mencionamos. No documento em que define a terminologia a ser aplicada para a saúde, o Ministério da Saúde estabelece como devem ser tratados os diferentes estabelecimentos, partindo de alguns critérios.

Esses critérios de classificação estão expostos desde o estabelecimento do Cadastro Nacional de Estabelecimentos de Saúde (CNES), nas páginas no Ministério da Saúde na internet. Esse cadastro foi instituído pela portaria MS/SAS n. 376, de 3 de outubro de 2000. Essa portaria foi a consulta pública e recebeu sugestões dos gestores estaduais e municipais do Sistema Único de Saúde (SUS) e da sociedade em geral, publicada como Portaria SAS n. 511, de 29 de dezembro de 2000 (Brasil, 2001c). Desde então, o cadastro vem sendo atualizado, quando necessário – por exemplo quando é preciso atualizar novas especialidades ou diferenciações dentro de uma mesma especialidade. Os critérios descritos para classificação estão baseados no "tipo, nível de atenção, serviço/classificação, tipo de habilitação e tipos de atendimentos prestados" (Brasil, 2017b). O *site* do Ministério diferencia os vários tipos de estabelecimento por seus critérios, que podem ser vistos no Quadro 1.1.

Quadro 1.1 – Tipos de estabelecimento de saúde

| Estabelecimento | Definição |
| --- | --- |
| Ambulatório | Local onde se presta assistência a clientes, em regime de não internação. |
| Especialidades médicas básicas | Clínica médica, clínica cirúrgica, clínica gineco-obstétrica e clínica pediátrica. |

*(continua)*

(Quadro 1.1 – continuação)

| Estabelecimento | Definição |
|---|---|
| Especialidades médicas estratégicas | Especialidades médicas que, em uma área geográfica determinada, assumem maior importância em face da prevalência de patologias específicas ou da dificuldade de acesso a estabelecimento de maior complexidade. |
| Estabelecimento de saúde | Nome genérico dado a qualquer local destinado à prestação de assistência sanitária à população em regime de internação ou não internação, qualquer que seja o seu nível de complexidade. |
| Hospital | Estabelecimento de saúde destinado a prestar assistência sanitária em regime de internação, a uma determinada clientela, ou de não internação, no caso de ambulatório ou outros serviços. |
| Hospital beneficente | Hospital privado, instituído e mantido por contribuições e doações particulares, destinado a prestação de serviços a seus associados, cujos atos de constituição especificam sua clientela. Não remunera os membros de sua diretoria, aplica integralmente os seus recursos na manutenção e no desenvolvimento dos seus objetivos sociais, e seus bens, no caso de sua extinção, revertem em proveito de outras instituições do mesmo gênero ou do Poder Público. |
| Hospital com especialidades | Hospital geral destinado a prestar assistência sanitária a doentes em especialidades, além das quatro básicas. |
| Hospital de base | Hospital de maior complexidade dentro de uma área definida. |
| Hospital de corpo clínico aberto | Hospital que, apesar de ter corpo clínico próprio, permite que qualquer outro médico utilize suas instalações para prestar assistência a seus doentes. |
| Hospital de corpo clínico fechado | Hospital que, dispondo de corpo clínico próprio, não permite que qualquer outro médico utilize suas instalações para prestar assistência a seus doentes. |
| Hospital de ensino | Hospital que, além de prestar assistência sanitária à população, desenvolve atividades de capacitação de recursos humanos. |
| Hospital de grande porte | Hospital com capacidade instalada de 151 a 500 leitos. |

*(Quadro 1.1 - continuação)*

| Estabelecimento | Definição |
|---|---|
| Hospital de médio porte | Hospital com capacidade instalada de 51 a 150 leitos. |
| Hospital de pequeno porte | Hospital com capacidade instalada de até 50 leitos. |
| Hospital de porte especial | Hospital com capacidade instalada acima de 500 leitos. |
| Hospital-dia | Modalidade de assistência na qual o doente utiliza, com regularidade, os serviços e o leito hospitalar apenas durante o período diurno. |
| Hospital especializado | Hospital destinado a prestar assistência sanitária a doentes, em uma especialidade. |
| Hospital filantrópico | Hospital privado, que reserva para a população carente serviços gratuitos, respeitando a legislação em vigor. Não remunera os membros de sua diretoria nem de seus órgãos consultivos, e os resultados financeiros revertem exclusivamente à manutenção da instituição. |
| Hospital geral | Hospital destinado a prestar assistência sanitária a doentes, nas quatro especialidades básicas. |
| Hospital local | Hospital que presta assistência sanitária à população de uma área geográfica determinada, dentro de uma região de saúde. |
| Hospital-noite | Modalidade de assistência na qual o doente utiliza, com regularidade, os serviços e o leito hospitalar, apenas durante o período noturno. |
| Hospital privado ou particular | Hospital que integra o patrimônio de uma pessoa natural ou jurídica de direito privado, não instituída pelo Poder Público. |
| Hospital público | Hospital que integra o patrimônio da união, estados, distrito federal e municípios (pessoas jurídicas de direito público interno), autarquias, fundações instituídas pelo Poder Público, empresas públicas e sociedades de economia mista (pessoas jurídicas de direito privado). |
| Hospital regional | Hospital que presta assistência sanitária à população de uma região de saúde. |

*(Quadro 1.1 – conclusão)*

| Estabelecimento | Definição |
|---|---|
| Hospital secundário | Hospital geral ou especializado, destinado a prestar assistência a clientes nas especialidades médicas básicas. |
| Hospital terciário | Hospital especializado ou com especialidades, destinado a prestar assistência a clientes em outras especialidades médicas além das básicas. |
| Policlínica | Ver posto de assistência médica. |
| Posto de assistência médica | Estabelecimento de saúde destinado à assistência ambulatorial, que desenvolve suas ações sob demanda. O mesmo que *policlínica*. |
| Posto de saúde | Unidade de saúde destinada a prestar assistência sanitária, de forma programada, a uma população determinada, por pessoal de nível médio ou elementar, utilizando técnicas apropriadas e esquemas padronizados de atendimento. |
| Pronto-atendimento | Conjunto de elementos destinados a atender urgências dentro do horário de serviço do estabelecimento de saúde. |
| Pronto-socorro | Estabelecimento de saúde destinado a prestar assistência a doentes, com ou sem risco de vida, cujos agravos à saúde necessitam de atendimento imediato. Funciona durante as 24 horas do dia e dispõe apenas de leitos de observação. |
| Unidade de saúde | Estabelecimento de saúde destinado a prestar assistência sanitária a uma população em área geográfica definida, executando basicamente ações programadas. Tem caráter dinâmico por desenvolver atividades junto à comunidade (exemplo: visita domiciliar). O mesmo que *unidade sanitária*. |
| Unidade integrada | Ver unidade mista. |
| Unidade mista | Unidade sanitária composta por um centro de saúde e uma unidade de internação com características de hospital local de pequeno porte, sob administração única. O mesmo que unidade integrada. |
| Unidade sanitária | Ver unidade de saúde. |

Fonte: Elaborado com base em Brasil, 1987b.

Como vimos, os estabelecimentos atualmente não são apenas hospitais, mas podem prestar serviços de acordo com as necessidades, para cada tipo de atendimento, para cada tipo de especialidade ou permanência do paciente no estabelecimento.

Essa relação de tipos de estabelecimento pode servir como fonte de consulta em caso de alguém querer saber sobre certa definição, porém é de conhecimento obrigatório a profissionais da área. Por isso, a trouxemos para conhecimento e visualização. Podemos ver claramente as diferenças de dimensão, entre hospitais de grande, médio e pequeno porte; as diferenças de atendimento, entre hospitais-noite, hospitais-dia, pronto atendimento e pronto-socorro; a tipologia de unidades de saúde etc. Essa listagem é reduzida, razão porque indicamos, no caso de se desejar consultar a lista completa, a leitura do Manual Técnico do CNES, publicado pelo Ministério da Saúde (Brasil, 2008).

Dessa maneira, você poderá conhecer a maioria dos estabelecimentos por seus nomes e suas respectivas definições. Do mesmo modo se dá com os atendimentos às necessidades dos projetos desses estabelecimentos: uns demandam mais salas, mais preparação, mais previsões de encanamentos hidráulicos e de gases; outros, maior preparação no fornecimento de energia, como com aparelhos de grande consumo. Para isso, o profissional que planeja ou auxilia no planejamento deve ser informado a respeito de tais necessidades, e é essa a nossa intenção aqui.

## Estudos de caso

A Constituição Federal (CF) de 1988, ao criar o Sistema Único de Saúde (SUS), como forma de prover saúde aos cidadãos brasileiros, afirma, em seu art. 196, ser este um direito de todos e dever do Estado (Brasil, 1988). Além disso, em seu art. 200,

> inciso III, a CF estabelece que compete ao SUS ordenar a formação de recursos humanos na área de saúde. Nesse contexto, os **hospitais de ensino** (HE) são relevantes, já que correspondem a hospitais gerais ou especializados que servem de cenário para a prática de atividades curriculares de cursos da área da saúde, de propriedade de uma instituição de ensino superior (IES), pública ou privada, ou formalmente conveniados. Dessa forma, é importante refletir sobre a seguinte questão: Que critérios mínimos um hospital deve apresentar para ser credenciado como *hospital de ensino*?

## Síntese

Neste capítulo, verificamos que o hospital é um ambiente complexo, no qual diversos profissionais e pacientes circulam diariamente, e que pode ser classificado, conforme suas características principais, em: geral, especializado, público, privado, escola, filantrópico e de ensino. Sua estrutura deve ser bem planejada, a fim de que possa atingir seus objetivos primários; para isso, é necessário o envolvimento de muitas pessoas, principalmente dos seus gestores. Para esse planejamento, são necessários estudos preliminares, básicos e executivos condizentes.

## Questões para revisão

1. No que se refere aos tipos de hospitais e suas características principais, relacione os conceitos com as definições a seguir:
   a) Hospital geral
   b) Hospital especializado
   c) Hospital público
   d) Hospital escola

e) Hospital de ensino
f) Hospital privado
g) Hospital filantrópico

( ) Diversas especialidades médicas.
( ) Tem a finalidade de obter lucro.
( ) Constitui campo de estágio.
( ) É financiado pelo governo.
( ) Não visa ao lucro.
( ) É mantido por uma universidade.
( ) Atende a determinadas especialidades.

2. De que forma Florence Nightingale conseguiu reduzir riscos hospitalares durante a Guerra da Crimeia?

3. Relacione o tipo de EAS com sua respectiva função:
   a) Hospital
   b) Hospital com especialidades
   c) Hospital de corpo clínico fechado
   d) Hospital de pequeno porte

   ( ) Hospital com capacidade instalada de até 50 leitos.
   ( ) Hospital que, dispondo de corpo clínico próprio, não permite que qualquer outro médico utilize suas instalações para prestar assistência a seus doentes.
   ( ) Estabelecimento de saúde destinado a prestar assistência sanitária em regime de internação, a uma determinada clientela, ou de não internação, no caso de ambulatório ou outros serviços.
   ( ) Hospital geral destinado a prestar assistência sanitária a doentes em especialidades, além das quatro básicas.

4. Sobre a fundação do hospital moderno, assinale a alternativa correta:
   a) Em 335 d.c., um decreto de Constantino determinou o fim das asclepeias, o que levou a um estímulo à criação de hospitais nos moldes cristãos, durante os séculos IV e V d.c.
   b) Em 1204, o papa fundou o hospital em Sassia, chamado *Hospital do Espírito Santo*. Com isso, espalharam-se esses hospitais em todo o mundo conhecido então.
   c) Em Bolonha, na Itália, desenvolveram-se os estudos da medicina, principalmente ao fim da Idade Média. Bolonha era uma cidade universitária e havia lá uma divisão entre os *legistas* (estudavam Direito civil e canônico e tinham grande prestígio) e os *artistas* (que estudavam filosofia, medicina, cirurgia, astrologia e matemática, com menor prestígio).
   d) Após o incêndio do Hôtel Dieu de Paris, no final do século XVIII, houve a nomeação da comissão de cientistas da Academia Real de Ciências para sua reconstrução. Isso porque, depois dessa tragédia, a viagem de inspetores entre as instituições médicas de vários países lhes deu uma visão geral da situação dos estabelecimentos em toda a Europa e possibilitou um diagnóstico abrangente para os hospitais a serem construídos.

5. A ideia do hospital moderno modificou a estrutura prevista até então para os estabelecimentos de saúde; são características do hospital moderno, preconizadas pela comissão da Academia de Ciência da França:

a) Maior número de leitos em pavilhões, até 2.000; enfermarias grandes com todos os pacientes juntos; salas sem aberturas e fechadas para isolamento das doenças.
b) Menor número de leitos por hospital, até 1.200; redução dos leitos nas enfermarias; salas com aberturas para todos os lados.
c) Número de leitos fixo em 5.000; grandes enfermarias nos subsolos; salas com apenas uma porta.
d) Hospitais especializados em doenças de pele, como hanseníase; enfermarias em pavilhões separados; ventilação elétrica e ares-condicionados nos quartos.

## Questão para reflexão

Realize uma discussão com seus colegas sobre os níveis gerenciais e as atividades envolvidas no que diz respeito à infraestrutura hospitalar.

## Para saber mais

Indicamos o livro a seguir a todos aqueles (alunos e profissionais) que tenham proximidade com o tema dos edifícios hospitalares e outras edificações usadas para serviços de saúde e desejam se aprofundar no assunto:

BITTENCOURT, F.; COSTEIRA, E. **Arquitetura e engenharia hospitalar**: planejamento, projetos e perspectivas. Rio de Janeiro: Rio Books, 2014.

**Capítulo 2**
# Ambiente hospitalar: ambiência, composição e estrutura dos serviços de saúde

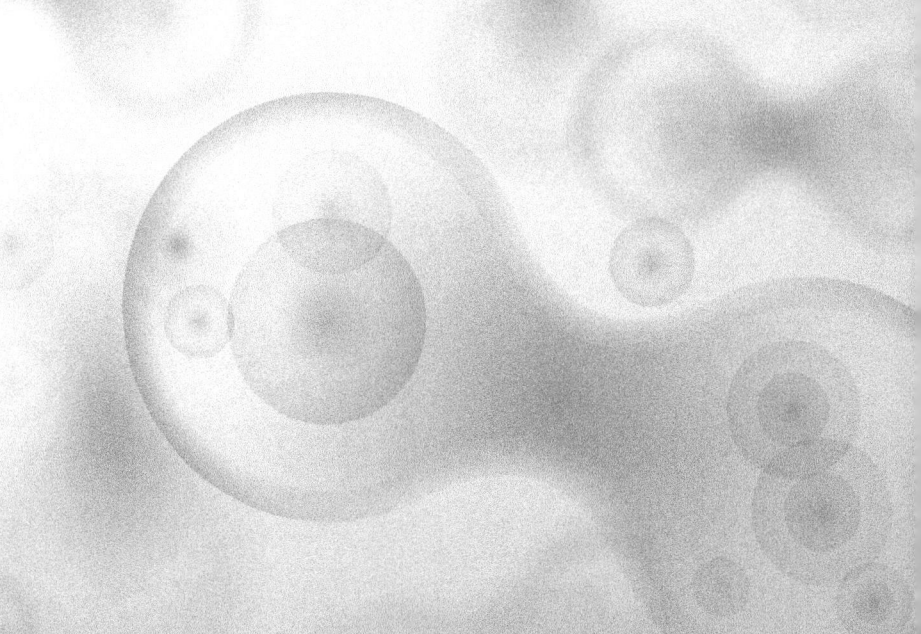

## Conteúdos do capítulo:

- Composição de ambientes na arquitetura hospitalar.
- A arquitetura do hospital atual.
- Ambiência hospitalar.
- Projeto inicial.
- A equipe multiprofissional.
- Atuação da equipe no planejamento da infraestrutura hospitalar.

## Após o estudo deste capítulo, você será capaz de:

1. identificar a importância do trabalho multiprofissional, voltado para o planejamento da infraestrutura hospitalar.

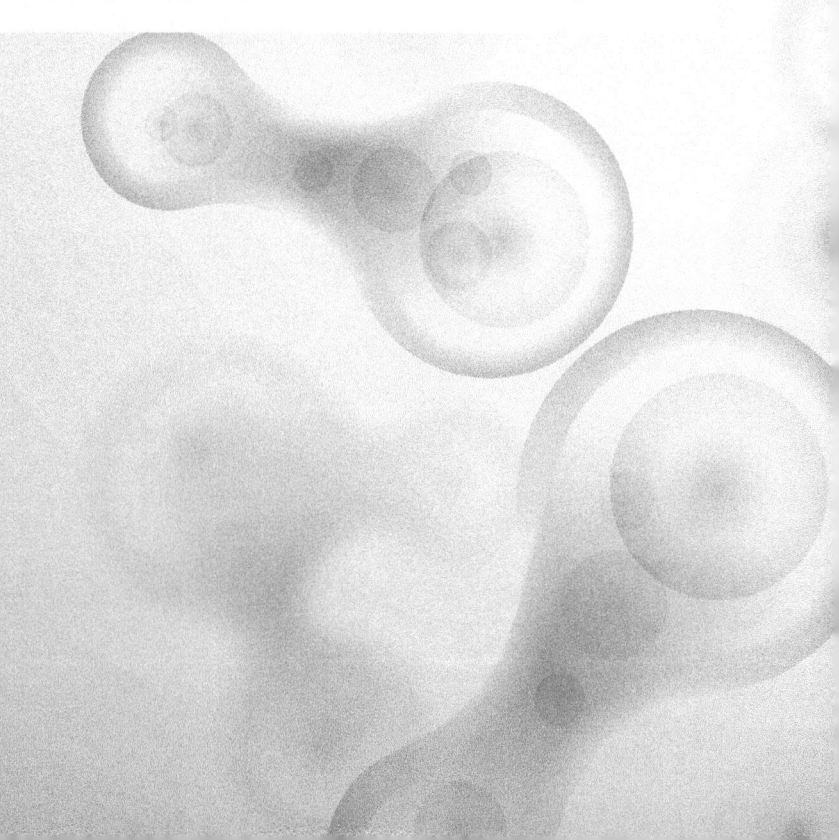

Vários fatores contribuem para a composição dos ambientes e dos meios de fluxo em um hospital: o porte e o tamanho do empreendimento, a idade e a capacidade dos prédios, o projeto arquitetônico, a realização das construções ou das reformas, bem como a idade e o gênero dos futuros pacientes. O projeto arquitetônico tem de levar em conta as necessidades do pessoal que ali irá trabalhar, das pessoas que circulam pelo ambiente e também da população, seja ela enferma ou circulante, para planejar e distribuir os ambientes pelo espaço disponível.

Além disso, após a execução dos projetos, é necessário pensar na humanização dos ambientes e na constituição de espaços positivos para a cura e para a estada das pessoas que por ali circularão. É nessa etapa que se pode trazer para o ambiente hospitalar um planejamento direcionado às necessidades de cura e de bem-estar dos pacientes e acompanhantes nos ambientes hospitalares. É a isso que se chama *ambiência*: um planejamento do ambiente com vistas a obter humanização e conforto que resultem em um espaço que proporcione a cura e o bem-estar. Assim pode ser descrita a concepção da ambiência hospitalar:

> Ambiência hospitalar refere-se ao tratamento dado ao espaço físico, social, profissional e de relações interpessoais, diretamente envolvida com a assistência à saúde, devendo, portanto, proporcionar atenção acolhedora, resolutiva e humana. Através da construção da ambiência é possível avançar qualitativamente no debate acerca da humanização, pois sua concepção pressupõe a valorização tanto das tecnologias médicas que compõem o serviço de saúde, dos componentes estéticos ou sensíveis apreendidos pelos órgãos do sentido (como por exemplo, a luminosidade, os ruídos e a temperatura do ambiente), quanto da interação entre usuários, trabalhadores e gestores. (Ribeiro; Gomes; Thofehrn, 2014, p. 531)

O hospital é uma das instituições mais complexas que existem. Sendo assim, é preciso que seu desenho físico seja realizado de forma inteligente, de modo que apresente compatibilidade com suas atribuições, sendo funcional, agindo preditivamente contra o que realmente constitui um problema, funcionando e minimizando possíveis falhas no processo (Potier, 2006).

Portanto, neste capítulo trataremos da concepção dos projetos para estabelecimentos hospitalares, de modo mais descritivo, e também da humanização e da ambiência dos estabelecimentos quando prontos, com exemplos de como se pode implantar tais alterações.

## 2.1 A arquitetura de hospitais e serviços de saúde

A arquitetura dos Estabelecimentos Assistenciais de Saúde (EASs), no Brasil, é definida dentro do Sistema Único de Saúde (SUS) e bem regulamentada no que diz respeito à construção, à atuação dos profissionais e dos estabelecimentos e também na concepção de seu funcionamento. Aqui, veremos um pouco da evolução da construção de hospitais no Brasil, bem como os projetos e a contribuição da ambiência e da equipe na promoção da saúde.

### 2.1.1 A arquitetura do hospital no Brasil

No Capítulo 1, tratamos sobre as variações que os projetos de hospitais receberam ao longo da história. Desde os mercados públicos, em que os enfermos se apresentavam aos outros em busca de cura, aos templos antigos, em que se colocavam os doentes, passando pelos leprosários ou lazaretos da Idade Média, em que se colocavam as pessoas para separá-las da sociedade e manter a doença longe dos mais saudáveis, até os grandes galpões da Renascença e os edifícios compartimentados da Idade Moderna, dedicados a diminuir as infecções e as contaminações, muitos tipos de edifícios serviram à tarefa de abrigar as pessoas enfermas ou convalescentes para tratamento e cura.

A complexidade crescente dos projetos, a quantidade de normas e leis a serem seguidas e a busca constante pela melhora na qualidade do espaço a ser construído, além da perspectiva em busca de sustentabilidade e conforto ambiental que se tem atualmente, além, é claro, dos problemas mais comuns, como limitações orçamentárias e de uso do espaço urbano, são algumas das várias condicionantes a se considerar ainda antes de se realizar o estudo preliminar, como primeira fase do projeto.

Desde o fim do século XX, já se implantaram novos conceitos para o desenho arquitetônico dos hospitais, em um movimento que pode ser considerado de humanização, em direção à incorporação ao edifício de confortos similares aos da casa do paciente, bem como sua visão e representações similares. Falaremos a seguir sobre a ambiência hospitalar, corrente de planejamento que brota dessa adaptação; porém, neste momento, estamos tratando de adaptação do próprio desenho, anterior ao projeto executivo, com a evolução na tentativa de fazer do estabelecimento de saúde uma continuidade da vida normal do paciente, sem que seja feito um corte radical entre a vida cotidiana e a vida no hospital, sem a ideia de despersonalização e distância comunicada pelas paredes claras e imaculadas ou pelos ambientes aparentemente assépticos.

Essas premissas de planejamento são resumidas por Costeira (2014, p. 57) da seguinte forma:

*Nas últimas décadas surgiram novos conceitos para o desenho de hospitais que procuram trazer para os seus espaços os valores que os pacientes encontram em suas casas, ou seja: os projetos arquitetônicos devem incorporar ao edifício a visão do paciente e suas representações cotidianas. Esses conceitos propõem também a integração dos ambientes de saúde com o espaço exterior e incorporam nos setores de diagnóstico e tratamento uma série de premissas que são consideradas como promotoras da cura. As pesquisas atuais sobre tempo de permanência e a qualidade da atenção destinada aos clientes apontam para a ênfase da humanização destes ambientes, no sentido de amenizar o sofrimento e a angústia durante a internação, agregando práticas de convivência familiar e de personalização aos espaços, envolvendo equipes de profissionais e de familiares nas terapias desenvolvidas para atingir a desejada cura.* (Costeira, 2014, p. 57)

O hospital de concepção moderna nasceu, como já vimos, após o incêndio do Hôtel Dieu de Paris, no final do século XVIII, e a nomeação da comissão de cientistas da Academia Real de Ciências para sua reconstrução. Após essa tragédia, a viagem de inspetores entre as instituições médicas de vários países lhes deu uma visão geral da situação dos estabelecimentos em toda a Europa e possibilitou um diagnóstico abrangente para os hospitais a serem construídos. As construções passaram a ser em grandes pavilhões horizontais, com no máximo três andares, para melhorar a circulação do ar e evitar o acúmulo de umidade. Já no século XIX, a vitória da teoria microbiológica da transmissão de doenças inovou com a prescrição da separação de pacientes e esterilização de utensílios, da mesma maneira que o progresso das anestesias criou um campo amplo para as cirurgias, com sua integração aos hospitais. O desenvolvimento das enfermarias, resultado dos estudos e da luta de Florence Nightingale após a Guerra da Crimeia (1853-1856), também ajudou a conformar o modelo para o hospital moderno.

É esse o panorama que estabelece novos parâmetros para o hospital contemporâneo, que vai incorporar, já no início do século XX, novas tecnologias, como os raios X, que exigem preparação especial da infraestrutura predial, com fornecimento de grandes quantidades de energia, fiação e blindagem de ambientes, por exemplo. Também foram as novas tecnologias que possibilitaram os hospitais verticalizados, que dominaram durante o século XX, com elevadores e monta-cargas, construções de estrutura metálica e modular, circulações redimensionadas e ventilação mecânica com controle de temperatura.

No Brasil, a saúde pública começa a se efetivar no final do século XIX, já chegando ao século XX. Antes disso, o estabelecimento que predominava eram as Santas Casas de Misericórdia, hospitais filantrópicos ligados à Igreja Católica, vindos para o Brasil com a Companhia de Jesus. Então, no final do século XIX, com as grandes ações de Oswaldo Cruz para a erradicação de doenças endêmicas no país, como a peste bubônica, a varíola e a febre amarela, há certa preocupação governamental com a saúde pública. No governo de Getúlio Vargas, a então capital federal empreendeu a construção de vários dispensários e prontos-socorros, transformando e modernizando a saúde brasileira. Ainda nesse governo, iniciou-se a construção de vários edifícios públicos, que vieram a constituir a face da moderna arquitetura brasileira, aproveitando-se dos ensinamentos de Le Corbusier e da Escola Bauhaus, o que também deu forma à arquitetura hospitalar, com vários hospitais projetados por Oscar Niemeyer, Jorge Machado Moreira e Rino Levi, seus seguidores.

A expansão continuou com a criação do estado da Guanabara, quando se deu um início de centralização administrativa pelo estado por meio da Superintendência de Serviços Médicos (Suseme), que geria a rede de hospitais do estado. Com o golpe militar de 1964, os programas foram refeitos, e apenas em 1966 houve um fato novo digno de nota, a criação do Instituto Nacional de Previdência Social (INPS), para gerir as caixas previdenciárias do país. Após isso, em 1968, o governo militar lançou o Plano Nacional de Saúde (PNS), que determinava a livre escolha do médico pelo paciente e o pagamento compartilhado dos honorários entre o usuário e o sistema previdenciário. Esse sistema entrou em crise no final da ditadura militar, entre os anos de 1980 e 1983, problema que só foi enfrentado com o fim da ditadura e o novo sistema de saúde, o Sistema Único de Saúde (SUS), que descentralizou os serviços médicos no Brasil, municipalizando a administração da assistência.

O SUS foi criado em 1990, após a promulgação da Constituição de 1988, com o objetivo de universalizar o atendimento de saúde à população brasileira. A Lei 8.080, de 19 de setembro de 1990 (Brasil, 1990b), que criou o sistema, articula instituições particulares e privadas, determinando os princípios até hoje seguidos: a universalidade, a equidade e a integralidade dos serviços de assistência aos brasileiros. Para perseguir esses princípios, determinaram-se:

- Municipalização dos serviços, com a consequente descentralização dos custos e financiamentos.
- Níveis de atendimento:
  - **Primário**, constituído pelas Unidades Básicas de Saúde (UBSs), direcionadas à prevenção de doenças e ao bem-estar das comunidades.

- **Secundário**, composto pelas Unidades de Pronto Atendimento (UPAs), hospitais e outras unidades de atendimento especializado ou de média complexidade.
- **Terciário**, composto pelos hospitais de grande porte e alta complexidade, sejam eles privados ou públicos.

Após a mudança com a criação do SUS, houve grande impacto na construção de novos Estabelecimentos Assistenciais de Saúde (EASs), classificação que admite instituições extremamente variadas, tanto quanto academias de ginástica, ópticas, instituições de ensino e bancos de sangue – para a classificação completa, pode-se consultar Brasil (2002a). Os novos projetos passaram a ser regulamentados por leis, como a Lei Orgânica da Saúde e, posteriormente, a RDC n. 50/2002, de 21 de fevereiro de 2002 (Brasil, 2002a). As premissas básicas da construção e do planejamento de EASs são definidas e estritamente determinadas por leis e normas, das quais trataremos mais adiante.

O século XXI é caracterizado pela crescente necessidade de humanização do ambiente hospitalar, procedente de pesquisas que mostram melhora nas condições de cura e de permanência dos enfermos em condições mais próximas a sua vida externa ao hospital. Essa predominância em considerar o bem-estar do paciente e construir ambientes mais confortáveis e humanos é a tendência atual para o desenho e a ambientação dos estabelecimentos.

A concepção mais integral do que é *saúde* trouxe essa dimensão para o cuidado com o ambiente hospitalar. Antes, considerava-se *saúde* apenas como ausência de doença. Porém, em 1978, em uma conferência da Organização Mundial da Saúde (OMS) realizada em Alma Ata, proferiu-se a seguinte declaração:

*A Conferência enfatiza que a saúde – estado de completo bem-estar físico, mental e social, e não simplesmente a ausência de doença ou enfermidade – é um direito humano fundamental, e que a consecução do mais alto nível possível de saúde é a mais importante meta social mundial, cuja realização requer a ação de muitos outros setores sociais e econômicos, além do setor saúde.* (OMS, 1978)

Esse é o primeiro princípio que evidencia a saúde individual como dependente de fatores físicos, mas também, simultaneamente, de fatores mentais e sociais, ou seja, só se pode ter saúde quando compreendida integralmente: do indivíduo, em sua compleição física; do indivíduo consigo mesmo, em seu aspecto mental; e do indivíduo com os outros que o rodeiam, no aspecto social. O Ministério da Saúde avalia esses compromissos da declaração conforme segue:

*Enuncia em seu bojo, ao tecer considerações sobre os cuidados primários de saúde, que estes constituem a chave que permitirá que todos os povos do mundo atinjam um nível de saúde que lhes permita levar uma vida social e economicamente produtiva, representando o primeiro nível de contato dos indivíduos, da família e da comunidade com o sistema nacional de saúde. E como tal, devem ter em vista os principais problemas de saúde da comunidade, proporcionando serviços de proteção, prevenção, cura e reabilitação, conforme suas necessidades.* (Brasil, 2002c)

Esses conceitos começaram a ser realmente implementados no Brasil na década de 1980, com os projetos de hospitais buscando o espaço mais humano e confortável para o bem-estar integral dos pacientes. Aspectos hoje fundamentais, como a prioridade a fontes naturais de ventilação e de iluminação, determinam locais mais higiênicos e cotidianos, em contraposição ao fechamento e à luz artificial de antes. Os estabelecimentos de saúde passaram a ser locais para a melhora da qualidade de vida, não apenas para salvar vidas ou curá-las.

Dentre os arquitetos atuais de hospitais, há aqueles que demonstram preocupação também com os aspectos ambientais, como João Filgueiras Lima, citado por Lukiantchuki e Caram (2008, p. 6-7), que propõe

> uma instituição de caráter abrangente envolvida também com os problemas sociais, econômicos e culturais do país. Nos hospitais da rede Sarah Kubitschek a integração entre as práticas e os espaços devolvem ao edifício a capacidade de contribuir para o processo da cura, o que muitas vezes é esquecido por grande parte dos arquitetos contemporâneos. [...] Além disso, a rede de hospitais Sarah são verdadeiros modelos de arquitetura bioclimática, sendo que as suas soluções arquitetônicas garantem melhores condições de conforto térmico por meio de sheds e brises, que permitem um maior controle dos raios solares e uma ventilação permanente. Esses recursos tornam a Rede Sarah um símbolo da arquitetura hospitalar no Brasil.

Os projetos atuais devem levar em conta todos esses aspectos, seja em relação ao paciente, para garantir sua saúde integral, física, mental e social, seja em relação ao ambiente interno que proporcionam, seja em relação ao uso de recursos naturais e ambientais em seu planejamento. Assim, ao se determinar a construção de um estabelecimento de saúde, são muitos os quesitos a ser levados em conta, dos quais trataremos a seguir.

## 2.1.2 As fases do projeto

A **elaboração de um projeto físico** diz respeito à **documentação** do próprio projeto. Para nos auxiliar neste tópico, utilizaremos a NBR 6492, da Associação Brasileira de Normas Técnicas

(ABNT, 1994), que trata sistematicamente desse processo, e a RDC n. 50/2002 (Brasil, 2002a).

Para os estritos efeitos da RDC n. 50/2002, são adotadas as definições que apresentamos no Quadro 2.1.

Quadro 2.1 – Definições da RDC n. 50/2002

| | |
|---|---|
| Programa de necessidades | Conjunto de características e condições necessárias ao desenvolvimento das atividades dos usuários da edificação que, adequadamente consideradas, definem e originam a proposição para o empreendimento a ser realizado. Deve conter a listagem de todos os ambientes necessários ao desenvolvimento dessas atividades. |
| Estudo preliminar | Estudo realizado para assegurar a viabilidade técnica a partir dos dados levantados no programa de necessidades, bem como de eventuais condicionantes do contratante. |
| Projeto básico | Conjunto de informações técnicas necessárias e suficientes para caracterizar os serviços e as obras, elaborado com base no estudo preliminar, e que apresente o detalhamento necessário para a definição e a quantificação dos materiais, equipamentos e serviços relativos ao empreendimento. |
| Projeto executivo | Conjunto de informações técnicas necessárias e suficientes para a realização do empreendimento, contendo, de forma clara, precisa e completa, todas as indicações e os detalhes construtivos para as perfeitas instalação, montagem e execução dos serviços e obras. |

*(continua)*

(Quadro 2.1 – conclusão)

| | |
|---|---|
| Obra de reforma | Alteração em ambientes sem acréscimo de área, podendo incluir as vedações e/ou as instalações existentes. |
| Obra de ampliação | Acréscimo de área a uma edificação existente, ou mesmo construção de uma nova edificação para ser agregada funcionalmente – fisicamente ou não – a um estabelecimento já existente. |
| Obra inacabada | Obra cujos serviços de engenharia foram suspensos, não restando qualquer atividade no canteiro de obras. |
| Obra de recuperação | Substituição ou recuperação de materiais de acabamento ou instalações existentes, sem acréscimo de área ou modificação da disposição dos ambientes existentes. |
| Obra nova | Construção de uma nova edificação desvinculada, funcional ou fisicamente, de algum estabelecimento já existente. |

Fonte: Elaborado com base em Brasil, 2002a.

Antes de iniciar o planejamento de um projeto de arquitetura hospitalar, é preciso que os envolvidos se apropriem das resoluções e normativas pertinentes, visto que essa é uma área com diversas peculiaridades, que necessitam de grande atenção em seu desenho.

Agora, apresentaremos as etapas necessárias à realização de um projeto de EAS. Os projetos para construção, complementação, reforma ou ampliação de uma edificação ou de um conjunto de edificações são desenvolvidos, basicamente, em três etapas, como já esboçamos anteriormente: **estudo preliminar**, **projeto básico** e **projeto executivo**.

O desenvolvimento consecutivo dessas etapas tem como ponto de partida o **programa de necessidades** (físico-funcional) do EAS, descrito no Quadro 2.1, no qual deverão estar definidas as características dos ambientes que promoverão o desenvolvimento das atividades previstas na edificação.

O planejamento geral de um estabelecimento hospitalar considera diversas variáveis que têm de ser previstas e dimensionadas no processo de construção do projeto, como aspectos legais, financeiros e técnicos, além dos sociais e ambientais, que também fazem parte desse estabelecimento.

É um processo complexo, extremamente normalizado nos níveis federal, estadual e municipal, além de portarias, resoluções e normas específicas para cada situação. A base normativa é a resolução RDC n. 50/2002, publicada pelo Ministério da Saúde, além de algumas normas da ABNT e da Agência Nacional de Vigilância Sanitária (Anvisa). Estudaremos mais detidamente as determinações contidas nessas normas, no Capítulo 3. Nesta etapa, cabe-nos considerar o que é tratado como projeto, planejamento e fases desse processo dentro da concepção de um estabelecimento hospitalar.

Um *projeto* pode ser definido como um conjunto de atividades realizadas por uma pessoa ou grupo de pessoas, com o objetivo de atingir determinado resultado ou produzir algo. No *Dicionário Houaiss de língua portuguesa* encontramos definições como:

> 2. *descrição escrita e detalhada de um empreendimento a ser realizado; plano, delineamento, esquema [...]*
> 4. *esboço ou desenho de trabalho a se realizar; plano [...]*
> 5. *Rubrica: arquitetura.*
> *plano geral para a construção de qualquer obra, com plantas, cálculos, descrições, orçamento etc.* (Houaiss; Villar, 2009)

Considerando que essas três definições nos bastam, veremos em seguida como devem ocorrer as etapas da descrição detalhada, do trabalho a se realizar, mas, principalmente, do plano geral para a construção que se objetiva fazer. Trazemos uma breve discussão sobre as etapas de um projeto, sempre com foco no resultado que desejamos ao final de sua execução. A seguir, detalhamos as etapas de um projeto, com base na RDC n. 50/2002, que o divide em **estudo preliminar, básico e executivo**.

A RDC n. 50/2002 foi um grande marco na organização e no planejamento dos estabelecimentos de saúde no Brasil. Essa norma define as três fases do projeto, as quais já eram definidas em textos anteriores, publicados pelo próprio ministério.

Há outros estudos apontando para a necessidade de uma divisão maior de fases entre o estudo preliminar e as outras fases, como podemos ver em Góes (2004, p. 21):

*A complexidade do edifício hospitalar, entretanto, geralmente acarreta, para analistas dos diversos órgãos públicos envolvidos na sua aprovação, dificuldades de interpretação e compreensão que exigem do projetista um maior detalhamento ou ampliação das etapas do seu projeto:*

- *Estudo Preliminar*
- *Anteprojeto*
- *Projeto legal*
- *Projeto básico*
- *Projeto executivo*
- *Detalhes*
- *As-built*[1]

Dessa maneira, o arquiteto prevê necessidades de detalhamento anteriores ao projeto básico, por exemplo, no anteprojeto

---

1   *As-built* é uma expressão em inglês que significa "como construído". Consiste no levantamento real de todas as medidas existentes na edificação, para fins de aferição, pois representa o estado da obra pronta, com as adaptações que se tornaram necessárias no decorrer do trabalho. (Nota da Editora).

e no projeto legal. O primeiro serve para se ter uma ideia prévia de como serão as plantas dos edifícios e o segundo, para fins de adaptação às normas legais que envolvem o projeto. Da mesma maneira, introduzir-se um planejamento de detalhes pode especificar partes do projeto executivo e o *as-built* pode demonstrar aos empreendedores o resultado efetivo dos estabelecimentos, ao fim da obra.

Ocorreram várias reuniões, discussões e propostas de revisão da RDC n. 50/2002, inclusive a última, de 2016, propondo a apresentação de ao menos mais duas etapas, anteriores ainda ao estudo preliminar, que considerariam a **proposta assistencial**, dedicada a explanar em que áreas deve atuar o empreendimento pretendido, e o **programa de necessidades** que é justamente o que chamamos *programa físico-funcional*, citado no tópico a seguir. A norma descreve esse programa de necessidades, quando trata da terminologia de referência para definições nela contidas:

> Conjunto de características e condições necessárias ao desenvolvimento das atividades dos usuários da edificação que, adequadamente consideradas, definem e originam a proposição para o empreendimento a ser realizado. Deve conter a listagem de todos os ambientes necessários ao desenvolvimento dessas atividades. (Brasil, 2002a, p. 3)

A norma prevê para o projeto apenas as três fases citadas anteriormente – preliminar, básico e executivo –; assim, veremos cada uma delas mais especificamente a seguir.

## Estudo preliminar

O estudo preliminar é um plano técnico que serve para se avaliar se as soluções objetivadas em certo empreendimento podem ser alcançadas. Faz-se inicialmente um levantamento de dados "em um programa de físico-funcional, da determinação quantitativa de demandas, de eventuais condicionantes do contratante e demais elementos existentes acerca do problema" (Brasil, 1994c).

O **programa físico-funcional** é uma relação e descrição das características de todos os ambientes que serão necessários ao estabelecimento para que ele atinja os objetivos previstos pelos solicitantes do projeto. Nele, deve-se procurar coadunar as diretrizes iniciais do projeto às possibilidades arquitetônicas disponíveis. Para tanto, levam-se em consideração a disponibilidade econômica e os critérios técnicos, para que as soluções propostas sejam enquadradas de acordo com as possibilidades técnicas.

Nesse ponto, os estudos devem conter um princípio de definição gráfica do projeto arquitetônico em conjunto com possibilidades técnicas das instalações, com projetos básicos para suprimento de energia, circulação hidráulica fria e aquecida, circulação de fluidos como gases hospitalares e combustíveis, projetos básicos para climatização e previsão de estruturas e fundações e memoriais descritivos. Essas definições estão todas descritas na norma RDC n. 50/2002, que descreve em detalhes como os projetos devem se apresentar.

As características do estudo preliminar estão descritas na sequência.

Arquitetura

É o que define graficamente o projeto arquitetônico, por meio de plantas baixas, plantas de corte e de fachadas, em escala livre, devendo conter:

- visão geral do edifício ou conjunto de edifícios e do local em que serão implantados;
- plano de fluxo, acessos, estacionamentos e similares;

- sistema de construção a ser utilizado;
- esquemas para a locação das atividades, circulação e organização volumétrica;
- número, destinação e localização dos edifícios;
- número de pavimentos;
- esquemas de infraestrutura e serviços;
- relação de normas e leis de ocupação a serem observadas.

Além desses estudos, os projetos iniciais devem ser desenvolvidos tendo como base o programa de necessidades, descrevendo os espaços, as atividades e os equipamentos, ressaltando o respeito às normas e à ocupação de solo. Deve ser juntado também um relatório com o memorial justificativo, as soluções de construção acatadas, as demandas atendidas e o dimensionamento geral da edificação, além de, se solicitada, uma previsão de custos da obra.

Instalações elétricas e complementares

O primeiro detalhe a ser projetado, já nesta fase inicial, é um planejamento básico das instalações elétricas, de fornecimento específico para cada setor, mas também de previsão de instalações especiais, caso forem necessárias, pelo próprio avanço tecnológico ou pelo uso de algum aparelho inovador.

A descrição deve conter vários pontos, já dados no estudo preliminar, como: local e descrição da rede pública da região; tensão local; descrição básica da entrada; transformação necessária e distribuição da energia; sistema de proteção de descargas atmosféricas (para-raios ou gaiola de Faraday, por exemplo); rede de telefonia; sistema telefônico; sistemas de sinalização, luzes de emergência e alarmes sonoros; intercomunicação, televisão, computadores e rádios; sistema de radiologia e diagnósticos por imagem; sistemas de busca a pessoas; aterramento das salas cirúrgicas;

geração de energia de emergência, alarmes contra incêndios e outros; espaços para as centrais de transformação e de comutação telefônica; áreas destinadas à condução do sistema elétrico (prumadas); documentos de consulta às concessionárias de energia e de telefonia com memória de cálculo, somados aos documentos descritivos do material e dos sistemas de energia propostos, com alternativas e indicações técnicas, todos esses adicionados a documentos gráficos que explicitem as propostas técnicas.

Finalmente, devemos conferir especial atenção à definição básica das áreas destinadas às centrais de distribuição, visando à complementação do estudo preliminar arquitetônico, para o abastecimento do hospital.

Toda essa descrição já deve constar desde o estudo preliminar, para aprofundamentos posteriores. Não devemos esquecer que, segundo esses critérios, devem fazer parte os itens descritos no Quadro 2.2, a seguir.

Quadro 2.2 – Comparação técnica e econômica

| Estudo detalhado do sistema energético a ser adotado no abastecimento do estabelecimento, por meio de uma comparação técnica e econômica dos itens. | |
|---|---|
| Técnica | Econômica |
| ◆ Disponibilidade na região<br>◆ Rendimento do sistema<br>◆ Confiabilidade<br>◆ Durabilidade | ◆ Custo de implementação<br>◆ Custo de aquisição<br>◆ Custo de manutenção<br>◆ Amortização do investimento |

Fonte: Elaborado com base em Lamha Neto, 1995.

Em relação a essas características, devem ser analisadas fontes alternativas de energia, as quais podem ser avaliadas segundo a relação custo-benefício da região e adaptada a cada tipo de instituição hospitalar (Brasil, 2002a).

## Hidráulica e fluido-mecânica

Um programa básico para as instalações hidráulicas e especiais (aquelas destinadas a gases, por exemplo) deve ser estudado desde a fase preliminar. Esse programa deve sempre ser compatibilizado com o projeto arquitetônico e as diretrizes do projeto, e conter, desde sua concepção, propostas sobre todos os aspectos de canalização hidráulica e de fluidos na edificação: localização da rede pública de água, poço artesiano ou similar; sistema de abastecimento e armazenamento de água, previsão de consumo, reservas e bombeamento; sistemas de aquecimento e circulação de água aquecida, com previsão de uso desse tipo de água; sistemas de combate a incêndios, como hidrantes, mangueiras e similares; localização da rede de gás combustível, com previsão de consumo e tipificação do uso; descrição do sistema de esgoto, com a rede pública e o sistema de tratamento; galerias pluviais, com previsão de fluxo; sistema de fornecimento de gases medicinais, com previsão de consumo e sistema de fornecimento, inclusive de vácuo; previsão do uso de vácuo; previsão do sistema de vapor e seu consumo; documentos de consulta prévia ás fornecedoras de gás, água e gases medicinais, com determinação dos espaços para as centrais de cada fluido; áreas destinadas aos sistemas hidráulicos e especiais (nas prumadas); memórias de cálculo e sistemas propostos, com justificativa, além das recomendações técnicas e gráficos que as elucidem.

Observamos, dessa maneira, que o sistema de circulação de fluidos deve também ser proposto desde o estudo preliminar, sendo aprofundado em fases posteriores do projeto.

Climatização

Deve ser apresentado, em conjunto com o estudo preliminar, um projeto básico do sistema de ar-condicionado e ventilação mecânica, para que se possa compatibilizar esse sistema aos outros já projetados e com a arquitetura geral do prédio. Também esse projeto deve ser bastante detalhado desde essa etapa, com apresentação das áreas a serem climatizadas e especificação do tipo de climatização (refrigeração, calefação, umidificação, pressurização, ventilação, câmaras frigoríficas e outros similares). O projeto deve apresentar a descrição básica do sistema, trazendo os filtros, a circulação de água gelada, a exaustão do calor (em sistemas *split* ou sistemas *self contained*), a previsão para consumo de água e energia neste sistema, o perfil da carga térmica, adaptada ao clima da região, estudos comparativos para outros sistemas (como sistemas *verdes* de refrigeração), inclusive econômicos, a localização prévia do sistema, com prumada dos dutos e redes de água, além de descritivos de ordem técnica, documentos e gráficos necessários para sua compreensão.

Estrutura e fundações

Toda a estrutura e as fundações necessárias devem ser propostas desde o estudo preliminar, podendo-se adaptar o projeto às necessidades, no desenvolvimento dos estudos, no projeto básico e no executivo.

Finalizando nossa análise sobre o estudo preliminar, evidenciamos que, depois dessa etapa, pode-se ter uma boa ideia de como será a EAS e quais serão as mudanças necessárias na próxima fase.

## Projeto básico

O projeto básico de arquitetura (PBA) deve sempre ser desenvolvido verificando-se as viabilidades técnicas da edificação, com base nos estudos preliminares e no programa de necessidades. Conforme as diretrizes estabelecidas no estudo preliminar e no projeto básico arquitetônico, devem ser desenvolvidos os **projetos complementares específicos.**

### Arquitetura

Nesta fase, incluem-se as confirmações de todas as previsões do projeto inicial. Quanto à arquitetura, inclui a representação gráfica pelas plantas e o relatório técnico. A RDC n. 50/2002 determina que se registrem, na representação gráfica desta fase:

a. *as plantas baixas, cortes e fachadas, com escalas não menores que 1:100; exceto as plantas de locação, de situação e de cobertura, que poderá ter a escala definida pelo autor do projeto ou pela legislação local pertinente;*

b. *todos os ambientes com nomenclatura conforme listagem contida nesta Resolução e demais normas federais;*

c. *todas as dimensões (medidas lineares e áreas internas dos compartimentos e espessura das paredes);*

d. *a locação de louças sanitárias e bancadas, posição dos leitos (quando houver), locação dos equipamentos não portáteis médico-hospitalares e de infraestrutura, equipamentos de geração de água quente e vapor, equipamentos de fornecimento de energia elétrica regular e alternativa, equipamentos de fornecimento ou geração de gases medicinais, equipamentos de climatização, locais de armazenamento e, quando houver, tratamento de RSS (Resíduos de Serviços de Saúde);*

e. *indicações de cortes, elevações, ampliações e detalhes;*

f. *em se tratando de reforma e/ou ampliação e/ou conclusão, as plantas devem conter legenda indicando área a ser demolida, área a ser construída e área existente;*

g. *locação da edificação ou conjunto de edificações e seus acessos de pedestres e veículos;*

h. *planta de cobertura com todas as indicações pertinentes;*

i. *planta de situação do terreno em relação ao seu entorno urbano;*

j. *identificação e endereço completo do estabelecimento, data da conclusão do projeto, número sequencial das pranchas, área total e do pavimento.* (Brasil, 2002a)

De acordo com esse mesmo documento, o relatório técnico é assim definido:

a. *dados cadastrais do estabelecimento de saúde, tais como: razão social, nome fantasia, endereço, CNPJ e número da licença sanitária de funcionamento anterior, caso exista, dentre outras que a vigilância sanitária local considere pertinente;*

b. *memorial do projeto de arquitetura descrevendo as soluções adotadas no mesmo, onde se incluem, necessariamente, considerações sobre os fluxos internos e externos;*

c. *resumo da proposta assistencial, contendo listagem de atividades que serão executadas na edificação do estabelecimento de saúde, assim como de atividades de apoio técnico ou logístico que sejam executadas fora da edificação do estabelecimento em análise;*

d. *quadro de número de leitos, quando houver, discriminando: leitos de internação, leitos de observação e leitos de tratamento intensivo, conforme Portaria nº 1101/GM de 12 de junho de 2002, do Ministério da Saúde publicada no DOU de 13 de junho de 2002;*

e. *especificação básica de materiais de acabamento e equipamentos de infraestrutura (poderá estar indicado nas plantas de arquitetura)* e quando solicitado, dos equipamentos médico-hospitalares não portáteis;

f. descrição sucinta da solução adotada para o abastecimento de água potável, energia elétrica, coleta e destinação de esgoto, resíduos sólidos e águas pluviais da edificação;

g. no caso de instalações radioativas, o licenciamento de acordo com as normas do Conselho Nacional de Energia Nuclear – CNEN NE 6.02.

Podemos verificar que, nesta fase, há um aprofundamento dos projetos e uma exigência técnica maior. Essas exigências se repetem em todos os projetos de instalações, conforme veremos adiante. Esse projeto básico de arquitetura é que será a base sobre a qual se desenvolverão os projetos de instalações e de estruturas, complementares a ele.

## Instalações elétricas e complementares

O projeto de instalações elétricas e eletrônicas deve, nesta fase, aprofundar o que foi previsto no estudo inicial. Assim, todas as informações de base do estudo preliminar (entradas, centrais, fornecimento de energia, distribuição) devem ser confirmadas e acertadas aqui. Além disso, é o momento de se propor: localização de quadros gerais de energia (BT, QL e QF – quadros de baixa tensão, quadros de distribuição de luz e quadros de força); quadros de telefonia; dimensionamento das centrais de energia e telefônica, pontos de força, pontos de alimentação, pontos de luz e interruptores; detecção e alarmes de incêndio; localização de telefones e interfones; pontos de sinalização da enfermagem; sistema de captação de descargas; alimentação do sistema de ar-condicionado, elevadores, sistemas de som, computadores, intercomunicação; pontos de alimentação de sistemas de suprimento, processamento e tratamento de efluentes, líquidos ou sólidos.

Além desses detalhes, deve-se encaminhar também um memorial descritivo definitivo para o projeto, com as soluções gerais para o projeto básico e as soluções particulares em cada caso das áreas complementares. Esses documentos devem ser encaminhados junto com os gráficos e plantas baixas solicitados, sempre obedecendo às normas em vigor.

Hidráulica e fluido-mecânica

Essa parte do projeto básico segue o que foi feito nas outras fases: aprofundamento e definição dos projetos definitivos. Tudo o que foi proposto no estudo preliminar deve ser confirmado e estabelecido como projeto a ser realizado, com as soluções previstas e possíveis, caso a caso.

As entradas de águas, quente e fria, gás combustível e gases medicinais devem ser definidas, assim como as necessidades de abastecimento e captação que foram esboçadas no estudo anterior. As tubulações, prumadas, centrais de gases, gás combustível, vapor e vácuo são especificadas nesse momento, assim como as de tratamento de efluentes eventuais.

Tudo deve ser acompanhado de memorial descritivo definitivo, explicando o projeto e as soluções adotadas, compatibilizando-as ao projeto básico.

Climatização

A climatização nessa etapa deve ter como base as diretrizes estabelecidas no estudo preliminar e conter o peso e as dimensões dos equipamentos a serem utilizados, confirmar o sistema de ar-condicionado que será adotado, as áreas climatizadas, as áreas ventiladas, os gastos previstos de água e energia nos equipamentos, as redes de dutos necessárias, com as linhas e grelhas previstas, os pontos de consumo da climatização, com a potência, a tensão e as fases elétricas a serem usadas e os pontos de consumo de água. Com esses projetos, deve constar o memorial descritivo com as soluções adotadas e sua compatibilização com o projeto básico, além dos gráficos e plantas necessárias.

Depois de tudo o que analisamos nesta etapa do projeto básico, apresentamos um resumo de Lamha Neto (1995, p. 18), que afirma que o desenvolvimento do projeto deve englobar algumas medidas:

- *Determinação do sistema de distribuição das linhas principais dos sistemas elétricos, de telefonia, de sinalização de enfermagem, alarme contra incêndio, água fria, água quente, vácuo, ar comprimido, protóxido de nitrogênio, água gelada e dutos de ar condicionado.*
- *Definição e posicionamento dos pontos de consumo das instalações complementares [iluminação, tomadas, sinalização de enfermagem – o sistema é constituído de sinais luminosos que identificam o paciente solicitante e o leito no qual se localiza –, telefonia, entre outros].*
- *Definição das casas de máquinas referentes às necessidades de bombas d'água, bombas de drenagem, bombas de recalque de esgoto e bombas de ar condicionado.*
- *Definição dos materiais a serem utilizados nas instalações, visando à funcionalidade e à economia na implantação e à facilidade de manutenção.*

Ainda segundo Lamha Neto (1995), também deverá fazer parte desta etapa a apresentação de todas essas proposições, por meio dos seguintes documentos:

- **Memoriais descritivos das instalações** – Indica fórmulas, dados e métodos utilizados nos dimensionamentos (tensão elétrica, corrente, demanda, índice luminotécnico, consumo de água e de água quente, consumo de vapor, consumo de gases medicinais, necessidade de troca de ar e filtragem).
- **Documentos gráficos** – As plantas deverão conter o desenvolvimento dos projetos complementares, específicos para cada obra; da mesma forma, deverão enfocar claramente as proposições das instalações complementares.

Para isso, é importante atentarmos aos aspectos qualitativo e quantitativo descritos nos projetos, pois eles fornecerão subsídios para uma execução mais segura.

## Projeto executivo

Após a apresentação do projeto básico, deve ser elaborado o projeto executivo das instalações complementares, mantendo-se a atenção nos projetos executivos de arquitetura e no projeto executivo estrutural, de modo que se possibilite a completa execução das obras.

### Arquitetura

O projeto completo de arquitetura deve ser claro e preciso, devendo conter todos os detalhes e especificações, com indicações para a leitura e a interpretação de todos os elementos, com orçamento, prazos para execução e determinação para as obras.

Na fase de projeto executivo, deve-se trazer, por meios gráficos:

1. A implantação do edifício, que deve conter:

    • *orientação da planta com a indicação do Norte verdadeiro ou magnético e as geratrizes de implantação; representação do terreno,* com as características planialtimétricas, compreendendo medidas e ângulos dos lados e curvas de nível, e localização de árvores, postes, hidrantes e outros elementos construídos [...]; as áreas de corte e aterro, com a localização e indicação da inclinação de taludes e arrimos; a RN [referência de nível] do levantamento topográfico; os eixos das paredes externas das edificações, cotados em relação a referências preestabelecidas e bem identificadas; cotas de nível do terrapleno das edificações e dos pontos significativos das áreas externas (calçadas, acessos, patamares, rampas e outros); localização dos elementos externos, construídos como estacionamentos, construções auxiliares e outros. (Brasil, 2002a, p. 11-12)

2. O edifício em si, que compreende:

- plantas de todos os pavimentos, com nomenclatura conforme listagem de ambientes contida nesta norma e medidas internas de todos os compartimentos, espessura de paredes, material e tipo de acabamento, e indicações de cortes, elevações, ampliações e detalhes;
- dimensões e cotas relativas de todas as aberturas, altura dos peitoris, vãos de portas e janelas e sentido de abertura;
- plantas de cobertura, indicando o material, a inclinação, sentido de escoamento das águas, a posição das calhas, condutores e beirais, reservatórios, domus e demais elementos, inclusive tipo de impermeabilização, juntas de dilatação, aberturas e equipamentos, sempre com indicação de material e demais informações necessárias;
- todas as elevações, indicando aberturas e materiais de acabamento;
- cortes das edificações, onde fique demonstrado o pé direito dos compartimentos, altura das paredes e barras impermeáveis, altura de platibandas, cotas de nível de escadas e patamares, cotas de piso acabado, forros e coberturas, tudo sempre com indicação clara dos respectivos materiais de execução e acabamento;

- *impermeabilização de paredes e outros elementos de proteção contra umidade;*
- *ampliações, de áreas molhadas, com posicionamento de aparelhos hidráulico-sanitários, indicando seu tipo e detalhes necessários;*
- *as esquadrias, o material componente, o tipo de vidro, fechaduras, fechos, dobradiças, o acabamento e os movimentos das peças, sejam verticais ou horizontais;*
- *todos os detalhes que se fizerem necessários para a perfeita compreensão da obra a executar, como cobertura, peças de concreto aparente, escadas, bancadas, balcões e outros planos de trabalho, armários, divisórias, equipamentos de segurança e outros fixos e todos os arremates necessários;*
- *se a indicação de materiais e equipamentos for feita por código, incluir legenda indicando o material, dimensões de aplicação e demais dados de interesse da execução das obras.* (Brasil, 2002a, p. 12)

Havendo determinação do contratante, nessa fase deve ser apresentado também um cronograma com as etapas para a execução da obra e indicações para a operação e a manutenção de instalações, quando houver equipamentos ou ambientes especiais. O detalhamento deve ser total e qualquer interferência entre dois sistemas deve ser eliminada para que o projeto se harmonize.

Para resumir, os projetos apresentados nesta etapa devem conter os seguintes documentos:

- **Memoriais descritivos e explicativos das instalações complementares e especiais**, *indicando fórmulas, dados e métodos utilizados nos dimensionamentos (tensão elétrica, corrente, demanda, índice luminotécnico, consumo de água e de água quente, consumo de vapor, consumo de gases medicinais, necessidade de troca de ar e filtragem).*

- **Memoriais descritivos** das ordens de serviço a serem executadas e **recomendações** quanto aos métodos e às técnicas a serem utilizados.
- **Documentos gráficos** *[plantas]*. (Lamha Neto, 1995, p. 28)

As plantas devem apresentar o desenvolvimento dos projetos complementares, destacando, em cada obra:

- *implementação geral – escala 1:100 ou 1:200;*
- *plantas baixas – escala 1:100 ou 1:50;*
- *planta de cobertura – escala 1:100 ou 1:50;*
- *prumadas esquemáticas – sem escala;*
- *isométricos gerais – escala 1:20 ou 1:25;*
- *detalhes gerais – escala 1:20 ou 1:25;*
- *legenda – sem escala;*
- *relação quantitativa e qualitativa dos materiais e equipamentos a serem utilizados nos diversos sistemas, contendo:*
  - *tipo e qualidade;*
  - *características para sua identificação;*
  - *unidade de comercialização; e*
  - *respectivas quantidades.* (Lamha Neto, 1995, p. 28-29)

A relação de quantidades e qualidade deve estar descrita minuciosamente, visto que a quantidade pode ser identificada com facilidade por números, mas a qualidade depende do foco, da essência ou da natureza de algo, podendo ser subjetiva.

Instalações elétricas e complementares

No projeto, nessa fase, não se deve acrescentar muito às instalações elétricas e complementares, cuidando de adaptar as instalações às necessidades do projeto arquitetônico. Porém, nos produtos gráficos e de memoriais descritivos, há um acréscimo grande a fazer.

Os seguintes memoriais devem ser apresentados:

- *Memorial descritivo e explicativo das instalações elétricas ou especiais, indicando fórmulas, dados e métodos utilizados nos dimensionamentos: tensão, corrente, fator de demanda, fator de potência, índice iluminotécnico, telefonia, etc.;*
- *Memorial descritivo da ordem de serviço a ser executada e recomendações quanto a método e técnicas a serem utilizadas.* (Brasil, 2002, p. 13)

As plantas baixas podem ser agrupadas conforme o critério técnico:

- Grupo 1 – iluminação, sonorização, sinalização de enfermagem, alarme de detecção contra incêndio e relógio;
- Grupo 2 – alimentadores, tomadas, telefone, interfone e sistema de informatização.

Já as escalas de apresentação de plantas são diferentes nessa etapa:

*Implantação geral – escala = 1:500;*

*Plantas baixas – escala = 1:100;*

*Planta de cobertura – escala = 1:100;*

*Planta corte e elevação da cabine de medição e transformação – escala = 1:25;*

*Diagrama unifilar geral – sem escala;*

*Diagramas trifilares dos quadros elétricos – sem escala;*

*Detalhes gerais – escala = 1:25;*

*Prumadas esquemáticas – sem escala;*

*Legenda das simbologias adotadas – sem escala.* (Brasil, 2002a, p. 13)

Além desses documentos, deve ser feita uma relação qualitativa e quantitativa dos materiais a ser utilizados a cada sistema, que deve citar o tipo e qualidade dos materiais, sua identificação, unidade de comercialização e quantidades necessárias.

Para fins de aprovação dos projetos nas concessionárias, deve-se apresentar à parte o material necessário, contendo plantas e detalhes, com tabela de cargas instaladas e demandadas e um memorial descritivo para a parte elétrica; plantas e detalhes e memorial descritivo para a parte telefônica, anexando qualquer outro documento que a concessionária solicitar.

### Hidráulica e fluido-mecânica

O projeto executivo da parte fluido-mecânica da edificação segue o modelo das instalações elétricas, sendo mais aprofundado no objetivo de conduzir e permitir a completa execução das obras.

Para este aspecto da construção, devem ser apresentados os seguintes memoriais descritivos:

- *Memorial descritivo e explicativo das instalações hidráulicas ou especiais, indicando fórmulas, dados e métodos utilizados nos dimensionamentos e cálculos (volume, capacidade, vazão etc.);*
- *Memorial descritivo da ordem de serviço a ser executado e recomendações quanto a método e técnicas a serem utilizadas.* (Brasil, 2002a, p. 14)

Também nesses projetos podem-se agrupar os sistemas por proximidade, conforme a norma: água quente e fria; esgoto e águas pluviais; gás combustível; gases medicinais; proteção e combate a incêndios; vapor e condensados.

As plantas devem seguir as seguintes escalas:

- *Planta de implantação geral do edifício, em escala ≥ 1:200, desenvolvida a partir do projeto arquitetônico, contendo as redes públicas existentes de água, gás, esgoto sanitário e águas pluviais;*

- *Plantas baixas dos pavimentos* – escala ≥ 1:50;
- *Planta de cobertura* – escala ≥ 1:50;
- *Esquema isométrico* – escala ≥ 1:25;
- *Detalhes gerais* – escala ≥ 1:25;
- *Detalhes de reservatórios de água* – escala ≥ 1:50;
- *Legenda das simbologias adotadas* – sem escala. (Brasil, 2002a, p. 14)

Devem seguir as plantas a relação qualitativa e quantitativa dos materiais a ser utilizados a cada sistema, que deve citar o tipo e a qualidade dos materiais, sua identificação, unidade de comercialização e quantidades necessárias. A isso, somar os documentos necessários para aprovação dos bombeiros, que deve ter o memorial descritivo dessa área, os memoriais de cálculo e plantas e detalhes do sistema, com qualquer outro documento que seja solicitado; plantas e detalhes e memorial descritivo para as instalações de gás; plantas, detalhes e memorial descritivo para a companhia de água e esgotos, entre outros documentos porventura solicitados.

Climatização

O projeto executivo para a climatização, com ar-condicionado e ventilação mecânica, deve ter o detalhamento para a execução das obras de instalação hidráulica e especial por terceiros e conter, no mínimo:

- *Memorial descritivo e explicativo das instalações de ar condicionado e ventilação mecânica, indicando fórmulas, dados e métodos utilizados nos dimensionamentos de: cargas térmicas, consumo de água, carga elétrica, número de troca de ar e filtros de ar;*

* *Memorial descritivo da ordem de serviço a ser executada e recomendações quanto ao método e técnicas a serem utilizadas para execução de obra.* (Brasil, 2002a, p. 15)

As plantas devem ser apresentadas, podendo agrupar as redes de ar condicionado, água gelada, ventilação e exaustão e trazer as seguintes escalas:

* *implantação geral – escala ≥ 1:500;*
* *plantas baixas – escala ≥ 1:100;*
* *planta de cobertura – escala ≥ 1:100;*
* *esquema isométrico – escala ≥ 1:25;*
* *detalhes gerais – escala ≥ 1:25;*
* *esquema elétrico – sem escala;*
* *fluxograma – sem escala;*
* *legenda das simbologias adotadas – sem escala.* (Brasil, 2002a, p. 15)

Além disso, deve-se apresentar relação qualitativa e quantitativa dos materiais a ser utilizados a cada sistema, que deve citar o tipo e qualidade dos materiais, sua identificação, unidade de comercialização e quantidades necessárias.

Enfim, ao final do projeto executivo, com a apresentação de todos os projetos citados e com base em suas necessidades normativas e técnicas, pode-se então dar seguimento à obra, amparado nos cronogramas e projetos executivos já definidos. É nesse momento que se inicia a obra propriamente dita: a construção do estabelecimento de assistência à saúde para atendimento da população, objetivando a cura e a saúde social.

Avaliação de projetos

Para a execução de qualquer obra nova, de reforma ou de ampliação de um EAS, é exigida a **avaliação** do projeto físico em questão pela **agência de vigilância sanitária local** (estadual ou municipal). Esta licenciará a sua execução, conforme o inciso II do art. 10, e do art. 14, ambos da Lei n. 6.437, de 27 de agosto de 1977 (Brasil, 1977a).

A não observância desse procedimento configura infração à legislação sanitária federal, Lei n. 8.080/1990 (Brasil, 1990b), a chamada *Lei Orgânica da Saúde* (Loas), e à Constituição Federal de 1988 (Brasil, 1988).

## 2.2 Bases de desenho arquitetônico[2]

Um projeto arquitetônico é o conjunto de passos voltados para o planejamento formal de um edifício qualquer, regulamentado por um conjunto de normas técnicas e por um código de obras de instância municipal. No Brasil, as principais normas são editadas pela ABNT. No entanto, há normas, como os planos diretores das cidades, que indicam os tipos de edificações que podem ser construídos em cada bairro, quadra ou área da cidade.

Entre as normas publicadas pela ABNT, há mais de 90 apenas para a área do Comitê Brasileiro da Construção Civil. Apresentamos algumas delas a seguir.

---

[2] Esta Seção tem como base o Capítulo "Desenho arquitetônico e noções de construção civil", escrito por Wívian Diniz para a obra *Comércio e serviços imobiliários* (Diniz, 2015).

**NBR 6492 – Representação de projetos de arquitetura**
Determina os passos e as "condições exigíveis para representação gráfica de projetos de arquitetura, visando à sua boa compreensão" (ABNT, 1994).

**NBR 8196 – Desenho técnico: emprego de escalas**
Esta norma fixa as condições exigíveis para o emprego de escalas e suas designações em desenhos técnicos.

**NBR 8402 – Execução de caractere para escrita em desenho técnico**
Esta norma fixa as condições exigíveis para a escrita usada em desenhos técnicos e documentos semelhantes.

**NBR 8403 – Aplicação de linhas em desenho, tipos de linhas e larguras das linhas**
Esta norma fixa os tipos e o escalonamento de larguras de linhas para uso em desenhos técnicos e documentos semelhantes.

**NBR 9050 – Acessibilidade a edificações, mobiliário, espaços e equipamentos urbanos**
Esta norma define vários conceitos de mobilidade urbana, e "visa proporcionar à maior quantidade possível de pessoas, independentemente de idade, estatura ou limitação de mobilidade ou percepção, a utilização de maneira autônoma e segura do ambiente, edificações, mobiliário, equipamentos urbanos e elementos" (ABNT, 2004).

**NBR 9077 – Saídas de emergência em edifícios – Procedimento**
Norma que estabelece "condições exigíveis que as edificações devem possuir, a fim de que sua população possa abandoná-las, em caso de incêndio, completamente protegida em sua integridade física [e] para permitir o fácil acesso de auxílio

externo (bombeiros) para o combate ao fogo e a retirada da população" (ABNT, 2001).

**NBR 10068 – Folha de desenho, leiaute e dimensões**
Esta norma padroniza as características dimensionais das folhas em branco e pré-impressas a serem aplicadas em todos os desenhos técnicos, além de apresentar o leiaute da folha do desenho técnico.

**NBR 10126 – Cotagem em desenho técnico**
Esta norma fixa os princípios gerais de cotagem a serem aplicados em todos os desenhos técnicos.

**NBR 10582 – Apresentação da folha para desenho técnico**
Esta norma fixa as condições exigíveis para a localização e disposição do espaço para desenho, espaço para texto e espaço para legenda e respectivos conteúdos nas folhas de desenhos técnicos.

**NBR 13142 – Dobramento de cópia**
Esta norma fixa as condições exigíveis para o dobramento de cópia de desenho técnico.

**NBR 13531 – Elaboração de projetos de edificações – atividades técnicas**
É a norma que "fixa as atividades técnicas de projeto de arquitetura e de engenharia exigíveis para a construção de edificações" (ABNT, 1995a).

**NBR 13532 – Elaboração de projetos de edificações – arquitetura**
É a norma geral que fixa as condições que podem ser exigidas na "elaboração de projetos de arquitetura para a construção de edificações" (ABNT, 1995b).

A elaboração de projetos de edificações, por mais simples que sejam, deve sempre ser solicitada a arquitetos. Só eles têm a formação necessária para desenvolver o projeto arquitetônico em sua totalidade, apresentando a solução mais adequada às necessidades do cliente, sob os pontos de vista estético, funcional, econômico, científico e legal.

Esteticamente, o projeto deve ser visualmente agradável e harmonizado com a vizinhança. Quanto à funcionalidade, ele deve atender às exigências específicas dos futuros moradores e seu conforto físico, além do luminoso, térmico e acústico. Deve ainda causar o menor impacto ao meio ambiente e auxiliar na economia de energia, quando possível com a utilização de fontes energéticas naturais, como a solar, ou a iluminação natural.

O fator econômico, por sua vez, também é de extrema importância, pois os custos da obra devem situar-se dentro da disponibilidade orçamentária do cliente, sem que isso signifique a adoção de soluções ou a utilização de materiais que comprometam a qualidade final da obra.

Normalmente, a complexidade e a quantidade de informações em um desenho variam de acordo com a etapa do projeto que está representada nele. Apesar de existirem várias etapas intermediárias em um projeto, as que apresentamos na sequência são as mais comuns – aquelas pelas quais passam praticamente todos os projetos, desde os pequenos aos grandes.

## 2.2.1 Planejamento

O planejamento para a construção de edificações consiste de vários estágios, sobre as quais trataremos nesta seção.

## Elaboração de um programa de necessidades

Inicialmente, deve ser viabilizada uma reunião entre o arquiteto e o cliente, com o objetivo de identificar o que se pretende construir, com detalhes suficientes para caracterizar aquilo que o cliente deseja e espera do projeto.

## Elaboração do projeto arquitetônico

O projeto arquitetônico deve conter todas as informações necessárias para que possa ser lido, compreendido e, enfim, executado. É composto por informações técnicas, representadas pelos desenhos técnicos de plantas, cortes, elevações e perspectivas, e por informações escritas contidas no memorial descritivo e especificações de materiais e sistemas construtivos.

## Fases de elaboração de um projeto

Na elaboração de um projeto ocorrem as seguintes fases:

a) **Estudo preliminar**

Após a escolha do terreno e a elaboração do programa de necessidades, o arquiteto deverá produzir desenhos contendo o conceito do projeto para apreciação e aprovação pelo cliente. Nessa fase, o cliente irá determinar seus objetivos e suas expectativas com o projeto.

Portanto, o estudo preliminar envolve a análise das várias condicionantes do projeto materializadas em uma série de croquis e esboços que não precisam necessariamente seguir as regras tradicionais do desenho arquitetônico. É um desenho mais livre, constituído por um traço sem a rigidez típica das etapas posteriores.

Para a elaboração do projeto, nesta etapa é fundamental a documentação do terreno ou o levantamento topográfico, com o objetivo de confirmar os limites do lote, suas dimensões e seus desníveis. Portanto, o levantamento topográfico deve apresentar as divisas e os ângulos, as curvas de nível e as alturas do terreno. As curvas de nível são linhas curvas que indicam as alturas e a inclinação do terreno. Elas devem ser apresentadas de metro em metro de altura do terreno, em um levantamento topográfico. Essas curvas são definidas de acordo com a sinuosidade do terreno: quanto mais próximas indicam que o terreno apresenta inclinação; quanto mais espaçadas, indicam que o terreno é pouco inclinado ou até mesmo plano.

b) **Anteprojeto ou projeto básico**

Do estudo preliminar, surge o anteprojeto. Neste período, as várias características do projeto já estão definidas (implantação, estrutura, elementos construtivos, organização funcional, conceito etc.). Assim, o projeto já exige maior rigor e detalhamento.

Nesta etapa, são anexadas perspectivas internas e externas feitas à mão ou produzidas em ambiente gráfico-computacional, como localização de mobílias (leiaute), a fim de permitir a melhor compreensão do projeto. É nesta etapa que os projeto complementares (estrutural, instalações hidráulicas, sistema elétrico e outros) são consultados e contratados. Também é nesta fase que o projeto deve receber aprovação final do cliente e dos órgãos municipais envolvidos e possibilitar a contratação da obra.

c) **Projeto executivo**

Esta etapa corresponde à produção dos desenhos que serão encaminhados à obra, sendo, portanto, a mais detalhada. Devem ser desenhados todos os detalhes da edificação, com

um nível de complexidade adequado ao porte e à realização da construção.

O projeto completo deve ser acompanhado de detalhes construtivos (portas, janelas, balcões, armários e outros) e especificações de materiais (piso, parede, forros, peças sanitárias, coberturas, ferragens etc.). Com esses dados são produzidos o orçamento de obra e os projetos complementares, como: projetos estrutural, elétrico, telefônico, hidrossanitário, prevenção contra incêndio e outros.

Todos esses projetos, chamados de *originais*, chegam à construção sob a forma de cópias em papel sulfite (plotados dos arquivos digitais de *softwares* como o Autocad®). Os desenhos que constituem um projeto executivo completo são: planta de situação; planta(s) baixa(s); cortes (longitudinal e transversal); fachadas; planta de cobertura; detalhes construtivos e perspectivas.

## 2.2.2 Tipos de plantas

A planta é uma representação ou projeção horizontal de um objeto qualquer. Na sequência, apresentamos os tipos de planta utilizadas em edificações.

### Planta baixa

É um desenho em vista superior, supondo um plano horizontal cortando o pavimento a uma altura entre 1,20 e 1,50 metros, retirando-se a parte superior (teto). Em uma edificação com um único piso, há necessidade de apenas uma planta baixa, denominada simplesmente *planta*. Em edificações com vários pavimentos, é necessária uma planta para cada pavimento. Vários pavimentos iguais podem ter como representação uma única planta baixa, que nesse caso é chamada *planta do pavimento tipo*. Quanto aos demais pavimentos, o título da planta recebe a denominação do respectivo piso. Exemplo: *planta do 1º pavimento; planta do subsolo* etc. Utiliza-se a denominação *piso* ou *pavimento*, e não *andar*. As informações que devem constar na planta baixa são:

a) Disposição, dimensões, áreas e denominação dos ambientes.
b) Localização e dimensão dos vãos de janelas e portas.
c) Espessuras das paredes.
d) Indicação dos tipos de pisos.
e) Localização dos aparelhos hidrossanitários em cozinhas, banheiros e lavanderias.
f) Indicação da posição dos cortes e fachadas, escala do desenho.

## Cortes

São desenhos obtidos quando se simula um corte na edificação, por planos verticais (longitudinal e transversal). Devem passar por paredes, janelas e portas, de modo que a vista lateral possa evidenciar detalhes importantes do interior da edificação. Os cortes (longitudinal e transversal) devem conter:

a) detalhes da fundação e dimensões de janelas, portas, seções de paredes, vergas, lajes e pé-direito de todos os pavimentos;
b) detalhes de revestimentos especiais de todos os pavimentos (azulejos, pedras, mosaicos etc.);
c) telhado (sem cotas);
d) escala do desenho.

## 2.2.3 O desenho arquitetônico

Em arquitetura, o desenho é a principal forma de expressão; ou seja, sem a representação do desenho, não é possível que o arquiteto se comunique, exprima suas ideias. Portanto, o desenho arquitetônico é uma aplicação especializada do desenho, com base em normas técnicas, voltada para a representação de projetos de arquitetura. O projeto de arquitetura exprime-se como um código, uma linguagem estabelecida entre o emissor (o desenhista ou arquiteto) e o receptor (o leitor do projeto), e deve conter todas as informações necessárias para que possa ser completamente compreendido e executado.

Sendo assim, a concepção do projeto envolve certo treinamento, para que seja elaborado na linguagem correta de desenho, descrevendo, de maneira compreensível, informações técnicas relativas a uma concepção arquitetônica. Ele tem de seguir normas de codificação fundamentadas na significação de cada reta, curva, círculo e forma geométrica representada, para que seja claramente compreendido por outros profissionais envolvidos.

Os desenhos podem ser realizados sobre pranchas, que são folhas de papel, na maioria das vezes sulfite, papel manteiga (para desenho a grafite) ou vegetal (para o desenho a tinta, como nanquim), ou na tela de um microcomputador, em programas específicos (como o Autocad® ou o SketchUp®), para posterior reprodução ou plotagem.

### As linhas do desenho

Conforme já foi dito, as linhas são os elementos-base de representação do desenho arquitetônico. Além de definirem o formato, a dimensão e o posicionamento de paredes, portas, janelas, pilares, vigas e de todos os outros elementos que compõem a edificação, ainda determinam as dimensões, expressas nas cotas, de cada elemento projetado.

Para sugerir profundidade nas plantas, cortes e fachadas, as linhas recebem uma graduação no peso do traço, em função do plano em que se encontram. Em primeiro plano serão sempre mais grossas e escuras, enquanto as do segundo (e demais planos) serão menos intensas. Normalmente, são estabelecidos três níveis de espessura de linha: grossas, médias e finas.

## Pesos, tipos e categorias de linha

O estabelecimento de uma **hierarquia** na **espessura das linhas** segue uma codificação normativa, ou seja, conforme a característica do elemento da edificação que irá representar, deve seguir um determinado padrão, apresentado a seguir:

**Traço grosso** – É uma linha grossa e escura, utilizada para representar, nas plantas baixas e nos cortes, as paredes e todos os demais elementos, quando interceptado pelo plano de corte (ver no Tema 3).

**Traço médio** – É uma linha fina e escura, representando elementos em vista ou aqueles que estiverem abaixo do plano de corte, como peitoris, soleiras, mobiliário, ressaltos no piso etc. Os textos e outros elementos informativos nas plantas também podem ser representados com traços médios, além de títulos e informações que precisem de destaque.

**Traço fino** – É uma linha fina e clara, utilizada para paginações de piso ou parede. Exemplo: azulejos, cerâmicas, pedras etc. Também são utilizadas linhas finas para linhas de cota, linhas auxiliares e de projeção.

Quanto aos **tipos de linhas**, variam basicamente em **contínuo** ou **tracejado**. O tipo de tracejado pode variar em função do que cada linha representa.

Figura 2.1 – Quadro-resumo com tipos de linhas utilizadas no desenho arquitetônico

| Tipos de linha | |
|---|---|
| A. Linhas auxiliares (finas: cota, ladrilhos etc.) | ———————— |
| B. Linhas gerais (média) | ———————— |
| C. Linhas principais (grossa) | ▬▬▬▬▬▬▬▬ |
| D. Partes invisíveis | — — — — — — — |
| E. Eixos de simetria | ——— — ——— — |
| F. Seções ou cortes | ▬▬▬ ▬ ▬▬▬ ▬ ▬▬▬ |

Resumidamente, podemos estabelecer que:

- As linhas de contorno e as linhas internas são contínuas (tipos A, B e C);
- As linhas de projeções ou elementos situados além do plano do desenho devem ser tracejadas simples (tipo D);
- As linhas de eixo ou de referência, em que os cortes passam na planta, devem ser representadas por tracejado traço mais longo com traço mais curto (tipos E e F).

## Formatos e dimensões do papel para leitura do desenho arquitetônico

As folhas de papel em que o projeto arquitetônico é desenhado denominam-se *pranchas*. Os tamanhos do papel devem seguir os mesmos padrões do desenho técnico. A maioria dos desenhos produzidos para representar projetos arquitetônicos utiliza os formatos A1 e A0, para que a escala dos desenhos e a quantidade de informação fiquem bem representadas e legíveis.

## Como as pranchas são identificadas?

A legenda ou identificação das pranchas é comumente conhecida como *carimbo* ou *etiqueta* e sua finalidade é organizar as informações que devem acompanhar os desenhos. Posiciona-se o carimbo junto à margem, no canto inferior direito. Essa é a posição mais adequada para uma boa visibilidade quando os desenhos são arquivados dobrados. O carimbo deve ter algumas informações principais:

- nome do escritório que elaborou o desenho;
- título do projeto;
- nome do arquiteto;
- nome do desenhista e data;
- escalas;
- número total de pranchas e número da referida prancha;
- assinatura do responsável técnico pelo projeto e execução da obra;
- nome e assinatura do cliente;
- local para nomenclatura necessária ao arquivamento do desenho;
- conteúdo da prancha.

## As escalas do desenho

Já vimos que, por meio do desenho arquitetônico, são produzidos os documentos necessários para que as concepções arquitetônicas sejam executadas fielmente, em respeito à ideia do arquiteto. Entretanto, para que tal representação seja compreendida corretamente, alguns parâmetros de linguagem são necessários, sendo o principal desses parâmetros a **escala**. Algumas escalas são encontradas em réguas próprias, chamadas de *escalímetros*.

A necessidade de utilizarmos uma escala no desenho arquitetônico ocorre pela impossibilidade de representação da medida real nos desenhos, em função do tamanho do objeto. No caso específico das edificações, suas dimensões são muito maiores do que o tamanho do papel. Nesses casos, utilizamos uma escala de redução para a adequação das proporções do objeto ao tamanho do papel em que ele será representado. Na representação de projetos arquitetônicos, geralmente só se usam escalas de redução, exceto em detalhes, para os quais algumas vezes é utilizada a escala real (1:1).

A escala é uma razão expressa pela medida do desenho e a medida real correspondente, ou seja, é a relação que indica a proporção entre cada medida do desenho e a sua dimensão real no objeto. Um dos fatores que determinam a escala de um desenho é a necessidade de detalhe da informação. Por exemplo, na etapa de projeto executivo, elementos menores e com muitos detalhes são representados (como esquadrias, portas e janelas) em escalas mais próximas do tamanho real (1:20 ou 1:25).

Outro fator que influencia a escolha da escala é o tamanho do projeto. Prédios muito altos ou grandes condomínios, em geral são desenhados nas escalas de 1:500 ou 1:1 000. O uso dessas escalas tem por objetivo não fragmentar o projeto, o que prejudicaria sua compreensão. Geralmente, a escolha da escala determina também o tamanho da prancha que será utilizada.

Escalas utilizadas para desenhos arquitetônicos:

- 1:200 ou 1:100 – rascunhos ou estudos (papel-manteiga).
- 1:100 – anteprojeto – plantas, fachadas, cortes perspectivas.
- 1:100 – projeto legal – plantas, fachadas, cortes, perspectivas.

- 1:50 – projeto executivo (desenhos bem cotados), fundações, estrutura, instalações etc.
- 1:10, 1:20 e 1:25 – detalhes.
- 1:200 e 1:500 – planta de localização.
- 1:1 000 e 1:2 000 – planta de situação.

## Cotas do desenho

Enquanto as escalas representam a proporção entre a medida real do objeto e a medida na representação, as cotas complementam a representação do objeto por meio de números que descrevem as medidas reais no desenho. Assim, é por meio das cotas que registramos, nos desenhos, as informações referentes às dimensões do projeto.

Na planta, as cotas, indicadas também em cortes, determinam a medida entre dois pontos. Assim, pode ser a distância entre duas paredes, a largura de um vão de porta ou janela, a altura de um degrau de escada, o pé-direito de um pavimento etc. São princípios gerais para as cotas de um projeto:

- devem ser expressas em uma única unidade de medida, como metros (m), centímetros (cm), milímetros (mm), polegadas (");
- devem ser escritas sem o símbolo da unidade de medida (m, cm ou mm);
- as cotas devem ser escritas acompanhando a direção das linhas de cota;
- qualquer que seja a escala do desenho, as cotas representam a verdadeira grandeza das dimensões;
- as linhas de cota devem ser contínuas e os algarismos das cotas devem ser colocados **acima** da linha de cota;
- quando a peça for muito grande, deve-se interromper a peça e não a linha de cota.

### Elementos gráficos que compõem o desenho

Conforme já comentamos, a representação gráfica de um projeto arquitetônico não se constitui apenas da reprodução do objeto arquitetônico, mas também da complementação, com um determinado número de informações que auxiliam a compreensão geral da concepção arquitetônica.

Do ponto de vista didático, os elementos gráficos são divididos em dois grupos: os **elementos construtivos** e as informações complementares ou **notações**. Em uma planta baixa, os componentes mais comuns e frequentes, em cada um dos casos, são:

- **Elementos construtivos** – São, principalmente, a representação das paredes e dos elementos estruturais; bem como das aberturas ou vãos (portas, janelas, portões). Também representam os pisos e seus componentes (degraus, rampas, escadas); equipamentos hidráulicos (aparelhos sanitários, pias) e equipamentos elétricos (geladeiras, máquinas de lavar).
- **Informações complementares ou notações** – Nomes dos ambientes e das áreas internas, níveis, posições dos cortes verticais, cotas e outras informações.

## 2.3 Ambiência do hospital

Uma segunda preocupação, desde o momento em que se têm os ambientes definidos e estabelecidos num hospital, desde que a construção esteja pronta e possa ser ocupada, deve ser a ambiência hospitalar. A imagem mais tradicional e conhecida de um hospital é de um ambiente asséptico, em cores claras e sem manchas, com odores de produtos de limpeza e sem personalidade própria – ou seja, todo hospital deveria ser assim, branco ou claro, vinculado à ideia de limpeza e assepsia, impessoal e distante da vida comum de todos.

Porém, há algum tempo, ao menos desde a década de 1980, vêm-se estudando a definição de ambientes diferenciados, com o propósito de humanizar e transformar os ambientes de um estabelecimento de saúde em locais mais próximos aos daqueles em que o paciente vive ou se imagina, a fim de proporcionar uma experiência menos traumática e mais humanizada durante a estada no hospital.

Ao definir *ambiência*, o Ministério da Saúde destaca as características que devem ser buscadas ao se conceber os ambientes de convivência e tratamento nos hospitais:

> **Ambiência** na *Saúde refere-se ao tratamento dado ao espaço físico entendido como espaço social, profissional e de relações interpessoais que deve proporcionar atenção acolhedora, resolutiva e humana.*
>
> *Ao adotar o conceito de Ambiência para a arquitetura nos espaços da Saúde, atinge-se um avanço qualitativo no debate da humanização dos territórios de encontros do SUS. Vai-se além da composição técnica, simples e formal dos ambientes, passando a considerar as situações que são construídas. Essas situações são construídas em determinados espaços e num determinado tempo, e vivenciadas por uma grupalidade, um grupo de pessoas com seus valores culturais e relações sociais.* (Brasil, 2006b)

O **ambiente hospitalar** é o lugar, espaço ou território em que os trabalhadores da saúde atendem às necessidades de saúde dos usuários, que buscam, de forma individual ou coletiva, serviços e ações nos âmbitos de promoção, prevenção e recuperação (Svaldi; Siqueira, 2010). Assim, é considerado um espaço complexo, um lugar formado por "elementos físicos e sociais interdependentes, integrados, inter-relacionados, em que as redes humanas formam e constituem a cultura própria desse território em busca de ambientes mais harmoniosos, saudáveis e sustentáveis" (Svaldi; Siqueira, 2010, p. 600).

Essa ambiência, compreendida como um modo de montar o ambiente, adequá-lo ao homem e proporcionar-lhe condições de viver melhor e com mais conforto naquele momento e em sua vida externa àquele ambiente, é baseada em três eixos, sobre os quais se devem pensar a compreensão dos locais:

- *O espaço que visa à confortabilidade focada na privacidade e individualidade dos sujeitos envolvidos, valorizando elementos do ambiente que interagem com as pessoas – cor, cheiro, som, iluminação, morfologia... –, e garantindo conforto aos trabalhadores e usuários.*
- *O espaço que possibilita a produção de subjetividades – encontro de sujeitos – por meio da ação e reflexão sobre os processos de trabalho.*
- *O espaço usado como ferramenta facilitadora do processo de trabalho, favorecendo a otimização de recursos, o atendimento humanizado, acolhedor e resolutivo.* (Brasil, 2006, p. 6)

Alguns elementos mudam a forma como percebemos um ambiente, atuando como qualificadores do espaço, uma vez que estimulam a percepção que se tem deste, criando a ambiência acolhedora, o que auxilia o paciente a sentir-se bem e confortável no local. Dessa forma, podemos considerar diversos tipos de ambientes hospitalares, muitos dos quais saem um pouco do trivial, de paredes claras, com cores pouco vibrantes, sem formas ou gravuras.

Dessa maneira, apresentamos a seguir alguns exemplos de inovação visual na arquitetura hospitalar, na forma de ambientes lúdicos, que possibilitam um tratamento realizado de forma mais humana e descontraída – no caso dos exemplos, para ambientes de atendimento pediátrico. A Figura 2.2 mostra uma unidade de tomografia em que se procurou reproduzir uma viagem espacial imaginada, como um convite às crianças para participar ludicamente do ambiente e, assim, deixá-las menos impressionadas com o exame ou a permanência na sala de exames.

Figura 2.2 – Tomografia lúdica: viagem espacial– Hospital Estadual da Criança (Rio de Janeiro)

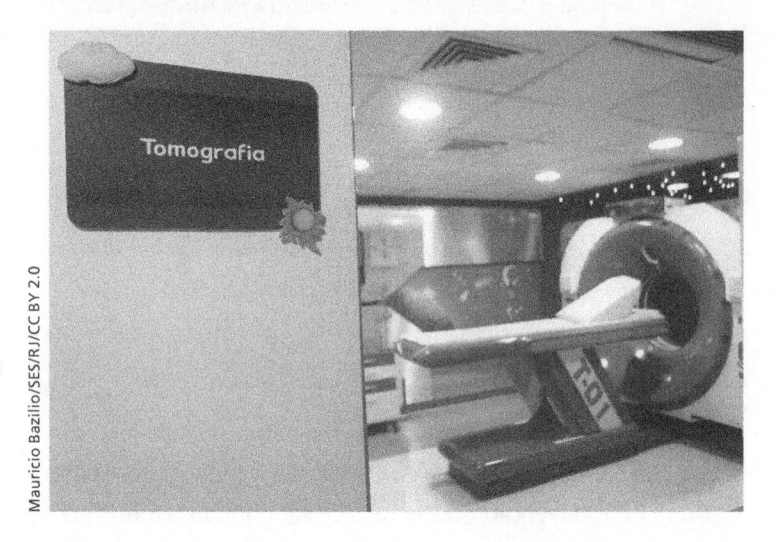

É claro que esse tipo de planejamento só pode ocorrer quando se têm os espaços do hospital já delimitados, estabelecidos em projeto e realizados na forma de ambientes a serem decorados ou planejados, e que devem ser adaptados às necessidades do tipo de hospital que se deseja.

Também é necessário considerar que, para se descobrir os meandros de uma organização de assistência à saúde, é necessário cautela e seriedade. Dessa maneira, pode-se conceber exatamente o que pode ser relevante para o diagnóstico e o tratamento de doenças. Sem essas definições de espaços e áreas, não se deve apenas decorar o espaço com motivos lúdicos se essa atitude não estiver conforme ao que foi determinado nos projetos e que se determinou no programa de necessidades anteriormente estabelecido. Há vários novos setores, cada vez mais complexos e mais especializados, os quais devem ser levados em conta e assistidos pelo projeto de ambiência. Essas inovações atingem tanto os setores de diagnóstico e de tratamentos quanto os de atendimento, de contato com o público externo e de serviços.

Para tanto, é preciso que os setores incluídos na visão ambiental sejam todos estruturados de maneira eficiente, levando em consideração que relações e convivências se desenvolvem entre as pessoas, que todos são profissionais e, também, objeto das ações propostas pela instituição. É natural e compreensível que surjam e se estabeleçam tensões e conflitos entre as pessoas que trabalham no hospital, pois esses fatos são quase inevitáveis em qualquer ambiente de trabalho. Em cada situação, há indivíduos que, por sua personalidade ou pelas atividades que exercem, assumem papéis de liderança ou influência. Inegavelmente, a contribuição da equipe de enfermagem é de extrema relevância para o atendimento dos doentes; a esse fato soma-se a circunstância de que se trata, na prática, do único grupo profissional que permanece no hospital durante as 24 horas do dia (Gonçalves, 1998).

> Gonçalves (1998) apresenta um assunto de grande importância e que deve ser bem compreendido. O comportamento dos funcionários dos hospitais passou a ser identificado sob a ótica humanística, superando a visão tecnicista resultante dos papéis limitados, que anteriormente eram determinados a eles. Sentimentos e emoções, amizades e hostilidades, cooperação e competição, constituindo regras de convivência, atualmente são considerados aspectos importantes para o alcance dos objetivos e das metas da instituição hospitalar. Assim, as normas de conduta resultantes de códigos formais podem passar a ser aplicados às relações informais, definindo novos padrões de comportamento no interior das instituições hospitalares, como as normas, as rotinas e os procedimentos operacionais-padrão.

Desse modo, pensar em ambientes humanizados, tanto para funcionários quanto para pacientes, é pensar também em locais agradáveis e descontraídos. Na atualidade, várias instituições hospitalares apresentam esse novo conceito.

Um bom exemplo desses novos conceitos é o ambiente mostrado na Figura 2.3, no qual há desenhos nas paredes que lembram o fundo do mar.

Figura 2.3 – Ambiente hospitalar que remete ao fundo do mar

Para promover esse tipo de atmosfera, é importante que haja compreensão dos profissionais de saúde sobre seus papéis na participação do planejamento dos ambientes de saúde.

## 2.3.1 Os componentes da ambiência

A ambiência é composta, então, por uma série de fatores que devem ser tomados como princípios organizadores do espaço hospitalar. Objetos, cores, cartazes e organização de elementos decorativos podem modificar e qualificar um ambiente, dotando-o de harmonia, equilíbrio e estimulando a percepção do espaço como acolhedor, facilitando a recuperação e o tratamento. Crianças, em geral, respondem bem a cores fortes e ao balanceamento entre cores frias e quentes em ambientes pediátricos. Para a confortabilidade, contribuem diversos elementos:

- **Morfologia dos ambientes** – A forma e a dimensão dos ambientes em que são mantidos os pacientes influi positiva ou negativamente em sua recuperação, razão por que devem ser priorizados ambientes agradáveis, amplos e espaçosos.
- **Iluminação** – O modo como a iluminação é concebida, natural ou artificial, pode qualificar o ambiente. As normas de arquitetura ditadas pela RDC n. 50/2002 dedicam páginas à explicitação de ambientes adequadamente iluminados, definindo parâmetros de iluminação. A iluminação pode, inclusive, contribuir para a garantia de privacidade de pacientes em enfermarias, uma vez que possibilita o isolamento de ambientes por si só. Outro fator é a luz natural, que deve ser buscada nos ambientes sempre que possível, já que até a percepção do tempo auxilia na cura e na recuperação.
- **Odores** – Os odores compõem o ambiente, por isso devem fazer parte de uma programação que se destine à cura e à recuperação, visto que cheiros de produtos químicos e de limpeza levam à sensação desagradável de assepsia demasiada e interferem na sensação de bem-estar do paciente.
- **Som** – Deve-se sempre ter muito cuidado com os sons, visto que o gosto pessoal é sempre determinante nesse aspecto. Música ambiente, sem marcas de moda ou exageradamente gritantes, pode ser usada em ambientes de espera e de atendimento a pessoas. No entanto, por outro lado, deve-se garantir o conforto acústico, sem demasiados sons, com controle de ruídos e proteção em ambientes de tratamento.
- **Sinestesia** – A combinação de vários sentidos deve sempre ser agradável e equilibrada. Dessa maneira, estímulos contrastantes entre os sentidos podem levar à confusão entre eles, o que deve ser evitado.

- **Arte** – Obras de arte são expressões de sensações, emoções e beleza. Tanto as obras de artes plásticas quanto as de artes cenográficas, como o teatro e a música, devem ser estimuladas, pois alegram e transmitem sentimentos bons.
- **Cor** – A cor é um dos principais elementos de composição de ambientes e um recurso útil quando se objetiva estimular os sentidos. Por essa razão, utilizam-se conhecimentos vindos da cromoterapia para se estimular o relaxamento e o descanso ou o movimento e a diversão.
- **Áreas externas** – As áreas externas a estabelecimentos de saúde podem constituir lugar de espera e de estada de pacientes e acompanhantes, razão por que devem ser tratadas da mesma maneira que os ambientes internos. Devem ser concebidas como local de encontro e integração, passagem e relaxamento, já que o fator psicológico estressante de se estar enfermo ou esperando alguém enfermo é dominante.
- **Privacidade e individualidade** – A intimidade do paciente deve ser resguardada como um valor dentro do EAS. Pode ser garantida por divisórias, cortinas ou até pela iluminação diferenciada nas enfermarias. Esses elementos móveis permitem acesso e integração, ao mesmo tempo que mantêm a privacidade. Também a arquitetura volta-se a essa questão, quando propõe espaços para que o paciente mantenha seus pertences e sua rede social de pessoas, o que reserva sua identidade e sua individualidade.
- **Acesso a equipamentos** – O acesso a bebedouros e sanitários deve sempre ser facilitado ao paciente e a seus acompanhantes como garantia de conforto.

## 2.4 Proposta de efetivação para a infraestrutura hospitalar

A ambiência, por si só, não muda o processo de trabalho. Ela não é capaz de tornar um ambiente propício à cura e à recuperação por ser priorizada no ambiente. Também a participação de todos os atores e trabalhadores de EASs no processo ajuda muito no processo, e por isso essa questão deve ser tomada como prioritária, ao lado da ambiência. É o que chamaremos de *infraestrutura hospitalar*, da qual todas as pessoas que trabalham em um hospital devem tomar parte.

A **estrutura hospitalar** é a forma como é criada e desenvolvida a organização em um hospital, oferecendo um modelo em relação ao trabalho a ser realizado. Por conseguinte, a estrutura organizacional, conforme veremos ainda neste capítulo, é o esboço definidor de responsabilidades, autoridades e comunicações a serem exercidas pelos indivíduos em cada segmento da organização hospitalar, isto é, as funções de cada parte em relação às demais e à organização como um todo (Gonçalves, 1998).

Para promover esse tipo de atmosfera, é importante que haja a compreensão dos profissionais de saúde sobre seus papéis na participação do planejamento dos ambientes de saúde.

O relato a seguir auxilia-nos na melhor compreensão da importância dessa estrutura:

> *Durante a guerra militar, a assistência hospitalar não demonstrava eficiência, as doenças infectocontagiosas cresciam devido à falta de pessoas preparadas para oferecer o cuidado necessário. Os primeiros hospitais existentes funcionavam como isolamento, eram insalubres e promíscuos. Nessa época, Florence Nightingale, com seu conhecimento de enfermagem foi a precursora das iniciativas administrativas hospitalares,*

*realizou transformações na estrutura física que interferiu [sic] diretamente no índice de transmissão de agentes infecciosos entre os doentes, reduzindo o índice de mortalidade de 40% para 2%.* (Lima; Lopes; Gonçalves, 2010, p. 484-485)

Com o passar dos anos, as instituições hospitalares foram transformando suas estruturas e, também, evoluindo como um todo. Atualmente, o planejamento é realizado pensando no funcionamento e nos objetivos a serem alcançados pela instituição. Estuda-se o espaço, as atividades exercidas no ambiente, os equipamentos básicos de cada setor, a sala da unidade hospitalar, tudo visando a um atendimento de qualidade, que respeite as normas direcionadoras da Agência Nacional de Vigilância Sanitária (Anvisa), do Ministério da Saúde (MS) e das Secretarias Estaduais e Municipais da Saúde.

Lima, Lopes e Gonçalves (2010) reforçam que não se pode esquecer que, nas instituições hospitalares, trabalha-se diretamente com seres humanos, e é preciso explorar todos os aspectos para se trazer conforto e facilidades ao dia a dia dos usuários e dos profissionais que ali atuam. Por isso, quando da realização de um projeto hospitalar, devem-se respeitar as condições ambientais e criar espaços lúdicos, lembrando-se de que podem ocorrer futuras expansões. Para uma efetiva organização, é necessária a interação de todas as atividades da instituição de saúde, pois o hospital apresenta relações de diferentes níveis de tecnologia e de profissionais (Lima; Lopes; Gonçalves, 2010).

Para que haja um ambiente hospitalar adequado, conforme suas necessidades estruturais e funcionais, a participação da equipe de saúde é muito importante. Cada profissional apresenta um olhar especial e *expertise* em relação ao ambiente e à estrutura hospitalar. Poucos estudos têm tratado desses profissionais, mas é preciso contemplar especialistas de várias áreas para se ter uma construção com enfoque holístico de trabalho, e para que o resultado final contemple um desempenho de excelência.

Uma equipe de saúde multidisciplinar deve ser formada por pessoal das seguintes áreas: higienização, enfermagem, medicina, laboratório, nutrição, segurança, fisioterapia, farmácia, almoxarifado, lavanderia, serviço administrativo, serviço social/psicologia, engenharia/manutenção e informática (Brasil, 2011b). Todos esses profissionais devem participar na elaboração do projeto das estruturas de suas áreas de conhecimento.

O planejamento e o projeto precisam se basear em padrões de admissão de pacientes, no fluxo de visitantes e funcionários, bem como na necessidade de instalações de apoio (postos de enfermagem, armazenamento, parte burocrática, eficiência administrativa e educacional) e serviços (Brasil, 2011b).

A **enfermagem** é uma parte ativa no processo de mudança e de melhorias das instituições hospitalares, porque é a referência de todo o período de internação dos pacientes e está interligada com as demais áreas hospitalares, sendo o ponto central do direcionamento de todas as atividades realizadas na instituição para o atendimento aos clientes, 24 horas por dia. A equipe de enfermagem possui dentro de suas atribuições a função de planejamento, organização, liderança e controle, com o objetivo de um trabalho bem feito e satisfatório. Por essa razão, Almeida et al. (2011, p. 132) afirmam:

> *O trabalho gerencial que o enfermeiro desempenha nos serviços de saúde deveria contemplar os aspectos assistenciais, pedagógicos, técnico-científicos, arquitetônicos e políticos, bem como aqueles que dizem respeito às relações interpessoais, a fim de almejar o planejamento para uma assistência integral, prestada de forma segura e livre de riscos, ao indivíduo, à família e à população.*

Acrescentando a essa questão, afirmamos que, para que o enfermeiro seja capaz de desempenhar suas funções gerenciais, é imprescindível haver um planejamento, ou seja, a determinação dos objetivos que se pretendem alcançar e a definição de como atingi-los da melhor forma possível. Reforçamos ainda que, nas funções administrativas do enfermeiro, está a participação no direcionamento arquitetônico das instituições hospitalares.

O planejamento é realizado de diferentes maneiras, conforme os níveis organizacionais. Por isso, existem três tipos de planejamento, como mostra o Quadro 2.3.

Quadro 2.3 – Tipos de planejamento e suas características

| Tipos de planejamento | Características |
|---|---|
| Estratégico | É elaborado pela alta administração e abrange a organização em sua totalidade. É programado para o longo prazo, sendo direcionado para a eficácia da organização. |
| Tático | De nível intermediário, abrange a transformação das decisões estratégicas em planos reais no âmbito departamental. |
| Operacional | Refere-se à realização de tarefas e operações específicas no curto prazo, visando à otimização e à maximização dos resultados. O planejamento é uma importante ferramenta, que possibilita a manutenção de uma postura ativa dos gestores no processo gerencial. |

Fonte: Elaborado com base em Chiavenato, 2007, p. 152-153.

Resumidamente, temos que o **planejamento estratégico** é aquele utilizado para direcionar a organização no longo prazo, em que se incluem as construções ou as reformas das instituições de saúde; o **tático**, para decisões estratégicas, que podem ser de finalidades específicas no próprio local de atuação; e o **operacional**, para situações específicas em curto prazo e alcance, relacionadas diretamente à área técnica.

Dessa forma, os enfermeiros, juntamente com toda a equipe multiprofissional, podem auxiliar nesse processo de planejamento, de modo organizado com os objetivos definidos. Como vimos no capítulo anterior, na história da enfermagem, temos a experiência da primeira consultora hospitalar, a inglesa Florence Nightingale, que associou conhecimento científico à realidade dos hospitais. Em uma época desprovida de grandes recursos, ela conseguiu, com sua dedicação e conhecimento em enfermagem, determinar fatores que até os dias de hoje trazem benefícios ao tratamento hospitalar.

Durante a Guerra da Crimeia (1853-1856), Nightingale percebeu que, detectando as enfermidades por sinais e sintomas, e mantendo um padrão de higiene pessoal e no local onde os pacientes se encontravam, a recuperação era favorecida. Com isso, ela também observou que havia uma melhora na relação custo-benefício do tratamento dos pacientes (Lima; Lopes; Gonçalves, 2010). A realização das mudanças hospitalares propostas por essa enfermeira interferiram no índice de mortalidade, que apresentou uma redução de 40% para 2% na morte dos enfermos, salvando inúmeras vidas durante a referida guerra. Foram realizadas modificações nos leitos dos pacientes, na lavanderia, na cozinha, na limpeza e na forma como os serviços eram registrados.

Após essa época, as mudanças relatadas foram incorporadas definitivamente às instituições hospitalares e, ao lado do desenvolvimento da medicina científica, do modelo pavilhonar – de pavilhões horizontais de poucos andares, que facilitavam a circulação de ar – e da divisão de funções específicas para os ambientes da assistência à saúde, estabeleceram o perfil do hospital contemporâneo (Costeira, 2003).

Nos hospitais de meados do século XIX, os pacientes ficavam lado a lado em enormes enfermarias; havia poucos profissionais da área de atendimento direto ao paciente; as condições estruturais e de higiene eram precárias; e não havia separação por patologias ou necessidades específicas.

Chamamos a atenção, nesse sentido, para a compreensão de que é por meio do **diagnóstico situacional** sempre atualizado, muito comumente realizado pelos enfermeiros, que é possível averiguar os pontos fortes e fracos do hospital em relação ao seu funcionamento e à sua arquitetura (Lima; Lopes; Gonçalves, 2010).

Dessa forma, esses profissionais devem estar atentos à necessidade de mudanças, pois são eles que realizam, quase que integralmente, o diagnóstico situacional da instituição, assim como participam direta e indiretamente do planejamento e da estruturação do ambiente físico hospitalar, para um melhor aproveitamento dos espaços. A percepção sobre o funcionamento hospitalar e sobre as necessidades dos cuidados para melhora dos clientes dá ao profissional de enfermagem um diferencial, pois a tomada de decisões depende diretamente da influência da sua percepção sobre o problema.

Nesse contexto multiprofissional, a figura do **consultor hospitalar**, que apresenta vasta vivência na área, tem a função de realizar toda a programação do hospital, listar os ambientes que este deve contemplar e orientar quanto à funcionalidade de cada local, fornecendo informações precisas para que o arquiteto desenvolva um projeto de boa qualidade, com os dois profissionais assinando juntos como autores do projeto (Brasil, 2011b). Além disso, o consultor hospitalar possibilita a conexão entre todos os profissionais da equipe multidisciplinar que está envolvida do planejamento.

Os **gestores** vêm tomando consciência da importância de se aplicar a prática do **planejamento** em suas administrações, de forma que se proporcione a otimização de recursos, a redução de custos e a melhora da qualidade na prestação dos serviços.

Como instrumento de planejamento, o **plano diretor hospitalar** (PDH) se destaca como uma peça fundamental e elementar a qualquer gestão – seja pública, seja privada – de estabelecimentos novos ou antigos. Esse plano envolve não apenas a infraestrutura física, administrativa e financeira, mas, também, aspectos culturais, epidemiológicos e sociais (Souza, 2008). Aqui, reforçamos a ideia de que quanto mais profissionais de diferentes saberes estiverem trabalhando em prol de um objetivo, o resultado tende a ser mais abrangente e assertivo; dessa forma, nesse contexto, o PDH será mais abrangente, pois possibilita diferentes olhares para o planejamento.

A atuação dos profissionais da área da saúde em relação aos projetos tem como base a **RDC n. 50/2002**, que dispõe sobre o regulamento técnico para o planejamento, a programação, a elaboração e a avaliação de projetos físicos de estabelecimentos assistenciais de saúde. Abordaremos essa Resolução de forma mais detalhada no próximo capítulo.

No projeto físico, é realizada uma análise da topografia, das condições ambientais, das vias de acesso, das sonorizações, da taxa de poluição e do tráfego, não somente para uma boa estética hospitalar, mas também para contribuir para o melhor bem-estar dos clientes (Lima; Lopes; Gonçalves, 2010). Você, leitor, deverá conhecer essa RDC se quiser aprofundar seus estudos.

Os autores referidos acrescentam que é preciso tornar a internação de uma pessoa um processo menos complexo, com a percepção da importância de um ambiente limpo, organizado, arejado, de fácil acesso a outros setores e à saída de emergência. Além disso, mesmo sendo o hospital um ambiente coletivo, é necessário haver espaço entre os leitos, armários para guardar pertences pessoais e biombos para privacidade durante determinados procedimentos, por exemplo.

Considerando esses fatores, a equipe multiprofissional deve estar alinhada à **equipe de engenharia e arquitetura** durante todo o projeto de planejamento ou reforma de uma instituição de saúde. Ressaltamos que os arquitetos hospitalares se estabeleceram e se tornaram profissionais fundamentais para a implementação dos novos centros de excelência em atenção à saúde que surgem em todo o mundo.

Portanto, a participação dos profissionais de saúde valoriza os ambientes em pontos de interesse que se relacionam ao seu trabalho no dia a dia. Essa equipe multiprofissional deve ser ampla, pois, quanto maior for a participação, mais ricas serão as contribuições. Neste capítulo, dedicamos alguns parágrafos sobre a equipe de enfermagem, por ser uma das poucas áreas profissionais que têm estudos científicos com descrição da atuação no planejamento dos ambientes.

Muitos atores estarão envolvidos na efetivação de uma proposta de infraestrutura hospitalar. Dessa forma, há necessidade de descentralização por parte dos gestores, visto que cada um tem competências específicas e necessárias nesse processo. Nesse sentido, a

> *função de direção em nossas instituições hospitalares situa-se habitualmente em uma única pessoa, o diretor-geral ou superintendente, que se subordina a um Conselho Administrativo, em um processo hierárquico bastante centralizador. Falar de* **hierarquia** *lembra muito*

*mais estruturas do mundo físico do que do humano e social. Lipnack lembra que 'hierarquia traz-nos moléculas, átomos, partículas na física. A biologia tem células, tecidos, órgãos, organismos, ecologias e ambientes'. Falar de hierarquia lembra igualmente de imediato outra face de estruturas ineficientes, representada pela* **burocracia**, *não no sentido weberiano, de racionalização dos procedimentos, mas de controles exagerados e limitantes da iniciativa e da agilidade administrativa.*
(Gonçalves, 1998, p. 86)

Para essa efetivação, é necessário que ocorra uma relação próxima de vários níveis gerenciais. Portanto, alguns tópicos devem ser objeto de consenso entre as gerências, como apresentamos no Quadro 2.4.

Quadro 2.4 – Níveis gerenciais em um hospital e suas atividades

| | | Atividades |
|---|---|---|
| Nível global (Conselho Técnico-Administrativo) | | ♦ Discussão sobre o orçamento e sobre os parâmetros de sua execução.<br>♦ Planejamento e implementação de novas unidades assistenciais e técnicas.<br>♦ Aquisição de equipamentos de alto custo e operação complexa.<br>♦ Desenvolvimento de programas intersetoriais, por exemplo, gestão da qualidade total (GQT).<br>♦ Desenvolvimento de programas de intercâmbio nacional e internacional.<br>♦ Desenvolvimento de instrumentos adequados de publicidade. |
| Gerência médica | Gerência Patrimonial e de Engenharia de Processos | ♦ Desenvolvimento de novos programas e sistemas de informática, destinados ao acompanhamento das atividades assistenciais.<br>♦ Planejamento e realização de programas de manutenção preventiva de equipamentos especializados. |

(continua)

*(Quadro 2.4 – continuação)*

| | | Atividades |
|---|---|---|
| Gerência médica | Gerência de Recursos Humanos (RH) | • Fixação de parâmetros de seleção de pessoal médico.<br>• Planejamento e desenvolvimento de atividades de formação e capacitação. |
| | Gerência de Marketing | • Planejamento conjunto de programas de intercâmbio científico e de eventos médicos especializados. |
| Gerência de enfermagem | Gerência Patrimonial e de Engenharia de Processos | • Desenvolvimento de um adequado sistema de informações, para permitir a avaliação do desempenho do pessoal de enfermagem e da assistência prestada aos doentes. |
| | Gerência de Recursos Humanos | • Definição de critérios para dotação de recursos humanos, necessários ao atendimento de enfermagem para pacientes externos e internados.<br>• Planejamento e desenvolvimento de programas de treinamento e capacitação. |
| | Gerência de Marketing | • Planejamento conjunto de programas de capacitação técnica e de campanhas de educação em saúde voltados à comunidade. |
| Gerência de hotelaria (apoio operacional) | Gerência Patrimonial e de Engenharia de Processos | • Desenvolvimento de parâmetros de produção e avaliação de qualidade dos setores operacionais.<br>• Planejamento de reformas e adaptações físicas e de instalações nas áreas assistenciais e técnicas. |
| | Gerência de Recursos Humanos | • Definição de critérios de avaliação de desempenho dos setores operacionais, com vistas a uma eventual terceirização.<br>• Planejamento e desenvolvimento de programas de treinamento e capacitação. |
| | Gerência de Marketing | • Planejamento conjunto de programas culturais voltados para a comunidade. |

*(Quadro 2.4 – conclusão)*

| | | Atividades |
|---|---|---|
| **Gerência de materiais** | Gerência Patrimonial e de Engenharia de Processos | ♦ Desenvolvimento de programas de acompanhamento de aquisição (recepção), preparação (embalagem) e distribuição de materiais.<br>♦ Exame da necessidade de aquisição/ substituição de equipamentos. |
| | Gerência de Recursos Humanos | ♦ Planejamento e desenvolvimento de programas de treinamento e capacitação. |
| | Gerência de *Marketing* | ♦ Análise e elaboração de contratos de aquisição de materiais e manutenção de equipamentos. |
| **Gerência financeira** | Gerência Patrimonial e de Engenharia de Processos | ♦ Desenvolvimento de um adequado sistema de informática, destinado ao acompanhamento dos procedimentos de controle econômico e financeiro do hospital. |
| | Gerência de Recursos Humanos | ♦ Desenvolvimento de planos de cargos e salários e de uma política de benefícios. |
| | Gerência de *Marketing* | ♦ Elaboração conjunta de instrumentos de contratação de serviços e de estabelecimento de valores de remuneração. |

Fonte: Adaptado de Gonçalves, 1998, p. 87-88.

O Quadro 2.4 apresenta um breve resumo de itens que são – ou deveriam ser – direcionadores para cada grupo gerencial e das relações entre eles. Quanto a isso, apontamos os seguintes destaques:

- **Nível global** – Ênfase aos itens relacionados à parte orçamentária do planejamento.
- **Gerência médica** – Trabalho em conjunto com outras gerências, com foco na assistência e em modelos de melhoria assistencial.

- **Gerência de enfermagem** – Foco na capacitação dos profissionais, visto que seu montante pode chegar a 50% dos profissionais da instituição.
- **Gerência de hotelaria** – Atenção especial aos parâmetros de adaptações físicas.
- **Gerência de materiais** – Cuidado especial aos equipamentos, sua aquisição e manutenção.
- **Gerência financeira** – Todo o controle econômico e financeiro da instituição.

Considerando essas questões e disposições, teremos vários grupos de pessoas alinhados com os objetivos propostos pela instituição e as decisões de âmbito institucional podem ser tomadas em consenso, com todos os gerentes dispondo do mesmo poder de opinar e votar. As decisões setoriais continuam a ser assumidas pelas gerências de **forma horizontal** – à semelhança das atuais estruturas –, mas elas se submetem à **direção vertical** no que se refere, por exemplo, a novos projetos, ao controle de qualidade total, ao desenvolvimento de recursos humanos e a aspectos patrimoniais.

Gonçalves (1998) comenta que a disposição sistemática da estrutura organizacional de um hospital **não pode ser estática**, como, em geral, acontece com as relações hierárquicas em uma empresa, representadas graficamente pelo **organograma**. Ao contrário, as linhas estruturais devem indicar relações dinâmicas que ocorrem entre todos os setores componentes da instituição.

Por outro lado, em virtude do acelerado progresso técnico e científico na área da saúde, com frequência a **dignidade da pessoa humana** parece ser relegada a um segundo plano. Muitas vezes, a doença passa a ser o objeto do saber reconhecido cientificamente, mas de forma desarticulada do ser que a abriga e no qual ela se desenvolve. Também os profissionais da área da saúde parecem se desumanizar de forma gradativa, o que favorece a desumanização de sua prática. Desse modo, a ética, por enfatizar os valores, os deveres, os direitos e a forma como os sujeitos conduzem suas relações, constitui uma dimensão fundamental para a humanização hospitalar (Backes; Lunardi; Lunardi Filho, 2006).

Assim, é necessário que todo o processo seja trabalhado de forma holística, evitando-se falhas em sua execução.

## Síntese

Neste capítulo, mostramos brevemente as bases do desenho arquitetônico e também como evoluiu historicamente a concepção dos hospitais no Brasil, além de definirmos as fases pelas quais um projeto de hospital deve passar, antes do início da obra. Depois, analisamos o conceito de ambiência hospitalar e como as funções desempenhadas pelo pessoal que trabalha no EAS podem ser determinantes para o objetivo final, que é a saúde da população.

Destacamos ainda como a participação da equipe de saúde é importante para o planejamento de um ambiente hospitalar adequado. Além de propiciar o alinhamento de planejamento estratégico, tático e operacional, a equipe participa otimizando recursos, reduzindo custos e aumentando a qualidade da assistência que deve ser prestada no ambiente hospitalar.

## Questões para revisão

1. Descreva os tipos de planejamento e suas características.

2. Que instrumento vem adquirindo destaque no planejamento hospitalar? Assinale a alternativa correta:
   a) Plano diretor hospitalar
   b) Plano de desenvolvimento hospitalar
   c) Plano consolidado hospitalar
   d) Plano de auxílio hospitalar

3. Qual é a norma mais importante a oferecer direcionamento aos profissionais que atuam na infraestrutura hospitalar? Assinale a opção correta.
   a) RDC n. 30
   b) RDC n. 40
   c) RDC n. 50
   d) RDC n. 60

4. O que deve ser levado em conta para se ter uma correta relação entre qualidade e quantidade, no que diz respeito a materiais e equipamentos?

5. Quais itens, minimamente, deverão estar contidos em um projeto executivo?

## Questões para reflexão

1. Por que há tão poucos estudos das equipes de saúde sobre arquitetura e ambientes hospitalares? Essa é uma questão em que você deve interagir com seus colegas.

2. O atendimento às necessidades de saúde consiste em uma das formas mais antigas de trabalho. Trata-se de um trabalho coletivo e institucional, que se desenvolve com características do trabalho profissional, da divisão pormenorizada e da lógica taylorista de organização e gestão do trabalho. Quando

pensamos em uma equipe multiprofissional atuando em prol de uma infraestrutura hospitalar, como pode ser possível que o trabalho seja realizado de forma harmônica e com a participação de diferentes profissionais?

## Para saber mais

Sugerimos que você pesquise as obras a seguir. A primeira é destinada àqueles que lidam com o planejamento dos ambientes de saúde, espaços que comprovam o acolhimento e a sensação de proteção, a percepção de conforto humano e a experiência do prazer pelos aspectos descritas neste capítulo. A segunda mostra um breve histórico de como surgiu o hospital e como ele se apresenta na atualidade, bem como suas tendências.

BITTENCOURT, F.; COSTEIRA, E. **Arquitetura e engenharia hospitalar**: planejamento, projetos e perspectivas. Rio de Janeiro: Rio Books, 2014.

ALESSANDRO, M. **A dinâmica de uma organização hospitalar**: estruturas, tipos, funções e tendência. São Paulo: Paratodos, 2013.

**Capítulo 3**

# Normativas para a arquitetura de serviços de saúde

## Conteúdos do capítulo:

- Leis relativas à construção e às reformas de hospitais.
- Normas relativas à construção e às reformas de hospitais.
- Resoluções relativas à construção e às reformas de hospitais.
- Composição física e infraestrutura do hospital.
- Sistemas construtivos.
- Segurança, acessibilidade e redução de riscos no hospital.
- Proteção contra incêndio, riscos e vetores.
- Prevenção de infecções.
- Condições de conforto ambiental.

## Após o estudo deste capítulo, você será capaz de:

1. reconhecer algumas disposições da RDC n. 50/2002, relacionadas à elaboração de projetos físicos;
2. elencar as normas relativas aos estabelecimentos de saúde;
3. responder as perguntas mais frequentes relacionadas à RDC n. 50/2002;
4. compreender a dimensão relacionada à infraestrutura de ambientes hospitalares;
5. identificar os subsistemas associados aos sistemas construtivos;
6. apontar as condições de segurança e infecção hospitalar na infraestrutura hospitalar, além das condições de conforto relacionadas a esse ambiente;
7. compreender o ambiente hospitalar, apontar os diferentes tipos de hospitais e suas características principais.

Neste capítulo, iremos tratar das normas que regem a construção de hospitais, postos de atendimento, laboratórios e os estabelecimentos assistenciais de saúde (EASs) em geral. A normalização dessas construções teve início já na década de 1970, com a publicação de normas gerais para as construções e estudos de terminologia aplicada à área, como o documento *Conceitos e definições em saúde* (Brasil, 1977b), e continuou na década seguinte, com o documento *Terminologia básica em saúde*, de 1987 (Brasil, 1987b). Ainda na década de 1970, foram publicadas as primeiras regras para a construção de hospitais, na forma da Portaria n. 400, de 6 de dezembro de 1977 (Brasil, 1977c), que é a primeira legislação específica para tais projetos.

Já na primeira década deste século, a RDC n. 50/2002, de 21 de fevereiro de 2002 (Brasil, 2002a), reformulou essa política e ampliou a possibilidade de construção de hospitais no país, adaptando-se ao Sistema Único de Saúde (SUS), e atualizando as normatizações.

Embora toda a composição física dos ambientes de saúde seja importante, às vezes, alguns itens são deixados em segundo plano e, após a implementação do projeto, tornam-se frágeis e podem dificultar algumas ações.

É esse universo de normas e leis que iremos estudar nesta seção, com as observações necessárias para compreendermos a construção de estabelecimentos de saúde dentro da política atual.

## 3.1 A Resolução RDC n. 50/2002, de 21 de fevereiro de 2002, e normas correlatas

A base normativa para a arquitetura de edifícios hospitalares e similares – ou seja, de EASs em geral – segue uma linha bastante estrita. A principal norma que rege a construção de estabelecimentos continua sendo a RDC n. 50/2002, mesmo estando ela sujeita a uma proposta de revisão que está sendo discutida em seminários e *workshops* pelo menos desde o ano de 2013 e pode ser visto no documento que consta em Brasil (2016b), publicado pela Agência Nacional de Vigilância Sanitária (Anvisa) para discussão da resolução. A estrutura relativa a essa revisão também se encontra em publicação de André Bacelar (2016), que resume o processo de revisão a um mapa conceitual esclarecedor, em que se mostra o foco da revisão em atualizar a norma, redimensionar os processos de classificação de risco sanitário ambiental e criar um manual de aplicação para a nova norma, além de revisar a ferramenta de apoio ao projeto e à fiscalização desta, chamada Sistema de Apoio à Elaboração de Projetos de Investimentos em Saúde (SomaSUS).

A RDC n. 50/2002 é uma resolução da diretoria colegiada da Anvisa e determina especificamente o "planejamento, a programação, elaboração e avaliação dos projetos físicos de estabelecimentos assistenciais de saúde" (Brasil, 2002a). Ela substituiu uma legislação mais estrita e rígida, datada de 1977 – a Portaria MS n. 400/1977 (Brasil, 1977c). A norma inovou por adotar os princípios do SUS para a organização de todo o sistema assistencial no país. Ela incluiu em seus requisitos os critérios "epidemiológicos, ambientais, culturais e geográficos, substitui modelos rígidos por tipologias resultantes da composição de atribuições funcionais na concepção básica do edifício" (Brasil, 1994c, p. 6). Além disso, aprofundou os critérios existentes e incluiu outros novos, o que resultou em soluções alternativas e variadas (Brasil, 1994c), e determinou a Portaria n. 1.884, de 11 de novembro de 1994 (Brasil, 1994c) como instrumento para a elaboração e análise dos projetos de EASs que viessem a ser construídos, ampliados ou reformados.

Além dessa norma de base, a Anvisa traz, em seu *site*, uma relação das resoluções que tratam do tema e que estão em vigor (Brasil, 2003). No *link*, estão disponíveis as publicações em arquivos PDF de todas essas normas, das quais apresentamos a seguir a ementa:

*Resolução – RDC n. 306, de 07 de dezembro de 2004*
*Dispõe sobre o Regulamento Técnico para o gerenciamento de resíduos de serviços de saúde.*

*Resolução – RDC n. 189, de 18 de julho de 2003*
*Todos projetos de arquitetura de estabelecimentos de saúde públicos e privados devem ser avaliados e aprovados pelas vigilâncias sanitárias estaduais ou municipais previamente ao início da obra a que se referem os projetos. [...]*

*Resolução – RE n. 9, de 16 de janeiro de 2003*
*Orientação técnica revisada contendo padrões referenciais de qualidade de ar interior em ambientes de uso público e coletivo, climatizados artificialmente. A Resolução recomenda o índice máximo de poluentes de contaminação biológica e química, além de parâmetros físicos do ar interior. A resolução prevê ainda métodos analíticos e recomendações para controle e correção, caso os padrões de ar forem considerados regulares ou ruins.*

*Resolução – RDC n. 307, de 14 de novembro de 2002*
Retificou a Resolução – RDC n. 50, de 21/2/2002 [...]
**Portaria Interministerial n. 482, de 16 de abril de 1999**
*Regulamento técnico contendo disposições sobre o funcionamento e instalação de unidades de esterilização por óxido de etileno e de suas misturas, bem como estabelece as ações de inspeção sob responsabilidade do Ministério da Saúde e Ministério do Trabalho e Emprego.*
**Portaria MS n. 3.523, de 28 de agosto de 1998**
*Regulamento técnico contendo medidas básicas referentes aos procedimentos de verificação visual do estado de limpeza, remoção de sujidades por métodos físicos e manutenção do estado de integridade e eficiência dos componentes dos sistemas de climatização, para garantir a qualidade do ar de interiores e prevenção de riscos à saúde aos ocupantes de ambientes climatizados.* (Brasil, 2003, grifo do original)

Como podemos notar, todas essas portarias e resoluções tratam de temas relativos à arquitetura de ambientes de EASs, porém não nos alongaremos em tratar delas, pois são assuntos laterais e posteriores à construção propriamente dita e à destinação dos ambientes dos estabelecimentos de saúde.

Essas normas devem ser somadas às Normas Brasileiras (NBR), publicadas pela Associação Brasileira de Normas Técnicas (ABNT), que determinam aspectos técnicos para a arquitetura, de que tratamos no Capítulo 2. Além das normas básicas de desenho arquitetônico, a ABNT também publicou normas referentes ao armazenamento de resíduos sólidos perigosos – NBR 12235 (ABNT, 1992), à representação em projetos de arquitetura – NBR 6492 (ABNT, 1994), às saídas de emergência em edifícios (ABNT, 2001), ao tratamento de ar em estabelecimentos assistenciais de saúde (EASs) – NBR 7256 (ABNT, 2005), aos sistemas de detecção e alarme de incêndio – NBR 17240 (ABNT, 2010) e à acessibilidade em edificações – NBR 9050 (ABNT, 2015), por exemplo, que são normativas que devem ser seguidas em todas as etapas do planejamento e do projeto, com exatidão. Além disso, a própria RDC n. 50/2002 cita como base para casos não descritos na resolução as normas da ABNT NBR 13532: elaboração de projetos de edificações – arquitetura (ABNT, 1995b); NBR 5261: símbolos gráficos de eletricidade – princípios gerais para desenho de símbolos gráficos (ABNT, 1979); NBR 7191: execução de desenhos para obras de concreto simples ou armado (ABNT 1982); NBR 7808: símbolos gráficos para projetos de estruturas (ABNT, 1983); NBR 14611: desenho técnico – representação simplificada em estruturas metálicas (ABNT, 2000); e NBR 14100: proteção contra incêndio – símbolos gráficos para projeto (ABNT, 1998). Todas elas devem ser conhecidas e consideradas nos projetos.

De acordo com a RDC n. 50/2002 (Brasil, 2002), muitas são as opções de diversificação para construções de ambientes hospitalares; no entanto, conforme podemos perceber por meio das informações verificadas até o momento nesta obra, há normas a seguir e que orientam essa atividade. Atualmente, consideramos a própria RDC n. 50/2002, da Anvisa, um regulamento técnico completo e direcionador dessa aplicabilidade, abrangendo os requisitos mínimos que possibilitam um bom atendimento aos clientes e as condições necessárias ao trabalho de todos os funcionários das instituições de saúde. Essa Resolução é o que temos de mais novo em relação ao planejamento, à programação e à elaboração de projetos básicos de EASs.

Com isso, todos os projetos de EAS devem ser elaborados obrigatoriamente em conformidade com as disposições dessa norma.

O documento foi assentado em três partes inter-relacionadas, desde a organização geral do sistema de assistência à saúde, passando pela definição do programa de serviços a serem prestados pelos EASs até a relação dos espaços e ambientes para tais serviços. Essa divisão se apresenta da seguinte forma:

- *Projeto de Estabelecimentos Assistenciais de Saúde, apresentando metodologia para elaboração de projetos de estabelecimentos de saúde;*
- *Programação Funcional dos Estabelecimentos Assistenciais de Saúde, apresentando ampla análise das variáveis de programação dos estabelecimentos assistenciais de saúde, sua organização funcional e o dimensionamento e quantificação dos ambientes que pertencem ao EAS; e*
- *Critérios para projetos de Estabelecimentos Assistenciais de Saúde, apresentando as variáveis que orientam e regulam as decisões a serem tomadas nas diversas etapas de projeto. São eles: circulações internas e externas, conforto ambiental, controle de infecção hospitalar, instalações ordinárias e especiais e segurança contra incêndio.*

(Brasil, 1994c, p. 6)

Assim, a primeira parte da RDC n. 50/2002 é aquela que trata dos projetos físicos, dos quais já falamos no Capítulo 2. A norma, em si, é muito mais completa e especifica cada pequeno equipamento, ajuste e desenho que deve ser feito em cada fase do projeto. Vale a pena consultá-la para leitura de projetos, pois é muito específica e clara. No entanto, não nos cabe repetir a Resolução aqui, linha a linha, mas sim verificar seu escopo e determinações.

A segunda parte da norma especifica a programação físico-funcional interna do estabelecimento de saúde. Já na terceira parte, apresentam-se critérios para os projetos de ambiência e de instalações e circulações em geral.

## 3.2 Atribuições dos estabelecimentos assistenciais

As atribuições dos EASs são apresentadas logo no início da organização físico-funcional dos estabelecimentos. São oito as principais atribuições, como resume a Figura 3.1, a seguir, que traz um esquema dos apoios necessários à efetivação de um EAS.

Figura 3.1 – Atribuições de estabelecimentos assistenciais

```
                    ┌─────────────────────┐
                    │     7. Apoio        │
                    │   administrativo    │
                    └──────────┬──────────┘
                               ▼
                  ┌──────────────────────────┐
                  │ 1. Atendimento em regime │
                  │ ambulatorial e de hospital-dia │
┌──────────────┐  │ 2. Atendimento imediato  │  ┌──────────────┐
│ 6. Ensino e  │→ │ 3. Atendimento em regime │← │  8. Apoio    │
│  pesquisa    │  │    de internação         │  │  logístico   │
└──────────────┘  │ 4. Apoio ao diagnóstico e terapia │  └──────────────┘
                  └──────────┬───────────────┘
                             ▲
                    ┌────────┴────────┐
                    │    5. Apoio     │
                    │     técnico     │
                    └─────────────────┘
```

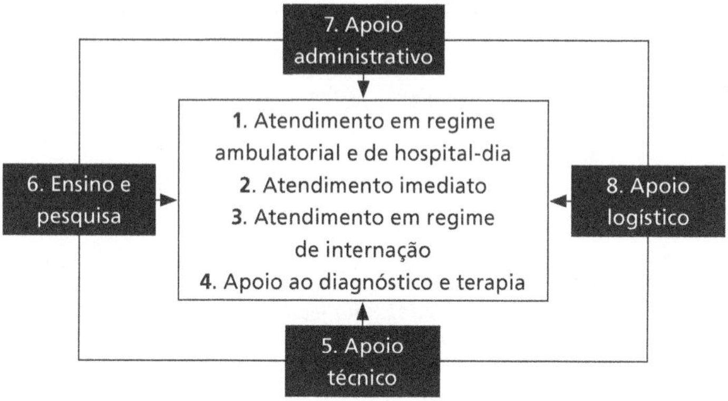

Fonte: Adaptado de Brasil, 2002a, p. 24.

Esse esquema reforça a ideia de que os processos não devem ser executados de forma isolada. Nesse caso, os itens centrais (1 a 4) têm apoio dos que estão fora do quadro interno (5 a 8). Em outras palavras, a figura mostra que os apoios administrativo, logístico, técnico e de ensino e pesquisa contribuem para que tenhamos uma estruturação dos itens centrais.

A resolução especifica os itens da Figura 3.1 da seguinte forma:

1. **Prestação de atendimento eletivo de promoção e assistência à saúde em regime ambulatorial e de hospital-dia** – *atenção à saúde incluindo atividades de promoção, prevenção, vigilância à saúde da comunidade e atendimento a pacientes externos de forma programada e continuada;*
2. **Prestação de atendimento imediato de assistência à saúde** – *atendimento a pacientes externos em situações de sofrimento, sem risco de vida (urgência) ou com risco de vida (emergência);*
3. **Prestação de atendimento de assistência à saúde em regime de internação** – *atendimento a pacientes que necessitam de assistência direta programada por período superior a 24 horas (pacientes internos);*
4. **Prestação de atendimento de apoio ao diagnóstico e terapia** – *atendimento a pacientes internos e externos em ações de apoio direto ao reconhecimento e recuperação do estado da saúde (contato direto);*
5. **Prestação de serviços de apoio técnico** – *atendimento direto à assistência à saúde em funções de apoio (contato indireto);*
6. **Formação e desenvolvimento de recursos humanos e de pesquisa** – *atendimento direta ou indiretamente relacionado à atenção e assistência à saúde em funções de ensino e pesquisa;*
7. **Prestação de serviços de apoio à gestão e execução administrativa** – *atendimento ao estabelecimento em funções administrativas;*
8. **Prestação de serviços de apoio logístico** – *atendimento ao estabelecimento em funções de suporte operacional.* (Brasil, 2002a, p. 24-25, grifo do original)

A norma refere-se às quatro primeiras como **atribuições-fim**, enquanto as últimas são **atribuições-meio**, que auxiliam as primeiras e ocorrem entre elas mesmas.

A seguir, destacamos os principais pontos da RDC n. 50/2002, com uma descrição fiel das unidades funcionais, em quadros que representam itens importantes do planejamento de tais unidades. Lembre-se de que este é um material para consultas eventuais, não sendo nossa intenção propor a memorização desse conteúdo. Neste ponto, o mais importante é que você conheça a resolução e saiba de que maneira suas informações foram sistematizadas. Observe-as, familiarize-se com elas e consulte-as sempre que necessário. Seguem-se, na norma, as especificações de cada uma das atribuições, com detalhes de cada uma. Não há como reproduzir aqui a integridade da norma, portanto essas consultas devem ser feitas a cada ponto, em especial quando for necessário, no texto da resolução. As listagens de atividades e sub-atividades são exaustivas e detalhadas, razão por que apenas as comentaremos em sua essência. Para saber especificidades, é necessário recorrer ao texto extenso da RDC n. 50/2002 (Brasil, 2002a).

### 3.2.1 Atendimento ambulatorial

A primeira atribuição é o **atendimento ambulatorial**, aquele que se limita aos serviços realizados em consultórios ou ambulatórios, não incluindo internação hospitalar ou procedimentos para fins de diagnóstico ou terapia. Estes, embora prescindam de internação, demandam o apoio de estruturas hospitalares por um período superior a 12 horas ou serviços como de recuperação pós-anestésica. A resolução determina todas as ações de prevenção, atendimento imediato, procedimentos de pequeno porte e diagnósticos de até 24 horas, bem como treinamento para procedimentos e uso de equipamentos como ambulatoriais, e traz, na Parte 3, o dimensionamento dessas áreas, inclusive determinando metragem mínima para cada tipo de procedimento. Essa parte da RDC n. 50/2002 é toda dedicada à apresentação dos ambientes de atendimento e vale a pena ser consultada, antes de se projetar ou analisar um projeto de EAS. Há uma grande quantidade de ambientes de atendimento ambulatorial relacionados na resolução, incluindo os de ações básicas de saúde e os específicos de ambulatórios.

Pode-se consultar também a Portaria Conjunta da Anvisa e da Fundação Nacional de Saúde (Funasa) n. 1, de 2 de agosto de 2000 (Brasil, 2000b), sobre o funcionamento de estabelecimentos privados de vacinação, e a Portaria n. 44, de 10 de janeiro de 2001 (Brasil, 2001b), sobre o hospital-dia no âmbito do SUS.

O SUS, por meio do programa SomaSUS, publicou um volume dedicado à elaboração de projetos específicos para esta área em 2011 – Atendimento ambulatorial e atendimento imediato (Brasil, 2011b). Essa publicação facilita bastante o trabalho do planejador de EAS, por trazer grande quantidade de ilustrações, fluxogramas e plantas de ambientes de trabalho nos hospitais. É um material de importância fundamental para leitura e conhecimento.

## Ambientes de apoio

Quando do planejamento de uma unidade hospitalar, é preciso projetar uma variada gama de locais, alguns dos quais, mesmo que não envolvam atendimento direto ao paciente ou a seus acompanhantes, devem ser planejados com cuidado. Neste particular, o atendimento ambulatorial necessita de alguns espaços, chamados *ambientes de apoio*, para facilitar e organizar sua assistência:

- *Sala de espera para pacientes e acompanhantes*
- *Área para registro de pacientes/marcação [de consultas]*
- *Sala de utilidades*

- Depósito de material de limpeza
- Sanitários para pacientes e público (masc. e fem.)
- Sanitários para pacientes (anexo aos consultórios de gineco-obstetrícia, proctologia e urologia)
- Banheiros para pacientes (um para cada quarto)
- Sanitários para os funcionários
- Depósito de equipamentos
- Área para guarda de macas e cadeira de rodas
- Sala administrativa
- Copa. (Brasil, 2002a, p. 41)

Por fim, é importante dar atenção a esses itens, que servem de direcionadores para o dimensionamento do ambiente de ambulatório. Assim, quando dimensionamos um ambiente, temos de levar em conta vários direcionadores, entre eles a área, o quantitativo de atendimentos, a sazonalidade, os turnos de trabalho.

## 3.2.2 Atendimento imediato de assistência à saúde

O atendimento imediato é a segunda atribuição prevista na RDC n. 50/2002. Ela resume as atividades a serem desenvolvidas em casos em que não se encontra risco de vida (urgência de baixa e média complexidade); casos de risco de vida (emergência) ou urgências de alta complexidade, porém sem risco de vida. Esses atendimentos são prestados em dois tipos de ambientes. As **unidades de urgência** prestam atendimento imediato em casos que, em avaliação primária, não ofereçam risco de vida, exigindo instalações e equipamentos mais simples, próprios de uma retaguarda de baixa e média complexidade. As **unidades de urgência/emergência**, por sua vez, são locais onde são praticados, além dos procedimentos de menor complexidade, característicos das situações de urgência, procedimentos de maior complexidade, que podem oferecer risco de vida (Brasil, 2011b).

Para estes atendimentos, a RDC n. 50/2002 também reserva um grande número de ambientes, que podem ser conhecidos na norma.

## Ambientes de apoio

O atendimento imediato também se utiliza de ambientes de apoio, que são:

- *Atendimento de Urgência e Emergência [baixa e média complexidade]:*
- *Área para guarda de pertences de pacientes*
- *Sala/área para estocagem de hemocomponentes*
- *Banheiros para pacientes (salas de observação e isolamento)*
- *Rouparia*
- *Sanitários para funcionários*
- *Banheiro para funcionários (plantão)*
- *Quarto de plantão*
- *Depósito de equipamentos*
- *ISala de distribuição de hemocomponentes ("in loco" ou não)*
- *Salas administrativas*
- *Copa*
- *Posto policial* (Brasil, 2002a, p. 43)

As unidades funcionais em uma instituição hospitalar precisam de grande atenção, pois servem de apoio a vários outros setores. Dessa forma, elas devem ser dimensionadas levando em consideração a área de atuação daquela assistência.

Indicamos aqui novamente a publicação do SUS citada anteriormente – *Atendimento ambulatorial e atendimento imediato* (Brasil,

2011b) – por ser uma obra que facilita bastante o trabalho do planejador de EAS, uma vez que traz grande quantidade de ilustrações, fluxogramas e plantas de ambientes de trabalho nos hospitais.

### 3.2.3 Atendimento em regime de internação

O atendimento em regime de internação é definido para pacientes infantis, adultos e neonatos, em regime de terapia intensiva, e para queimados, em regime intensivo. Para esses tipos de atendimento são previstos na resolução vários ambientes destinados a cada tipo de paciente, com suas áreas de recepção, atendimento e todo tipo de tratamento diferenciado (Brasil, 2002a). Dentro da RDC n. 50/2002, também localizamos os ambientes de apoio necessários a esse tipo de assistência.

Há um conjunto de elementos destinados às acomodações dos pacientes internados e que englobam instalações adequadas à prestação de cuidados necessários a um bom atendimento (Timby, 2001). "A determinação do risco de cada paciente, em cada momento do processo assistencial, permite alocar recursos adequados às necessidades de forma eficiente" (Brasil, 1994a). Entre estes ambientes estão a unidade de neonatologia, a unidade de terapia intensiva (UTI) e a unidade de tratamentos intensivos de queimados (UTQ).

No que diz respeito à unidade de neonatologia, de acordo com o *Manual de assistência ao recém-nascido*, da Coordenação Materno-infantil do Ministério da Saúde, a "assistência deve basear-se num sistema que garanta cuidados contínuos e de complexidade crescente em relação proporcional ao nível de risco do neonato" (Brasil, 1994a). Conforme Avery (1984), o termo *neonatologia* foi estabelecido por Alexander Schaffer, cujo livro sobre o assunto, *Diseases of the newborn*, foi publicado pela primeira vez em 1960. Essa obra, junto com o *Physiology of the newborn infant*, de Clement Smint, constituem a base desse novo campo (Avery, 1984).[1]

A história do surgimento da neonatologia nos é relatada por Avery, em seu livro *Neonatologia, fisiologia e tratamento do recém-nascido* (1984). Segundo esse autor, a neonatologia, como especialidade, surgiu na França. O obstetra Pierre Budin resolveu estender suas preocupações além da sala de parto e criou o Ambulatório de Puericultura no Hospital Charité de Paris, em 1882. Posteriormente, ele chefiou o Departamento Especial para Debilitados, estabelecido na maternidade por Madame Hery, antiga parteira-chefe. Em 1914, um pediatra do Hospital Michel Reese, em Chicago, o doutor Julius Hess, criou o primeiro centro de recém-nascidos prematuros. Depois disso, foram fundados vários outros centros, que seguiram os princípios de Budin e de Hess para a segregação dos recém-nascidos prematuros, com a finalidade de lhes assegurar enfermeiras treinadas, dispositivos próprios, incluindo incubadoras e procedimentos rigorosos para a prevenção de infecções.

Ainda de acordo com Avery (1984), um centro criado em 1947, na Universidade do Colorado (EUA), além dos cuidados prestados aos prematuros, apresentava leitos para mães com gravidez de risco para parto prematuro e programas de

---

1 Veja o *Manual de assistência ao recém-nascido*, da Coordenação Materno-infantil do Ministério da Saúde (Brasil, 1994a) e a Portaria n. 1.091, de 25 de agosto de 1999 (Brasil, 1999b), sobre unidades de cuidados intermediários neonatal no âmbito do SUS.

> treinamento para médicos e enfermeiros a serem ministrados em todo o estado do Colorado.
>
> O pediatra finlandês Arvo Ylppo publicou uma monografia sobre patologia, fisiologia, clínica, crescimento e prognóstico de recém-nascidos, relatos que serviram como ponto inicial para pediatras clínicos, professores e investigadores. Em 1924, o pediatra Albert Peiper interessou-se pela maturação neurológica de prematuros. O doutor William A. Silverman foi pioneiro em estabelecer o uso de processos cuidadosamente controlados em berçário de prematuros. O interesse da doutora Ethel Collins Dunhan sobre problemas clínicos dos recém-nascidos levou-a a enfatizar a importância do controle contínuo dos dados federais sobre a mortalidade de recém-nascidos. Esses fatos serviram de base para a política federal, aumentando o interesse pelos serviços de cuidados materno-infantis, bem como pelas pesquisas peri e neonatais (Avery, 1984).

As **unidades de terapia intensiva** (UTIs), por sua vez, são consideradas locais destinados à prestação de assistência especializada a pacientes em estado crítico, que necessitam de controle rigoroso dos seus parâmetros vitais e assistência de saúde contínua e intensiva (Souza; Possari; Mugaiar, 1985). Com isso, vemos que as UTIs necessitam de ambientes agradáveis, ventilados e com visão panorâmica dos leitos, haja vista a gravidade do estado dos pacientes ali internados.

Já a **unidade de tratamentos intensivos de queimados** (UTQ) é considerada uma unidade complexa que concentra recursos humanos, aparatos tecnológicos especializados e de elevado custo. Dessa forma, é necessário dispor qualitativa e quantitativamente de profissionais para esse setor, visto que há cuidados exigidos pelos pacientes internados. Além disso, por serem os profissionais de enfermagem que assistem os pacientes nas 24 horas, ininterruptamente, é fundamental avaliar a carga de trabalho desses trabalhadores (Jong; Leeman; Middelkoop, 2009). As UTQs necessitam de grande atenção em sua infraestrutura, uma vez que os pacientes que ali se encontram estão muito suscetíveis a infecções. Existe também a necessidade de dispor de justo e eficaz dimensionamento de recursos humanos, propiciando às instituições um planejamento que vise a benefícios a todos os envolvidos, em especial os pacientes.

## Ambientes de apoio

Entre os ambientes de apoio necessários a esse tipo de atendimento, devem-se acrescer os ambientes de apoio para a neonatologia, para a UTI (ou CTI – Centro de tratamento intensivo) e para a UTQ, todos os locais com acesso restrito.

Cada uma dessas unidades pede um conjunto de ambientes de apoio diferenciado, conforme consta na sequência.

**Internação de recém-nascido (neonatologia):**
- *Sala de utilidades*
- *Área para registro de pacientes (controle de entrada e saída)*
- *Quarto de plantão ("in loco" ou não)*
- *Sanitários para funcionários*
- *Depósito de equipamentos/materiais*
- *Depósito de material de limpeza*
- *Vestiário de acesso à unidade*
- *Sala administrativa*
- *Copa de distribuição*
- *Área para guarda de carros de transferência de R.N.*

- Sala para coleta de leite (obrigatório quando a mãe não estiver internada no mesmo EAS)
- Sala de estar para visitante (anexa à unidade)
- Sanitários para público (junto à sala de estar) (Brasil, 2002a, p. 46)

### UTI (ou CTI):

- Sala de utilidades
- Quarto de plantão
- Rouparia
- Depósito de equipamentos e materiais
- Banheiro para quarto de plantão
- Sanitários com vestiários para funcionários (masc. e fem.)
- Sanitário para pacientes (geral) – Pode ser substituído, quando se fizer uso de quartos individuais, por equipamento ou bancada contendo lavatório e bacia sanitária juntos.
- Sala de espera para acompanhantes e visitantes (anexo à unidade ou não)
- Sala administrativa (secretaria)
- Depósito de material de limpeza
- Copa
- Área de estar para equipe de saúde
- Sanitário para público (junto à sala de espera) (Brasil, 2002a, p. 47)

### UTQ

- Sala de utilidades
- Sala cirúrgica ("in loco" ou no centro cirúrgico)
- Copa
- Depósito de equipamentos
- Rouparia
- Quarto de plantão para funcionários ("in loco" ou não)

- Banheiros com vestiários para funcionários (paramentação, barreira de acesso à unidade – masc. e fem.)
- Banheiro para pacientes (cada quarto ou enfermaria deve ter acesso direto a um banheiro, podendo este servir a no máximo 2 enfermarias)
- Salão para cinesioterapia e mecanoterapia ("in loco" ou não)
- Depósito de material de limpeza
- Área para guarda de macas e cadeira de rodas
- Sala administrativa
- Sala de estar para visitante (anexo à unidade)
- Sanitário para público (sala de estar) (Brasil, 2002a, p. 48)

Caso haja atendimento pediátrico na unidade, este deverá ser diferenciado do atendimento de adultos, com sala de observação e de espera próprias. Admite-se uma única sala de espera quando o número total de salas de exames for menor ou igual a 4 (quatro).

## 3.2.4 Atendimento de apoio ao diagnóstico e à terapia

Os serviços de **apoio diagnóstico e terapêutico** são compostos por setores que fornecem suporte ao diagnóstico clínico e ao acompanhamento do tratamento dos pacientes. Essa atribuição é dividida entre patologia clínica, imagenologia, métodos gráficos de diagnóstico, anatomia patológica e citopatologia, atividades de medicina nuclear, procedimentos cirúrgicos e endoscópicos, partos normais, cirúrgicos e intercorrências obstétricas, reabilitação em pacientes, atividades hemoterápicas e hematológicas, radioterapia, quimioterapia, diálise, atividades relacionadas ao leite humano e oxigenoterapia hiperbárica (OHB) (Brasil, 2002a).

> O SUS, por meio do programa SomaSUS, publicou um volume dedicado à elaboração de projetos específicos para a área de imagenologia – Apoio ao diagnóstico e à terapia (imagenologia) (Brasil, 2013a). Em 2014, o programa complementou o estudo dessa área com o volume 4 da coleção (Brasil, 2014b), dedicado às áreas de anatomia patológica, hemoterapia e hematologia, medicina nuclear e patologia clínica.

Na sequência, veremos brevemente cada um dos serviços de apoio já citados.

- **Patologia clínica** – Coleta material, faz sua triagem, analisa e processa em laboratório substâncias ou materiais biológicos, para diagnóstico. Esse ambiente deve estar preparado para uma grande circulação de pessoas, visto que é comum que se realize esse tipo de exame ambulatorialmente.
- **Imagenologia** – É o conjunto de técnicas e procedimentos que permitem obter imagens do corpo humano com fins clínicos ou científicos. Os serviços de imagem necessitam de atenção em virtude do efeito das radiações para os seres humanos.
- **Estudo hemodinâmico** – É um método diagnóstico e terapêutico que utiliza técnicas invasivas para a obtenção de dados funcionais e anatômicos das várias cardiopatias.
- **Tomografia** – Exame médico radiológico que permite visualizar as estruturas anatômicas na forma de cortes.
- **Ressonância magnética** – Exame para o diagnóstico por imagem que produz imagens de alta definição dos órgãos por meio da utilização de campo magnético. É importante notar que a ressonância magnética não utiliza radiação; no entanto, uma vez que o aparelho tem um potente campo magnético,

é reciso tomar cuidado para que, durante o exame, o paciente não utilize joias, objetos metálicos, maquiagem, entre outros.

- **Endoscopia digestiva** – Exame que permite ao médico visualizar, diretamente ou em uma tela de vídeo, o revestimento interno de esôfago, estômago e duodeno, bem como realizar intervenções diagnósticas ou terapêuticas simples. A endoscopia respiratória é um exame que consiste na introdução de um aparelho com uma lente ou câmera de vídeo para avaliar as vias respiratórias (nariz, garganta, traqueia e brônquios) e coletar material (p. ex.: biópsia) nas vias respiratórias ou do pulmão.
- **Métodos gráficos** – Como apoio ao diagnóstico e terapia, são exames que necessitam de leitura especializada após sua execução.
- **Anatomia patológica** – Ramo da patologia e da medicina que lida com o diagnóstico das doenças com base no exame macroscópico de peças cirúrgicas e microscópico para células e tecidos.
- **Citopatologia** – Estudo das células e suas alterações em casos patológicos.[2]
- **Medicina nuclear** – Especialidade médica que utiliza materiais radioativos com finalidade diagnóstica e terapêutica.[3]
- **Centro cirúrgico** – É o local no hospital preparado segundo um conjunto de requisitos que o tornam apto à prática da

---

2 Veja o *Manual de laboratório cito-histopatológico*: normas e manuais técnicos do Ministério da Saúde (Brasil, 1987), ou o que vier a substituí-lo.
3 Veja as normas da Comissão Nacional de Energia Nuclear (CNEN): NE 3.05 – Requisitos de radioproteção e segurança para serviços de medicina nuclear (Brasil, 1996); e NE 6.05 – Gerência de rejeitos radioativos em instalações radioativas, para informações complementares (Brasil, 1985).

cirurgia. Os centros cirúrgicos exclusivamente ambulatoriais (CCA) podem ter o programa simplificado/mínimo em relação ao centro cirúrgico não ambulatorial: área de recepção e preparo de pacientes; área de escovação; sala pequena ou média de cirurgia (pode ser uma única); área de recuperação pós-anestésica com posto de enfermagem (uma ou mais macas); sala de espera para pacientes e acompanhantes (anexa à unidade); sala de utilidades; e vestiários/sanitários masculino e feminino para funcionários/pacientes com barreira na entrada da unidade (quando o CCA for composto por uma única sala de cirurgia, o vestiário/sanitário pode ser único); depósito de material de limpeza; sala administrativa/área de registro (*in loco* ou não).

- **Centro obstétrico** – Serviço destinado ao atendimento de gestantes em trabalho de parto. Os ambientes de apoio podem ser compartilhados com os do centro cirúrgico quando as unidades forem contíguas, observando-se, para esses ambientes, dimensões proporcionais ao número de salas de parto e cirúrgicas.
- **Centro de parto normal (CPN)** – É uma unidade desenvolvida para o atendimento humanizado e de qualidade, exclusiva aos partos de risco habitual. Veja a Portaria MS n. 985, de 5 de agosto de 1999 (Brasil, 1999b), sobre o centro de parto normal no âmbito do SUS. Os quartos para PPP (pré-parto; parto; pós-parto) podem se localizar em unidades de internação de um EAS, desde que estes tenham uma área para assistência de RNs no interior do quarto ou uma sala exclusiva para essa atividade. CPNs isolados não poderão ter mais do que 5 (cinco) quartos.
- **Reabilitação de pacientes** – A unidade funcional de apoio e terapia que tem foco na reabilitação de pacientes, para que

estes retornem a suas atividades o mais breve possível ou para que venham a ter melhoria na qualidade de vida.

- **Hematologia e hemoterapia** – Especialidades médicas que estudam e tratam as doenças do sangue e de órgãos hematopoiéticos, nos quais se formam as células do sangue.[4]
- **Radioterapia** – Tratamento médico no qual se utilizam radiações ionizantes.[5]
- **Quimioterapia** – É um tipo de tratamento médico que introduz compostos químicos na circulação sanguínea do paciente.[6]
- **Unidade de diálise** – Tem o objetivo de substituir as funções de filtragem dos rins.[7]
- **Banco de leite humano** – Lugar de apoio, incentivo e estímulo ao aleitamento materno.[8]
- **Oxigenoterapia hiperbárica (OHB)** – Modalidade terapêutica que consiste na oferta de oxigênio puro ($FiO_2$ = 100%) em um ambiente pressurizado a um nível acima da pressão atmosférica, habitualmente entre duas e três atmosferas.

---

4 Veja a Resolução RDC 151, de 21 de agosto de 2001 (Brasil, 2001a) sobre os níveis de complexidade de serviços de hemoterapia e legislação da Anvisa/MS sobre sangue e hemoderivados (Brasil, 2000d).
5 Veja a norma do CNEN NE 3.06 – Requisitos de radioproteção e segurança para serviços de radioterapia de 1990; a Portaria MS n. 3.535/1998, a Portaria MS n. 255/2009, sobre centros de atendimento de oncologia, e a Portaria MS/SAS n. 113/1999, sobre cadastramento de serviços que realizam procedimentos de alta complexidade em câncer.
6 Veja a Portaria MS n. 3.535/1998 e a Portaria MS n. 255/2009, sobre centros de atendimento de oncologia, e a Portaria MS/SAS n. 113/1999 sobre o cadastramento de serviços.
7 Veja as Portarias MS n. 322/1988 e n. 82/2000.
8 Veja a Resolução RDC n. 171, de 4 de setembro de 2006 (Brasil, 2006a), que dispõe sobre o Regulamento Técnico para o funcionamento de bancos de leite humano.

Todos esses serviços podem ser necessários em um hospital e exigem ambientes para sua prática, os quais estão previstos na Parte 3 da RDC n. 50/2002 (Brasil, 2002a). Também esses ambientes necessitam de outros que os apoiem.

## Ambientes de apoio

Os serviços de apoio ao diagnóstico e à terapia, em geral, compartilham vários ambientes de apoio. Numa visão geral, todos devem apresentar disponibilidade de:

- *Área para registro de pacientes*
- *Sala de espera para pacientes e acompanhantes*
- *Sanitários para pacientes e acompanhantes*
- *Sanitários para funcionários ("in loco" ou não)*
- *Salas administrativas*
- *Depósito de material de limpeza*
- *CME [Central de Material Esterilizado] simplificada (opcional para laboratórios de apoio a atividades hemoterápicas)*
- *Copa*
- *Quarto de plantão (quando houver funcionamento por 24 horas)*
- *Depósito de equipamentos e materiais* (Brasil, 2002a, p. 49)

Além desses ambientes de apoio, que são gerais, há alguns outros, específicos para cada serviço de apoio, que se encontram na RCD n. 50/2002, onde podem ser consultados.

## 3.2.5 Serviços de apoio técnico ao atendimento

A quinta atribuição determinada na RDC n. 50/2002 diz respeito a serviços de apoio técnico ao atendimento aos pacientes em EASs. As atividades desse grupo incluem proporcionar condições de assistência alimentar a pessoas doentes e sadias, prestar assistência farmacêutica, dar condições de esterilização aos materiais médicos, de enfermagem, de laboratório, para cirurgia e roupas usadas nessas atividades. Todas essas atividades são de vital importância para a organização hospitalar. Os ambientes são os que se seguem.

O **serviço de nutrição e dietética** é responsável pela produção e pela distribuição das refeições em um hospital. Esta sala pode ser compartilhada com outros ambientes de outras unidades, como os do lactário. Quando houver processamento de alimentos *in natura* (cozimento ou somente preparo) antes da manipulação da NE (nutrição enteral), este deverá ser realizado em sala separada ou, ainda, na cozinha ou lactário.

O **lactário** é a área destinada ao preparo e à distribuição de fórmulas lácteas. É uma unidade com área restrita, destinada à limpeza, à esterilização, ao preparo e à guarda de mamadeiras, basicamente, de fórmulas lácteas.

A **farmácia hospitalar** é um órgão de abrangência assistencial, técnico-científica e administrativa, onde se desenvolvem atividades ligadas à produção, ao armazenamento, ao controle, à dispensação e à distribuição de medicamentos e correlatos às unidades hospitalares.[9]

A **central de material esterilizado** é o setor destinado à limpeza, ao acondicionamento, à esterilização, à guarda e à distribuição de materiais esterilizados. Seu objetivo é fornecer materiais livres de contaminação para utilização nos diversos

---

9  Veja a Portaria MS n. 3.535/1998 e a Portaria MS n. 255/2009, sobre centros de atendimento de oncologia, e a Portaria MS/SAS n. 113/1999, sobre cadastramento de serviços, para verificar as especificidades desses serviços.

procedimentos clínicos e cirúrgicos, bem como padronizar os procedimentos para o processamento de materiais.[10] Os ambientes de apoio desses serviços são, em geral, compartilhados. Consultórios isolados somente podem ter equipamentos de esterilização dentro deles se estabelecidas rotinas de assepsia e manuseio de materiais a serem esterilizados. Os ambientes específicos para um ou outro serviço de apoio podem ser consultados diretamente na resolução (Brasil, 2002a, p. 71-74).

Ambientes de apoio

*Cozinha:*

- *Sanitários para funcionários*
- *Depósito de material de limpeza*
- *Sala administrativa*
- *Sanitários para o refeitório ("in loco" ou não)*

*Lactário:*

- *Depósito de material de limpeza*
- *Vestiários (barreira para a sala de preparo, envase e estocagem)*
- *Sala administrativa*

*Nutrição enteral:*

- *Vestiários (barreira para a sala de manipulação e envase e sala de limpeza e sanitização de insumos)*
- *Depósito de material de limpeza*
- *Área de armazenagem ("in loco" ou não ou compartilhado com outras unidades)*
- *[...]*

---

10 Veja o manual do Ministério da Saúde – *Processamento de artigos e superfícies em estabelecimentos de saúde* (Brasil, 1994d), que explana como funciona esse serviço.

*Farmacotécnica:*

- Sanitários com vestiários para funcionários
- Sala administrativa
- Vestiário (barreira para salas de limpeza e higienização e salas de manipulação)
- Depósito de material de limpeza
- Sala de esterilização de materiais
- Copa

*Central de material esterilizado:*

- Sanitários com vestiário para funcionários (barreira para as áreas de recepção de roupa limpa, preparo de materiais, esterilização e sala/área de armazenagem e distribuição – área "limpa")
- Sanitário para funcionários (área "suja" – recepção, descontaminação, separação e lavagem de materiais). Não se constitui necessariamente em barreira à área suja. Os sanitários com vestiários poderão ser comuns às áreas suja e limpa, desde que necessariamente estes se constituam em uma barreira à área limpa, e o acesso à área suja não seja feito através de nenhum ambiente da área limpa
- Depósito(s) de material de limpeza (pode ser comum para as áreas "suja" e "limpa", desde que seu acesso seja externo a estas)
- Sala administrativa
- Área para manutenção dos equipamentos de esterilização física (exceto quando de barreira) (Brasil, 2002a, p. 72-74)

## 3.2.6 Formação e desenvolvimento de recursos humanos e de pesquisa

A sexta atribuição determinada na RDC n. 50/2002 a ser implantada nos EASs é a de formação de recursos humanos e de pesquisa. As atividades nessa atribuição são: promover o treinamento em serviço dos funcionários da EAS, promover o ensino técnico de graduação e de pós-graduação e promover o desenvolvimento de pesquisas na área de saúde. Essas atividades se dão em todos os ambientes e devem ser processadas continuamente. Os **ambientes de ensino e pesquisa** devem ser pensados nas instituições hospitalares, mesmo as que não são consideradas hospitais escola.

Os ambientes de apoio à atribuição de formação e desenvolvimento de recursos humanos e de pesquisa são: sanitários para funcionários e alunos, salas administrativas e copa (Brasil, 2002a).

A atribuição de realizar ensino, pesquisa e treinamento não é necessariamente uma unidade física isolada dentro da EAS, deve ser realizada nos ambientes em que for necessário o treinamento ou em que seja realizada a pesquisa.

## 3.2.7 Serviços de apoio de gestão e execução administrativa

A sétima atribuição determinada para uma EAS é a de **prestação de serviços de apoio à gestão e execução administrativa**. São atividades que devem ser planejadas para apoiar na elaboração, na execução, no controle e na avaliação de projetos, bem como para dar suporte gerencial aos demais setores da instituição. As atividades designadas são: realizar todo o serviço administrativo do estabelecimento, fazer o planejamento clínico, de enfermagem e técnico do EAS e realizar os serviços relativos à documentação e à informação em saúde. São serviços mais burocráticos e que não se envolvem diretamente no atendimento dos pacientes, porém de grande valor no apoio e na informação veiculada em ambiente hospitalar.

Também esses serviços necessitam de ambientes de apoio adequados, como sanitários para funcionários e para o público, salas administrativas, copa, sanitários para funcionários, depósito de material de limpeza e sala de espera (Brasil, 2002a).

As áreas administrativas devem ser pensadas conforme a missão e a visão institucional, considerando ambientes adequados para reuniões, encontros, videoconferências e todo o aporte tecnológico necessário às conexões externas.

### 3.2.8 Apoio logístico

A oitava e última atribuição determinada aos serviços de saúde não é menos importante, pois apoia e dá suporte a todo o funcionamento hospitalar. Os serviços de apoio logístico proporcionam segurança e garantem a limpeza para os outros serviços dentro do hospital. As atividades relativas a esse grupo incluem: lavagem de roupas usadas; serviços de armazenagem de materiais e equipamentos; revelação, impressão e guarda de chapas e filmes; manutenção do estabelecimento em geral; guarda, conservação, velório e retirada de cadáveres; oferecer condições de higiene e conforto aos pacientes, doadores, funcionários, alunos e público em geral; zelar pela limpeza e higiene do edifício, das instalações e das áreas externas, assim como dos materiais e equipamentos de assistência e gerenciamento de resíduos sólidos; proporcionar segurança e higiene ao edifício, interna e externamente; e dar condições à infraestrutura predial.

A **unidade de processamento da roupa de serviços de saúde** é considerada um setor de apoio que tem como finalidade coletar, pesar, separar, processar, confeccionar, reparar e distribuir roupas em condições de uso, higiene, quantidade, qualidade e conservação a todas as unidades do serviço de saúde (Brasil, 2007).[11]

A **central de administração de materiais e equipamentos** também é um ambiente relativo a essa atribuição. Essa unidade tem como funções receber, armazenar e distribuir os materiais de expediente e informática, materiais químicos e hospitalares, nitrogênio líquido, gelo seco e água, entre outros. A unidade deve estar localizada na estrutura da instituição, com fácil acesso para pessoas externas, em razão do grande número de recebimentos que apresenta.

O **serviço de manutenção** é formado por um conjunto de ações que ajudam no bom e correto funcionamento da instituição. A unidade de manutenção deve ser planejada idealizando um ambiente propício ao trabalho, pois há casos em que ela é localizada em calabouços e subsolos, lugares muitas vezes insalubres.

A **unidade de conforto e higiene** do hospital tem como objetivo atender às demandas da instituição relacionadas à higienização e ao conforto dos profissionais que ali trabalham, além dos clientes. Os sanitários e banheiros para deficientes devem oferecer condições de uso a portadores de deficiência ambulatorial, conforme norma NBR 9050 (ABNT, 2004).

Conforme a RDC n. 50/2002, em relação aos ambientes de apoio aos serviços de apoio logístico:

> • Admite-se o uso de *boxe* menor para bacias sanitárias, quando se tratar de reformas sem ampliações, conforme a NBR 9050 (ABNT, 2004).

---

11 Para informações complementares sobre o tema, verifique o item específico da RDC n. 50/2002 (Brasil, 2002a, p. 33; 77).

- Cada unidade requerente do EAS deve ter pelo menos um sanitário individual para deficientes (masculino e feminino), para pacientes, doadores e público, com as dimensões citadas, caso não haja sanitários coletivos nessas unidades. É possível a existência de somente um conjunto desses sanitários, caso exista mais de uma unidade em um mesmo pavimento, e este não apresente deslocamentos maiores do que 80 m até os sanitários.
- Unidades que tenham funcionários de um único sexo, ou cujo número de funcionários ou de funcionárias seja inferior a 3 (três), podem apresentar sanitário único ou banheiro para uso do sexo majoritário, desde que o deslocamento até outros sanitários de uso do sexo minoritário não seja maior do que 80 m. Essa questão deve estar devidamente justificada no projeto.
- Nos sanitários e banheiros coletivos e nos vestiários centrais, no mínimo 5% do total de cada peça sanitária devem ser adequados ao uso de pessoas portadoras de deficiência ambulatória, conforme a NBR 9050 (ABNT, 2004), obedecendo-se ao mínimo de uma peça de cada. Nesses casos, o *boxe* com bacia sanitária para deficientes deve ter dimensões mínimas iguais a 1,5 m × 1,7 m.
- Cada unidade de internação geral deve ter, para pacientes internos, pelo menos 30% de banheiros para deficientes com as dimensões citadas, exceto as unidades de geriatria e ortopedia, cujo percentual deve ser igual a 100%.
- Os vasos sanitários para deficientes ambulatoriais devem ter altura entre 46 e 50 cm.

Fonte: Adaptado de Brasil, 2002a, p. 80.

Indicamos a leitura da NR 24 (Brasil, 1978b) para acesso a mais detalhes sobre o assunto.

A unidade funcional de apoio logístico relacionada à **limpeza e zeladoria** tem a finalidade de manter a higiene de toda a instituição em boas condições. Logo, é um serviço de apoio extremamente relevante para a instituição. Pode-se consultar a norma do Ministério do Trabalho NR n. 13, de 6 de julho de 1978, que traz informações bastante relevantes sobre o assunto (Brasil, 1978b). Para o Plano de Gerenciamento de Resíduos Sólidos de Serviços de Saúde (PGRSS), consulte o Regulamento Técnico da Anvisa/MS sobre o gerenciamento de resíduos de serviços de saúde – RSS (Brasil, 2004a). As unidades funcionais de limpeza, zeladoria e infraestrutura predial não se configuram como unidades físicas, portanto, não ocupam ambientes especializados dentro da EAS.

Seguem os ambientes de apoio necessários para os serviços ligados a essa atribuição.

*Unidade de processamento da roupa:*
- *Banheiro para funcionários (exclusivo para sala de recebimento; barreira para sala*
- *Depósito de material de limpeza (exclusivo para sala de recebimento)*
- *Depósito de material de limpeza*
- *Sanitários para funcionários ("in loco" ou não)*
- *Sala administrativa (obrigatória, quando o processamento for acima de 400 kg/dia)*

*Central de administração de materiais e equipamentos:*
- *Sanitários para funcionários*
- *Depósito de material de limpeza*

*Manutenção:*
- *Banheiros com vestiários para funcionários*

- *Área de armazenagem de peças de reposição*
- *Sala administrativa*

Necrotério:
- *Sanitários para o público (obrigatório quando houver velório)* (Brasil, 2002a, p. 77-79)

Finalizando a Seção 3.2, referente às atribuições dos EASs, observamos que, organizando-se as oito atribuições dentro do EAS, tem-se o planejamento determinado pelas funções específicas necessárias ao estabelecimento, além de atividades definidas pelos campos de atribuição.

## 3.3 Critérios para projetos de estabelecimentos assistenciais de saúde

A Resolução RDC n. 50/2002 traz, em sua terceira parte, a especificação dos critérios para o projeto de estabelecimentos de saúde. Neste tópico, apresentamos variáveis que orientam e regulam as decisões a serem tomadas nas diversas etapas de desenvolvimento de um projeto. Essas especificações determinam critérios técnicos para todos os ambientes e as passagens de fluxo de pessoas dentro dos prédios do estabelecimento. São variáveis que sempre devem estar em consonância com a RDC n. 50/2002. Essas condições são:

- *Circulações externas e internas;*
- *Condições ambientais de conforto;*
- *Condições ambientais de controle de infecção hospitalar;*
- *Instalações prediais ordinárias e especiais; e*
- *Condições de segurança contra incêndio.* (Brasil, 2002a, p. 84)

## 3.3.1 Infraestrutura hospitalar

Para a RDC n. 50/2002, *infraestrutura* é o conjunto de elementos ou serviços considerados necessários para que uma organização possa funcionar, ou para que uma atividade se desenvolva de forma efetiva. No caso das instituições hospitalares, temos uma infraestrutura complexa, com vários detalhes importantes.

As **circulações externas e internas** se referem a acessos, estacionamentos, circulações verticais e horizontais (como elevadores, corredores, rampas, monta-cargas e tubos de queda) e têm suas dimensões, acessibilidade e possibilidades de construção previstas na NBR 9050 (ABNT, 2004).

As condições ambientais[12] de conforto abrangem duas dimensões:

> a **endógena**, que considera o edifício em sua finalidade de criar condições desejáveis de salubridade através do distanciamento das pessoas das variáveis ambientais externas, e a **exógena**, que observa os impactos causados pelas construções no meio ambiente externo alterando, de forma positiva ou negativa, suas condições climáticas naturais. (Brasil, 2002a, p. 92, grifo do original)

As condições de conforto são determinantes do aspecto de ambiência, já visto no Capítulo 2. Delas fazem parte o conforto higrotérmico, o de qualidade do ar, o acústico e o luminoso, que são condições em que o ser humano em geral, e em particular os pacientes, podem sentir-se confortáveis. A resolução RDC 50/2002 explana todos os requisitos para a manutenção

---

12 Essas condições são reguladas pela Constituição Federal de 1988 (Brasil, 1988), em seus arts. 200 e 225, pela Lei n. 6.938/1981, que define a política de meio ambiente, pela Lei 6.667/1979, que retifica a Consolidação das Leis do Trabalho (CLT), e pelo Código Florestal (Lei 12.651/2012).

das condições de conforto para a vida ainda na terceira parte da norma.

Dois exemplos a destacar são os ambientes de reuniões e de conforto da equipe. Muitas reuniões são realizadas ao longo de um ano e, em alguns casos, de forma simultânea. Se não houve um planejamento para esse ambiente, as reuniões podem ser realizadas em ambientes não planejados para esse fim, ocasionando desconforto físico à equipe que utilizar o local. Assim, precisamos pensar que atualmente vivemos com uma geração tecnológica, razão por que os ambientes de reuniões requerem computadores, aparelhos multimídia, acesso à internet e locais confortáveis para as pessoas se acomodarem.

Outro item interessante está relacionado aos ambientes de conforto da equipe que trabalha na instituição hospitalar – os ambientes de descanso. Quantas vezes nos deparamos com equipes sentadas em frente às instituições, muitas vezes nas calçadas, por falta de um local agradável e apropriado? O Quadro 3.1 mostra alguns desses ambientes.

Quadro 3.1 – Pontos relevantes da composição física hospitalar

| | |
|---|---|
| **Circulações externas e internas** | ◆ Acessos<br>◆ Estacionamento<br>◆ Circulação horizontal<br>◆ Circulação vertical |
| **Condições ambientais de conforto** | ◆ Qualidade do ar<br>◆ Conforto acústico<br>◆ Conforto luminoso – aqui, vale a pena lembrar da iluminação natural que, além de ser agradável, não apresenta custo |

*(continua)*

*(Quadro 3.1 – conclusão)*

| | |
|---|---|
| Condições ambientais de controle de infecções hospitalares | ♦ O componente de **procedimentos** nos EAS, em relação a pessoas, utensílios, roupas e resíduos<br>♦ O componente **arquitetônico** dos EAS, referente a uma série de elementos construtivos, como: padrões de circulação; sistemas de transporte de materiais, equipamentos e resíduos sólidos; sistemas de renovação e controle das correntes de ar; e facilidades de limpeza das superfícies e materiais<br>♦ Instalações para a implementação do controle de infecções |
| Instalações ordinárias e especiais | ♦ Instalações hidrossanitárias<br>♦ Instalações elétricas e eletrônicas<br>♦ Instalação de proteção contra descarga elétrica<br>♦ Instalações fluido-mecânicas<br>♦ Instalação de climatização |
| Segurança contra incêndio | ♦ Materiais construtivos estruturais<br>♦ Acessibilidade dos veículos do serviço de extinção de incêndio<br>♦ Vias de escape<br>♦ Sinalização |

Fonte: Elaborado com base em Brasil, 2002a; Brasil, 1994b.

Cada uma dessas especificações está explicitada na resolução e devem ser seguidas, porém não há necessidade de as tratarmos longamente, por serem definições técnicas dadas na norma. No Quadro 3.2, listamos algumas dicas relacionadas a itens imprescindíveis ao detalhamento dos projetos arquitetônicos referentes aos ambientes hospitalares.

Quadro 3.2 – Detalhamento de alguns itens da infraestrutura hospitalar

| | |
|---|---|
| Circulação | Largura mínima de corredores = 2 m, para circulação de pacientes, macas e equipamentos |
| Vestiários e banheiros | • Lavatório<br>• Área de paramentação<br>• Chuveiro<br>• Vaso sanitário<br>• "Área limpa"<br>• "Área suja" |
| Piso | • Não poroso<br>• Não condutor<br>• Resistente a agentes químicos<br>• Aspecto estético<br>• Realça a sujeira<br>• Impermeável<br>• Liso<br>• De fácil higienização e resistente aos processos de limpeza, ou seja, descontaminação e desinfecção |
| Paredes | • Tinta: não refletiva, de cor neutra e fosca, à base de epóxi e poliuretano<br>• Resistentes à lavagem e a desinfetantes<br>• Podem ser pré-fabricadas<br>• Seu índice de absorção não deve ser superior a 4%<br>• Devem ter cantos arredondados<br>• Sem ranhuras ou frestas<br>• Não podem ser utilizadas com divisórias removíveis<br>• Não devem ter tubulações aparentes<br>• Devem ser lisas, de fácil higienização e resistentes aos processos de limpeza |
| Teto, forro e rodapé | • Forro e teto: devem ser contínuos; não podem ser falsos ou removíveis.<br>• Rodapé: deve permitir a completa limpeza dos cantos; deve ser de fácil higienização e lavável. |
| Portas | • Dimensões: 1,20 m × 2,10 m<br>• Modelo: vaivém (nas áreas críticas)<br>• Com cantos protegidos e de aço inoxidável<br>• Com visores, maçanetas em alavancas ou similares<br>• Revestidas com material lavável |

*(continua)*

*(Quadro 3.2 – conclusão)*

| | |
|---|---|
| Janelas | • Havendo, devem ser basculantes<br>• Com vidro fosco<br>• Teladas<br>• Sem parapeitos, cortinas ou persianas<br>• Atualmente, são substituídas por ar-condicionado ou por tijolos de vidro |
| Ventilação | • Artificial: deve atender às exigências da NBR 7256 (ABNT, 2005)<br>• Exaustores<br>• Temperatura: entre 19 °C e 21 °C, para prevenir hipotensão dos pacientes em razão de drogas anestésicas vasodilatadoras |
| Iluminação | • Lâmpadas fluorescentes<br>• Iluminação natural |
| Tomadas | • Devem estar localizadas a, no mínimo, 1,20 m do chão<br>• Dois conjuntos com quatro tomadas, cada um em paredes distintas em cada ambiente |
| Acessibilidade | • Rampas de acesso<br>• Barras de apoio nos banheiros e nos corredores<br>• Elevadores |

Fontes: Elaborado com base em Brasil, 2002a.

Os acabamentos apresentam extrema importância na arquitetura hospitalar, visto que necessitam ser práticos, laváveis e resistentes.

## 3.3.2 Sistemas construtivos

O processo de projetar é um processo decisório. Por isso, devemos colocar em prática todo o conhecimento que verificamos até aqui. Baseia-se na identificação de necessidades e no desenvolvimento de meios e instrumentos pelos quais estas são supridas. Trata-se, portanto, do meio pelo qual os edifícios hospitalares são "programados" e planejados. Em sua essência, consiste em tomadas constantes de decisões, realizadas ao longo do projeto, da concepção à construção do hospital. Com base na obra de Allan Topalian (1980), é possível dividi-lo da seguinte forma:

a) **Coleta de informações** – Identificação de necessidades e coleta de dados. Neste item, estabelecemos o conceito de sistema construtivo, definindo uma estrutura de análise de suas várias partes.

b) **Interpretação** – Análise das informações e identificação de instrumentos. Neste segundo momento, identificamos as características e os requisitos principais dos EAS, os quais fundamentam a busca de soluções de sistemas construtivos flexíveis e racionais.

c) **Formulação** – Concepção e desenvolvimento de alternativas. Uma vez que identificamos as necessidades e os requisitos a serem satisfeitos pelo sistema construtivo, passamos ao terceiro item, quando estabelecemos os critérios de projeto que deverão embasar e auxiliar o processo de tomada de decisões com relação ao sistema construtivo a ser utilizado na edificação de determinado hospital. Essa tomada de decisões impõe a escolha de materiais e técnicas construtivas.

d) **Implementação** – Tomada de decisões; finalmente, neste quarto item, relacionamos as decisões a serem tomadas quanto ao sistema construtivo, ao longo do desenvolvimento de projeto de um EAS.

Um processo de decisão, portanto, caracteriza-se por quatro etapas básicas, também evidenciadas por Topalian (1980):

1. Identificação do problema (coleta de dados);
2. análise dos dados;

3. formulação de alternativas;
4. tomada de decisões.

Um **sistema construtivo** é, assim, um conjunto de subsistemas, e muitas são as possibilidades de classificação desses vários subsistemas. Segundo uma classificação tradicional, podemos identificar dez subsistemas principais (Topalian, 1980):

1. serviços preliminares;
2. fundações;
3. estrutura;
4. cobertura;
5. instalações;
6. vedações;
7. esquadrias;
8. revestimentos;
9. piso e pavimentações;
10. trabalhos complementares.

Entre os subsistemas que identificamos, destacamos quatro (**estrutura**, **cobertura**, **vedações** e **instalações**) como definidores do **sistema construtivo** de um edifício, o que vem ao encontro do pensamento de Topalian (1980):

1. **Subsistema estrutural** – Por sua função, condiciona os demais subsistemas. Independentemente do seu material e da sua forma de execução, pode ser considerado um subsistema fixo, ou seja, uma vez construído, não pode ser alterado sem interferir nos outros subsistemas e sem se correr o risco de limitar o funcionamento normal do edifício. Tal característica o torna fundamentalmente mais importante no contexto de EASs, nos quais a flexibilidade é um requisito para o funcionamento ideal.

2. **Subsistema cobertura** – Assim como o subsistema estrutural, determina condicionamentos que apresentam uma relação essencial com a estrutura. Também é, portanto, um subsistema rígido, pois, independentemente do seu material e da forma de execução, apresenta importantes requisitos de compatibilização.
3. **Subsistema vedações** – Tanto externo como interno, interage basicamente com os subsistemas estrutural e de cobertura, sendo, portanto, um fator vital nas condições de flexibilidade espacial. Com a função principal de delimitar o espaço em funções específicas, programadas e organizadas no projeto, é um subsistema responsável principalmente pela flexibilidade do edifício hospitalar.
4. **Subsistema de instalações** – Pode ser considerado o responsável pela complexidade característica da construção e pelo funcionamento do EAS, em virtude do grande número de diferentes subsistemas a ser acomodados, associados e coordenados entre si e com o todo, sem prejuízo da flexibilidade do edifício.

Topalian (1980) afirma, ainda, que a **complexidade** característica dos EASs é marcada, principalmente, por dois fatores: primeiro, pelo número de **funções** que esses ambientes desempenham atualmente; segundo, pela **rapidez** com que eles tendem a necessitar de adequações e expansões.

Da função original de hospedaria no tempo das Cruzadas aos modernos centros de pesquisa, os EASs vêm se transformando, ampliando suas funções e aplicando novas tecnologias. Na atualidade, os hospitais têm como foco principal um conjunto de diferentes atribuições (dependendo do nível em que se encontra dentro do sistema de saúde), entre as quais estão: socorrer, diagnosticar, tratar, exercer medicina preventiva, pesquisar e educar. Portanto, várias são as ações e as atividades realizadas nos edifícios hospitalares, como sugeridas por Topalian (1980):

- realização de ações básicas de saúde;
- prestação de atendimento à saúde em regime ambulatorial;
- prestação de pronto atendimento;
- prestação de atendimento à saúde em regime de internação;
- prestação de serviços de apoio ao diagnóstico;
- prestação de serviços de apoio à terapia;
- prestação de serviços de apoio técnico;
- formação e desenvolvimento de recursos humanos e pesquisa.

Assim, as atividades desenvolvidas na realização das várias atribuições requerem espaços diferenciados, com requisitos específicos. Um EAS é, na verdade, como um edifício-cidade, ou seja, um edifício que agrupa uma série de outros edifícios (unidades ou departamentos), os quais são interdependentes e têm funções específicas, portanto, com diferentes requerimentos de instalações. Por exemplo, o número de equipamentos usados na terapia é bem maior do que o número de equipamentos usados nos ambulatórios. Para que essas funções possam ser executadas de forma adequada, é preciso que os EASs permaneçam atualizados ou, em outras palavras, que acompanhem os progressos técnicos, médicos e da administração hospitalar, bem como respondam adequadamente às pressões socioeconômicas e às necessidades assistenciais contínuas, características de uma realidade em desenvolvimento como a que temos no Brasil.

Apoiados em Weidle (1995), podemos afirmar que um problema comum que arquitetos e planejadores enfrentam no processo de decisão, com relação ao sistema construtivo a ser utilizado em um dado projeto, é o fato de que "um hospital projetado hoje já é obsoleto". Um edifício hospitalar é um organismo em constante transformação, não somente pela necessidade de adaptação às novas tecnologias ou pelas mudanças na função de determinados espaços, mas também pela necessidade de expansão.

As áreas que têm demonstrado maior tendência às mudanças são as de **diagnóstico** e **terapia**, principalmente em virtude do ritmo da evolução tecnológica dos equipamentos, que, ao se tornarem informatizados, evoluem de modo ainda mais acelerado. Dessa forma, um equipamento que evolui pode significar menos ou mais espaço a ser requerido, o que acarreta necessidade de adaptação; daí a importância de se projetar um edifício flexível, que permita alterações. Da mesma maneira, é essencial que os equipamentos sejam facilmente instalados, que as instalações sejam adequadamente mantidas e que as expansões sejam realizadas sem que seja necessário alterar o sistema estrutural, sem que ocorram estrangulamentos na organicidade e na funcionalidade originais – enfim, sem que o hospital pare.

Isso implica, primeiramente, uma **capacidade de adaptação** aos novos equipamentos, às novas funções e aos novos sistemas administrativos e organizacionais, sem que o edifício sacrifique sua funcionalidade; em segundo lugar, uma capacidade de **usar recursos de modo racional e eficiente**, uma vez que, à medida que esses edifícios se desenvolvem, demandam mais espaços e recursos (Weidle, 1995). Esses dois aspectos qualitativos fundamentam a busca por um sistema construtivo que permita que o edifício "mude" naturalmente – sem deixar de dar continuidade à realização de suas funções – e que seja racional, tanto em sua construção quanto no seu funcionamento físico diário.

Essencialmente, esses são dois aspectos que importam do ponto de vista da materialização dos edifícios, da sua funcionalidade e da sua construção. O segundo aspecto está diretamente ligado aos requisitos do **sistema construtivo** e de **construtibilidade**, enquanto o primeiro está ancorado nos requisitos de **flexibilidade** e **racionalidade**, segundo Topalian (1980) e Weidle (1995).

A **flexibilidade** é a capacidade de os espaços construídos se adaptarem às novas necessidades – no nosso caso, hospitalares. Aqui destacamos, por um lado, a própria expansão da construção, fruto do crescimento ou da complexidade das atividades e do aumento da capacidade instalada, e, por outro lado, as demandas de modernização e adaptação, resultado do desenvolvimento dinâmico da instituição hospitalar.

A **racionalidade** é a capacidade que o sistema construtivo tem de proporcionar a máxima eficiência espacial e construtiva. Consiste em alcançar o melhor desempenho do edifício com o menor volume de recursos e o menor dispêndio de tempo. Diz respeito, pois, à correta e adequada utilização dos materiais e das técnicas de construção e manutenção. A racionalização visa reduzir não apenas os custos iniciais dos empreendimentos de construção hospitalar, mas também os custos envolvidos no uso e na manutenção ao longo da vida útil da edificação (Weidle, 1995).

### 3.3.3 Requisitos de desempenho dos sistemas construtivos

O **subsistema estrutural** como um todo e os elementos deste devem ser apropriadamente **dimensionados**, **construídos** e **unidos**, de forma a garantir que, no seu uso, não ocorram perturbações tensionais, capazes de comprometer a edificação. A **segurança estrutural** é um dos requisitos desse subsistema. Deve-se assegurar que os elementos estruturais não atinjam os limites que correspondam à perda de estabilidade, a deformações acima das permitidas ou à ruptura. Também deve-se garantir que não se extrapole o limite das cargas de utilização compatíveis, quando os elementos estruturais deixarão de satisfazer plenamente, comprometendo a durabilidade, seja por excessiva fissuração, seja por deformações que perturbem também outros subsistemas construtivos (Weidle, 1995).

Finalmente, o subsistema estrutural é um item no qual a observância às normas exige o maior rigor, conforme Weidle (1995), quanto aos seguintes aspectos:

a) **Segurança ao fogo** – Refere-se ao uso criterioso de materiais, visando à limitação da influência destes na alimentação e na propagação de um foco acidental de incêndio, interno ou externo à edificação. Os materiais e o modo como são dispostos devem oferecer resistência temporária à exposição ao fogo. Para tanto, é essencial o uso daqueles que apresentem altos índices de resistência e reação a focos de incêndio, os quais, segundo Mitidieri e Ioshimoto (1998), podem ser classificados em função do índice de propagação de chamas obtidas: Classe 1, Classe 2 e Classe 3.

b) **Estanqueidade** – Essa exigência mostra-se sob três aspectos: **permeabilidade ao ar, à água e a fluidos** nas instalações. No primeiro caso, a exigência se refere às limitações da permeabilidade ao ar nas fachadas, à vedação, a aberturas e coberturas, de maneira que a passagem do elemento seja controlável. No caso de estanqueidade à água, os requisitos visam garantir a impermeabilidade dos elementos da edificação, às águas da chuva, do solo, ou provenientes de operações de limpeza e manutenção. Em terceiro lugar, é essencial o cuidado com vazamentos nas instalações. A construção de passagens deve prevenir a propagação de vazamentos em forros, paredes ou pisos.

c) **Conforto hidrotérmico** – A forma e os materiais do conjunto de elementos da edificação hospitalar devem promover a satisfação às exigências do usuário quanto à temperatura no interior dos espaços habitados, qualquer que seja a estação, a fim de prevenir a condensação sobre superfícies muito frias ou a produção de calor radiante desconfortável proveniente da escolha de superfícies quentes. As variáveis que devem ser controladas para se alcançar o conforto térmico referem-se à **temperatura**, à **umidade relativa** e à **velocidade do ar**.

d) **Conforto acústico** – No que se refere à acústica, são preferíveis ambientes com baixa transmissão acústica e reverberação. A localização e a orientação do hospital em relação às fontes externas de ruído – principalmente causado pelo tráfego de veículos –, o dimensionamento e a posição das janelas, o isolamento das paredes e as características acústicas dos materiais de construção são elementos básicos a considerar sob esse aspecto. Dentro do possível, a existência de fontes internas de geração de ruído deve ser examinada e eliminada.

e) **Durabilidade** – A durabilidade visa estabelecer a limitação de **degradação** dos materiais e dos componentes, seja devido a um detalhamento inadequado, seja pela incompatibilidade físico-química entre os materiais utilizados de forma associada. Os materiais utilizados e seu uso associado devem garantir a estabilidade das propriedades físico-químicas dos elementos componentes do sistema construtivo ao longo do tempo, no mínimo durante o período estabelecido pelas normas técnicas brasileiras. É importante observar que o critério de durabilidade está intimamente relacionado com a **manutenção** da edificação, fornecendo indicadores do desempenho dos materiais, detalhamentos e associações capazes de aumentar não apenas a vida útil do edifício, mas também o planejamento de operações e etapas de manutenção. Deve-se dar atenção primordial aos revestimentos de pisos e paredes, em virtude da forte ação de produtos químicos utilizados na manutenção e na assepsia.

f) **Manutenção** – Requisito que deve orientar e contribuir para a redução dos custos, o que não significa que não se deve utilizar indiscriminadamente recursos na instalação inicial. Aqui devemos levar em conta dois aspectos: a **conservação da construção em si** e a **manutenção do complexo de instalações**. O sistema construtivo e a disposição dos elementos devem propiciar, de forma ampla, a manutenção das instalações, por meio de dispositivos de visitação e acesso a estes.

## Construtibilidade

Os destaques que apresentamos a seguir são componentes importantes para a condução da construção das instituições de saúde, podendo ser considerados dificultadores, caso não sejam realizadas as escolhas corretas, ou potencializadores, se o processo não for adequado para o fim. Como **requisitos de construção – construtibilidade**, temos, segundo Weidle (1995):

a) **Tempo de construção** – Refere-se à contribuição para a rapidez da execução de obras, sem prejuízo à segurança e à qualidade.

b) **Tecnologia de construção** – Trata-se da incorporação de técnicas e materiais de construção consagrados e simples, sempre que não houver estudos mais aprofundados. Com isso, busca-se a ampliação e o desenvolvimento de técnicas, com base em materiais e técnicas testados no mercado e em laboratório.

c) **Custos** – Favorecimento da redução de custos globais da obra sem prejuízo das exigências gerais de qualidade construtiva.

O objetivo deste tópico se resume a identificar as decisões a serem tomadas com relação ao sistema construtivo ao longo do desenvolvimento do projeto, aplicando-se os critérios que elencamos anteriormente. Tais decisões deverão obedecer a uma sequência definida para o desenvolvimento de projetos, e nossa sugestão é que contemple: o estudo preliminar; o projeto básico e o projeto executivo, etapas que analisamos anteriormente.

## 3.3.4 Condições de segurança

Um dos aspectos de maior importância, hoje, nos projetos de hospitais, é a garantia de **segurança ao paciente**, ao acompanhante e aos trabalhadores. A segurança do paciente nas instituições de saúde, bem como a segurança dos profissionais que nelas trabalham é uma questão de grande destaque.

Vejamos um pequeno quadro histórico, que traz alguns detalhes da evolução da segurança no trabalho (Quadro 3.3). A visão dessa evolução nos mostra o quanto essa garantia tem ganhado importância nos últimos anos.

Quadro 3.3 – Evolução da segurança do trabalho

| Época | Origem | Contribuição |
|---|---|---|
| Século IV a.C. | Aristóteles | Cuidou do atendimento e da prevenção das enfermidades dos trabalhadores nos ambientes das minas. |
| | Platão | Constatou e apresentou enfermidades específicas do esqueleto que acometiam determinados trabalhadores no exercício de suas profissões. |
| | Plínio | Publicou a *História natural*, obra em que, pela primeira vez, foram tratados temas referentes à segurança do trabalho. Discorreu sobre o chumbo, o mercúrio e as poeiras e mencionou o uso de máscaras pelos trabalhadores que tinham contato com essas substâncias. |
| | Hipócrates | Revelou a origem das doenças profissionais que acometiam os trabalhadores nas minas de estanho. |
| | Galeno | Preocupou-se com o saturnismo (intoxicação de um organismo por chumbo). |
| Século XIII | Avicena | Preocupou-se com o saturnismo e indicou-o como causa das cólicas provocadas pelo trabalho em pinturas que usavam tinta à base de chumbo. |
| Século XV | Ulrich Ellembog | Editou uma série de publicações em que preconizava medidas de higiene do trabalho. |
| 1802 | Inglaterra | Substituição das Leis dos Pobres pela Lei das Fábricas. |
| 1844-1848 | Inglaterra | Aprovação das primeiras Leis de Segurança no Trabalho e Saúde Pública, regulamentando os problemas de saúde e de doenças profissionais. |
| 1862 | França | Regulamentação da higiene e da segurança do trabalho. |
| 1865 | Alemanha | Lei de indenização obrigatória aos trabalhadores, responsabilizando o empregador pelo pagamento dos acidentes. |
| 1883 | Emílio Muller | Fundou em Paris a Associação de Indústria contra os Acidentes de Trabalho. |

*(continua)*

*(Quadro 3.3 – conclusão)*

| Época | Origem | Contribuição |
|---|---|---|
| 1897 | Inglaterra | Após o incêndio de Cripplegate, foi fundado o Comitê Britânico de Prevenção e iniciou-se uma série de pesquisas relativas a materiais aplicados em construções. |
|  | França | Após a catástrofe do Bazar da Caridade, passou a ser dada mais atenção aos incêndios. |
| 1903 | EUA | Promulgada a primeira lei sobre indenização aos trabalhadores, limitada ao empregador e a trabalhadores federais. |
| 1919 | Tratado de Versalhes | Criação da Organização Internacional do Trabalho (OIT), com sede em Genebra, que substituiu a Associação Internacional de Proteção Legal ao Trabalhador. |
| 1921 | EUA | Estendidos os benefícios da Lei de 1903 para todos os trabalhadores por meio da Lei Federal. |
| 1927 | França | Foram iniciados estudos de laboratório relacionados à inflamabilidade dos materiais, sendo estabelecidos os primeiros regulamentos específicos, com medidas e precauções a serem tomadas nos locais de trabalho e nos locais de uso prático. |
| 1943 | Brasil | O Decreto n. 5.452, de 1º de maio de 1943, a Consolidação das Leis do Trabalho (CLT), no Capítulo V do seu Título II, regulamenta a segurança e medicina do trabalho em nosso país (Brasil, 1943). |

Fonte: Adaptado de Brasil, 1995, p. 151-152.

Conhecendo a evolução histórica da segurança do trabalho, é possível entender melhor o que há atualmente sobre o assunto nas instituições de saúde.

## Segurança contra incêndio

Um dos fatores de segurança mais desenvolvidos nas últimas décadas – com pesquisa de materiais, estabelecimento de regras de construção e de uso das instalações –, a segurança contra incêndio é tratada no Capítulo 8 da terceira parte da RDC n. 50/2002. Todas as dimensões, sinalizações e padrões para equipamentos são determinados segundo as normas da ABNT para a segurança predial, que são variadas – por exemplo, a NBR 14100 (ABNT, 1998) e a NBR 17240 (ABNT, 2010). Nelas, determinam-se regras estritas para acessibilidade, setorização e compartimentação do prédio, materiais de construção, dimensões de aberturas no prédio, vias de escape, elevadores, sinalização de segurança, proteção contra incêndio.

Acessos ao prédio

O **acesso dos veículos** do serviço de extinção de incêndio (Corpo de Bombeiros) deve estar livre de congestionamentos e pelo menos duas fachadas opostas do hospital devem ser alcançadas. As vias de aproximação devem ter largura mínima de 3,20 m, altura livre de 5,00 m, raio de curvatura mínima de 21,30 m e largura de operação mínima junto às fachadas de 4,50 m (Brasil, 2002a).

As escadas podem ser protegidas, enclausuradas ou à prova de fumaça. A **escada protegida** é ventilada, com paredes e portas resistentes ao fogo. A **escada enclausurada** tem paredes e portas corta-fogo. Finalmente, a **escada à prova de fumaça** incorpora a esta última a antecâmara (à prova de fumaça, com duto de ventilação). A escolha de cada tipo depende do grau de isolamento exigido. Os recursos de enclausuramento e de antecâmara devem ser utilizados não apenas no caso de escadas, mas, sempre que possível, nos vestíbulos de setores de alto risco e em elevadores, além de dutos e monta-cargas, que ocupem áreas maiores que 1,00 m². As dimensões da antecâmara devem permitir a varredura das portas sem o choque com as macas em trânsito e sem impedir o fechamento das portas, a fim de evitar a formação de correntes de ar (Brasil, 2002a).

As unidades de internação devem dispor de, pelo menos, **duas escadas**, localizadas em posições opostas e com raio de abrangência não superior a 30,00 m. Nos setores de alto risco, o raio de abrangência máxima é de 15,00 m (Brasil, 2002a). Os lances das escadas devem ser retos e o número de degraus, de preferência, deve ser constante. As dimensões do patamar devem permitir o giro de macas, considerando a presença das pessoas que transportam o paciente. A escada deve ter corrimão de ambos os lados, fechado no início de cada lance, para evitar o engate de pulso, da mão ou de peças de vestuário (Brasil, 2002a).

As unidades de internação com cota de piso superior a 15,00 m em relação ao pavimento de escape devem dispor de, pelo menos, um **elevador de emergência** adaptável para as manobras do Corpo de Bombeiros (Brasil, 2002a).

Uma frase que resume as justificativas econômicas e sociais que o tema reclama é: "Incêndio se apaga no projeto". O problema tem, pelo menos, três níveis de abordagem, que constituem diferentes pontos de vista práticos. Cada um deles está vinculado a um ou mais grupos de atividades humanas e apresenta forte influência nos outros dois. Os níveis de abordagem são, segundo Luz Neto (1995):

1. institucional (político/estratégico);
2. técnico científico;
3. operacional.

De forma abrangente, estão no **primeiro nível** as **companhias de seguro** e os órgãos públicos que detêm o poder de legislar. As **entidades de pesquisa e desenvolvimento tecnológico**, de **normalização técnica, empresas de projeto, construtoras** e o **meio técnico em geral** estão no **segundo nível**. No **terceiro** e último nível de abordagem estão os **usuários dos edifícios** e os próprios **Corpos de Bombeiros**. Institucionalmente, os incêndios são entendidos como "ocorrências indesejáveis" e, como tal, devem ser evitados ou controlados.

Diante das tendências mundiais, é oportuno refletirmos sobre os pontos críticos que seguem, colocados também por Luz Neto (1995):

- A **atitude do projetista**, que considera a segurança contra incêndios um simples problema de atendimento a códigos e leis – atitude vivenciada em muitos momentos, levando-se em conta a realidade brasileira, que não tem como objetivo principal a segurança em muitas de suas construções.
- A **imposição legal** do cumprimento de requisitos de segurança internacionais. Essa imposição deveria ser voltada ao perfeito domínio dos conceitos de segurança contra incêndios, o que possibilitaria projetar cada edifício com suas peculiaridades.
- Algumas crenças, comuns entre empresários e construtores, de que os incrementos do nível de segurança de uma construção contra incêndios são **investimentos sem retorno**. Além disso, há o entendimento de que o incêndio é um risco a ser simplesmente coberto por um seguro.

O desenvolvimento da prevenção de incêndios no Brasil depende da sistematização de ideias oriundas desses três níveis de abordagem. O país, apesar de levantamentos estatísticos sofríveis, é o segundo do mundo em número de vítimas de incêndios. Observe o Gráfico 4.1 e reflita sobre esse tema. Saiba também que os dados, em sua quase totalidade, estão restritos às chamadas dos Corpos de Bombeiros. Como apenas 5% dos municípios brasileiros têm grupamentos de incêndio, é possível percebermos a subinformação que prejudica os dados oficiais disponíveis.

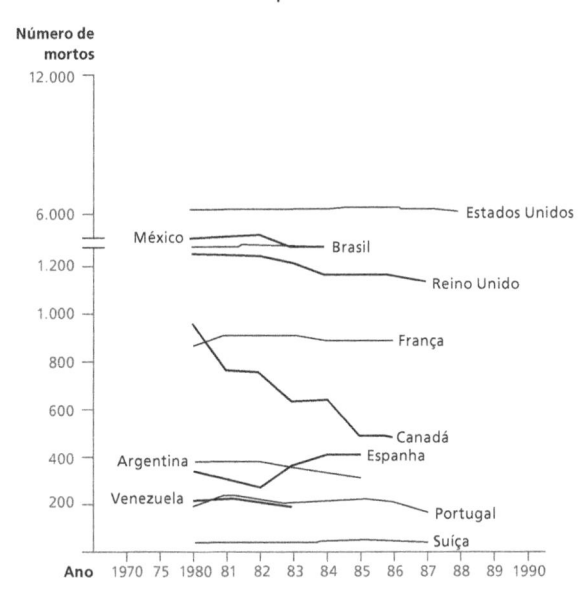

Gráfico 3.1 – Número de mortos por incêndios

Fonte: Adaptado de Luz Neto, 1995, p. 14.

Por fim, há a questão do conhecimento sobre o valor econômico dos bens destruídos em incêndios, que é muito difícil. Os valores indenizados pelas companhias de seguro são mensurados com enormes variações de referência, razão por que as cifras aparentes são relativas (Luz Neto, 1995).

Decisões relativas à segurança contra incêndio no projeto

Identificaremos, nesta seção, os aspectos fundamentais da segurança contra incêndio no âmbito do projeto. Consideraremos gradativamente a influência de cada um deles e suas inter-relações. No entanto, nosso objetivo é fornecer uma visão mais abrangente, ainda que simplesmente qualitativa, para facilitar a compreensão do tema. A principal obra sobre esse assunto é uma publicação do Ministério da Saúde, *Condições de segurança contra incêndio* (Luz Neto, 1995), em que nos baseamos para esta seção.

A seguir, apresentamos a "árvore de decisões" (Figura 3.2), instrumento elaborado pela National Fire Protection Association (NFPA, dos EUA) e aplicado à segurança de todo tipo de edificação. Sua ramificação lógica traz implícita uma distribuição racional de atribuições e responsabilidades entre proprietários, projetistas e usuários do edifício (Luz Neto, 1995).

Figura 3.2 – Ramos principais da árvore de decisões de segurança contra incêndio criada pela comissão da NFPA

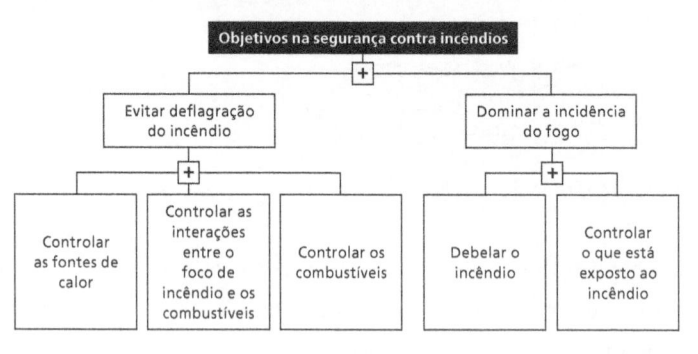

```
                    Objetivos na segurança contra incêndios
                                    [+]
              ┌─────────────────────┴─────────────────────┐
     Evitar deflagração                          Dominar a incidência
       do incêndio                                    do fogo
            [+]                                          [+]
    ┌────────┼────────┐                          ┌────────┴────────┐
Controlar  Controlar  Controlar               Debelar o      Controlar
as fontes   as         os                      incêndio      o que está
de calor   interações  combustíveis                          exposto ao
           entre o                                           incêndio
           foco de
           incêndio e os
           combustíveis
```

*Nota*: o sinal (+) assinala os pontos em que cada um dos caminhos abaixo dele constitui uma solução independente.

Fonte: Adaptado de Luz Neto, 1995, p. 156.

Para Luz Neto (1995), o ramo "evitar a deflagração do incêndio" está relacionado à **prevenção** (Figura 3.3). Embora seja de responsabilidade do proprietário e dos usuários do edifício, a prevenção dever ser facilitada por características incorporadas ao próprio projeto da construção, e os códigos locais de prevenção de incêndios devem estar voltados a isso. Nas instituições hospitalares, esse é um ponto crucial, visto que muitos dos pacientes que ali estão têm dificuldades ou incapacidades de locomoção, e um acidente com fogo seria um grande dificultador para a mobilização e fuga. Nesse caso, prevenir é imprescindível.

Figura 3.3 – Componentes do ramo "evitar a deflagração do incêndio", parte da árvore de decisões da NFPA

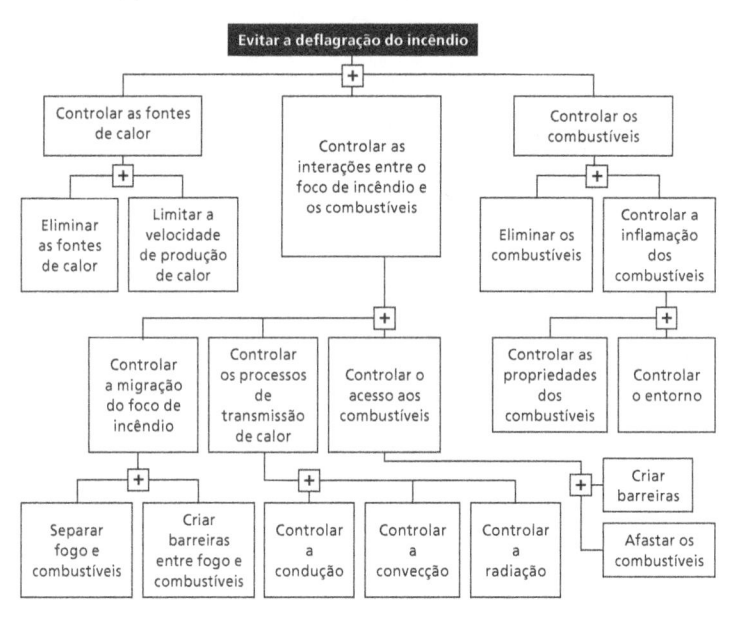

*Nota*: por *combustíveis* entendemos qualquer material contido no edifício que contribua para o potencial calorífico.

Fonte: Adaptado de Luz Neto, 1995, p. 157.

Contudo, garantir a não ocorrência de incêndios é praticamente impossível. O ramo "debelar o incêndio", por sua vez, enfoca questões como o controle por meio da escolha dos elementos construtivos, da estabilidade estrutural e do papel das instalações prediais de extinção automática ou manual do incêndio, como mostra a Figura 3.4, reforçando o que descrevemos nesta seção sobre a importância das escolhas certas para a implementação da infraestrutura e dos materiais utilizados na estrutura das instituições (Luz Neto, 1995).

Figura 3.4 – Ramo "debelar o incêndio"

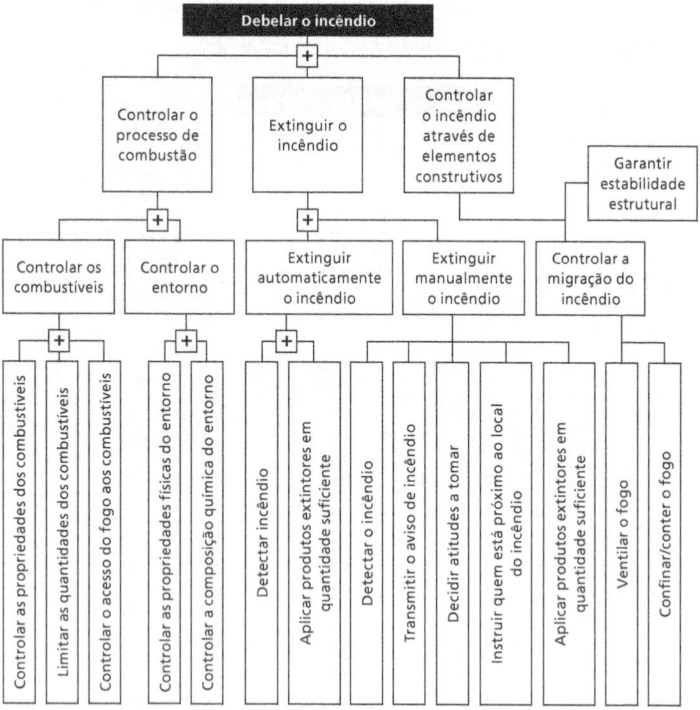

Fonte: Adaptado de Luz Neto, 1995, p. 158.

Autores como Luz Neto (1995) indicam ainda que os objetivos da segurança contra incêndio são qualitativamente atingidos tanto pela **prevenção** quanto pela **proteção**. Esse assunto será examinado ao longo desta seção.

Propagação do calor

O calor se propaga de três formas distintas: por **condução**, por **convecção** e por **irradiação**. Cabe, aqui, salientarmos as características de cada uma delas como podemos verificar no resumo apresentado no Quadro 3.4.

Quadro 3.4 – Formas de propagação do calor

| Condução | Convecção | Irradiação |
|---|---|---|
| Transmissão por meio de agitação molecular e dos choques entre as moléculas sem o transporte de matéria. Exemplo: aquecimento das esquadrias metálicas contínuas de uma fachada, a partir de um único cômodo em chamas. | Transporte de energia térmica de uma região para outra por meio do deslocamento de matéria aquecida. Ocorre com líquidos e gases (fluidos). Exemplo: a fumaça distribuída entre vários pavimentos de um edifício pelos dutos de ar-condicionado, escadas e fosso de elevadores. O calor aquece outras áreas distantes da fonte de combustão. | Transporte de energia por meio de ondas eletromagnéticas (calor radiante), independentemente de meios materiais. Exemplo: o calor do Sol que chega à Terra, ou do ferro de passar roupa colocado próximo à mão após o aquecimento. |

Fonte: Adaptado de Luz Neto, 1995, p. 158.

A visão sobre a propagação do calor dentro do prédio requer atenção no momento do planejamento da estrutura hospitalar e demais construções, pois a forma de propagação do calor interfere diretamente na segurança dos profissionais que ali trabalham, além dos clientes.

Relação de setores específicos com riscos de incêndio

Para Luz Neto (1995), as áreas mencionadas a seguir necessitam de tratamento diferenciado, sendo necessário estudar individualmente cada uma delas. A abordagem de projeto para esses setores deve incorporar os **princípios básicos dos códigos internacionais**. A **compartimentação** é o principal deles:

1. *Bloco de Escadas;*
2. *Bloco de Elevadores/Monta-Cargas;*
3. *Apartamentos e Enfermarias (Hotelaria);*
4. *Condutos Verticais de Instalações (Shafts);*
5. *Ambulatórios/Serviços de Pronto Atendimento;*
6. *Administração/Processamento de Dados;*
7. *Central de Lixo;*
8. *Lavanderia;*
9. *Almoxarifado;*
10. *Farmácia;*
11. *Arquivos/Depósitos;*
12. *Grupo Gerador/Subestação/Centrais de Baterias;*
13. *Central de Esterilização;*
14. *Central de Gases;*
15. *Central de Detecção e Alarme;*
16. *Cozinha/Refeitório;*
17. *Depósito de Combustíveis Líquidos ou Sólidos;*
18. *Auditório/Capela;*
19. *Centro Cirúrgico/Obstétrico;*

20. *Unidades de Tratamento Intensivo/Unidade Coronariana (Unidades de pacientes dificilmente evacuáveis: recém-nascidos, queimados, politraumatizados); e*

21. *Oficinas de Manutenção/Garagens.*

Todos esses setores são considerados locais de grande circulação. Contudo, como alguns apresentam dificuldades para evasão, requerem atenção direcionada da equipe de planejamento.

## Rede de hidrantes

Na visão de Luz Neto (1995), os **sistemas de hidrantes** podem ser **públicos** ou **privados**. Os primeiros, na realidade, poderiam ser autônomos e independentes da rede de água potável da cidade. O abastecimento deveria ser realizado com vazões e pressões constantes, mas não precisariam receber água tratada. A importância de contar com esses equipamentos urbanos para o combate direto do fogo é indiscutível; porém, nas cidades brasileiras, isso nem sempre representa uma garantia.

A complementação do sistema independente de hidrantes públicos é realizada com unidades no interior das edificações. Dessa forma, por meio de registros de recalque, seria introduzida água dos hidrantes públicos. A reserva técnica de incêndio na edificação seria, assim, desnecessária. Por isso, como podemos perceber, a estrutura do EAS poderia ser mais leve, o que resultaria em economia. A realidade, entretanto, é outra. Os hidrantes públicos, quando existem, são elementos integrantes das redes de água potável e as concessionárias não garantem vazão suficiente e continuidade de abastecimento. Em virtude disso, os sistemas de proteção interna do EAS passam a ter a maior importância. As redes internas de hidrantes, mesmo que não contem com o reforço da rede pública, devem ser altamente confiáveis.

Assim, temos o desenho dos EASs como **primeira medida de autoproteção** a possibilidade de evacuação (Luz Neto, 1995, p. 44):

1. 25% dos pacientes estão presos a camas ou macas – necessidade: 2,0 m²/paciente.
2. 25% dos pacientes usam muletas, cadeiras de rodas ou ajuda similar – necessidade de 1,0 m²/paciente.
3. 50% dos pacientes não necessitam de ajuda para evacuação. São considerados como outro ocupante qualquer – necessidade: 0,5 m²/paciente.

Destacando três pontos específicos desse assunto, temos:

- **Antecâmaras** – O princípio da antecâmara é muito útil no *hall* dos elevadores. A garantia de utilização dessa circulação vertical pode facilitar a evacuação.

- **Elevadores** – A pressurização automática da caixa de elevadores pode estar associada ao enclausuramento como medida adicional de proteção.

- **Escadas** – O enclausuramento de escadas é princípio adotado para evitar risco de propagação do fogo. Veja a NBR 9077 (ABNT, 2001) sobre saídas de emergência em edifícios.

Na Tabela 3.1, temos a descrição da relação da largura da escada com a possibilidade de evacuação ascendente e descendente.

Tabela 3.1 – Número de pessoas a evacuar em função da largura da escada e do número de pavimentos

| Largura da escada | Evacuação ascendente | | | Evacuação descendente | | | | | | |
|---|---|---|---|---|---|---|---|---|---|---|
| m | Altura | | | Não protocolado | Protegida | | | | | Adicional por pavimento |
| | 9 m | 6 m | 3 m | | 2 P | 4 P | 6 P | 8 P | 10 P | |
| 1 | 70 | 110 | 130 | 160 | 224 | 288 | 352 | 416 | 480 | 32 |
| 1,1 | 77 | 110 | 143 | 176 | 248 | 320 | 392 | 464 | 536 | 36 |
| 1,2 | 84 | 120 | 156 | 192 | 274 | 356 | 438 | 520 | 602 | 41 |
| 1,3 | 91 | 130 | 169 | 208 | 302 | 396 | 490 | 584 | 678 | 47 |
| 1,4 | 98 | 140 | 182 | 224 | 328 | 432 | 536 | 6470 | 744 | 52 |
| 1,5 | 105 | 150 | 195 | 240 | 356 | 472 | 588 | 704 | 820 | 58 |
| 1,6 | 112 | 160 | 208 | 256 | 384 | 512 | 640 | 768 | 896 | 64 |
| 1,7 | 119 | 170 | 221 | 272 | 414 | 556 | 698 | 840 | 982 | 71 |
| 1,8 | 126 | 180 | 234 | 288 | 442 | 596 | 750 | 904 | 1.058 | 77 |
| 1,9 | 133 | 190 | 247 | 304 | 472 | 640 | 808 | 976 | 1.144 | 84 |
| 2 | 140 | 200 | 260 | 320 | 504 | 596 | 780 | 964 | 1.148 | 92 |
| 2,1 | 147 | 210 | 273 | 356 | 534 | 732 | 930 | 1.128 | 1.326 | 99 |
| 2,2 | 154 | 220 | 286 | 352 | 566 | 673 | 887 | 1.101 | 1.315 | 107 |
| 2,3 | 161 | 230 | 299 | 368 | 598 | 828 | 1.058 | 1.288 | 1.518 | 115 |
| 2,4 | 168 | 240 | 312 | 384 | 630 | 876 | 1.122 | 1.368 | 1.614 | 123 |

*Nota*: P = pavimento.

Fonte: Adaptado de Luz Neto, 1995, p. 53.

Cada lance de escada não poderá apresentar altura superior a 2,8 m. Por outro lado, a evacuação não termina na saída do edifício. As vias de escape devem ser prolongadas até o exterior da edificação, pois é importante considerarmos que, após a evacuação, será necessário atender e classificar os enfermos que precisem ser transportados para outros locais, razão por que esse espaço deve ser suficientemente amplo. Sua utilização deve ser prevista, igualmente, para a recepção de vítimas de grandes sinistros que sejam atendidos pelo EAS na sua especialidade ou em emergências.

A UTI, o berçário, a unidade coronariana, a internação de queimados e politraumatizados, por exemplo, precisam ter comunicação controlada e direta com o exterior. No mínimo, precisam ter acesso a vias de evacuação ligadas diretamente com o meio externo. Os recursos de UTI móvel, que já são disponíveis nos grandes centros, podem permitir a evacuação em casos extremos. Nos sinistros sem controle, calamidades e colapsos estruturais, tal alternativa será imposta. Essa é uma possibilidade remota que, entretanto, não podemos deixar de considerar diante de um planejamento de segurança rigoroso (Luz Neto, 1995).

Locais e zonas de risco especial (áreas críticas)

Os **locais e as zonas de risco especial** são classificados em três tipos: **alto**, **médio** e **baixo risco**. Em cada um deles estão incluídas as áreas adjacentes de uso afim. Os locais e as zonas não classificados podem ter seus riscos mensurados por similaridade.

Segundo Luz Neto (1995), são considerados de **alto risco**: oficinas de manutenção; depósitos de mobiliário; armazenagem de material de limpeza e elementos combustíveis em uma zona com volume maior do que 400 m$^3$; centrais de baterias e acumuladores; subestações e grupos geradores; armazenagem de produtos farmacêuticos e clínicos, quando o volume da zona for maior do que 400 m$^3$; lavanderia, quando o volume da zona for maior do que 400 m$^3$; armazenagem de resíduos, quando a área construída for maior do que 30 m²; central de incineração, qualquer que seja sua área; central de esterilização e salas anexas, quando o volume da zona for maior do que 300 m³; arquivos, com volume maior do que 400 m³; cozinha, despensa e armazéns anexos, quando a superfície for maior do que 200 m²; e laboratórios, quando a área construída for maior do que 200 m².

Luz Neto (1995) considera de **médio risco** o seguintes locais e zonas que, por isso, devem ser observados com atenção: depósitos de lixo e resíduos sólidos, quando área construída for superior a 15 m²; arquivos de documentos, depósitos de livros ou acumulação de papel, quando a superfície construída for superior a 50 m²; cozinhas com superfície superior a 20 m²; zonas destinadas a oficinas de manutenção, lavanderia, armazenagem de mobiliário, estocagem de material de limpeza ou outros elementos combustíveis, quando o volume total da zona for maior do que 200 m³; armazenagem de produtos farmacêuticos e clínicos, quando o volume da zona for maior do que 200 m³; lavanderia, quando o volume da zona for maior do que 200 m³; central de esterilização e anexos, quando o volume da zona for maior do que 100 m³; e laboratórios, quando a área construída for maior do que 100 m².

Já os locais citados a seguir são classificados como de **baixo risco** por Luz Neto (1995): depósito de lixo e resíduos diversos, quando sua área construída for menor do que 15 m²; zonas destinadas a arquivos, depósitos de livros ou documentos, desde que a acumulação de papéis seja realizada em área inferior a 25 m²; zonas destinadas a oficina de manutenção, armazenagem de mobiliário, material de limpeza, elementos combustíveis e inflamáveis em área inferior a 100 m³; estacionamento para 5 (cinco) veículos, no máximo; armazenagem de produtos farmacêuticos e clínicos, quando o volume da zona for menor do que 200 m³; lavanderia, quando o volume da zona for maior do que 100 m³;

central de esterilização e salas anexas, quando volume da zona for menor do que 100 m³; laboratórios, quando a área construída for menor do que 100 m².

Além disso, devemos atentar ao fato de que nenhuma abertura de zonas de alto ou médio risco poderá ser ligada diretamente a espaços de circulação geral nem a garagens (Luz Neto, 1995).

O mesmo autor acrescenta, ainda, que os **sistemas de detecção** são indispensáveis à redução de riscos de ocorrência de incêndios (Luz Neto, 1995). Os **detectores automáticos**, por exemplo, são dispositivos destinados a operar quando influenciados pelos fenômenos físicos e químicos que precedem ou acompanham um princípio de incêndio. O objetivo do seu uso consiste em ganhar tempo, por meio de alerta antecipado, antes que o fogo entre em fases adiantadas de expansão.

Os sistemas de detecção são constituídos pelos seguintes elementos básicos de funcionamento (Luz Neto, 1995, p. 82, grifo do original e nosso):

1. **Dispositivos de entrada** – *Detectores automáticos, acionadores automáticos e acionadores manuais.*
2. **Centrais de alarme** – *Painéis de controle individualizados, no mínimo, por setor de incêndio.*[13]
3. **Dispositivos de saída** – *Indicadores sonoros, indicadores visuais, painéis repetidores, discagem telefônica automática, desativadores de instalações, válvulas de disparo de agentes extintores, fechamento de portas Corta-Fogo e monitores.*
4. **Rede de interligação** – *Circuitos que interligam a central com os dispositivos de entrada, saída e as fontes de energia do sistema.*

---

13 Nesse sentido, veja a NBR 17240 (ABNT, 2010).

Os extintores manuais são de quatro tipos principais e utilizados de acordo com a classe do incêndio, conforme segue (Luz Neto, 1995):

A – *Materiais Sólidos;*
B – *Líquidos Inflamáveis;*
C – *Equipamentos Elétricos;* e
D – *Metais.*

Os elementos presentes nos extintores que obedecem a essa classificação de materiais são, respectivamente, água pressurizada, espuma, gás carbônico e pó químico. Eles são destinados ao controle e ao combate de princípios de incêndio.

Embora todas as pessoas sejam responsáveis pela própria segurança, estejam onde estiverem, os funcionários têm grande importância nessa tarefa, devendo seguir as normas de cada instituição e os regulamentos do programa de segurança do EAS.

Em relação à necessária atenção que deve ser dada aos riscos ambientais, estes podem ainda ser identificados por cores diferenciadas, como mostra o Quadro 3.5.

Quadro 3.5 – Riscos ambientais e cores representativas

| Riscos ambientais | Cores representativas |
|---|---|
| Agentes físicos | Verde |
| Agentes químicos | Vermelho |
| Agentes biológicos | Marrom |
| Agentes ergonômicos | Amarelo |
| Agentes mecânicos | Azul |
| Riscos locais | Laranja |
| Riscos ocupacionais | Preto |

Fonte: Adaptado de Brasil, 1995, p. 6.

Esses riscos são representados na planta baixa ou no esboço do local de trabalho analisado. O **mapa de riscos**, completo ou setorial, deve permanecer afixado em cada lugar analisado, para informação dos que ali trabalham.

Outra questão importante é o inventário dos riscos existentes no ambiente hospitalar, de forma objetiva e racional. Para tanto, ressaltamos algumas definições de termos que servem de base para indicar e conhecer os riscos existentes no ambiente hospitalar.

Para comentar as definições legais dos agentes potenciais de danos à saúde do trabalhador, citamos os itens descritos na Norma Regulamentadora (NR) n. 9 do Ministério do Trabalho e Emprego (Brasil, 1978a), que trata dos riscos ambientais. O entendimento desses conceitos é importante para a nossa compreensão do tema:

a) Consideram-se **agentes físicos**, entre outros: ruídos, vibrações, temperaturas anormais, pressões anormais, radiações ionizantes, radiações não ionizantes, iluminação e umidade.

b) Consideram-se **agentes químicos**, entre outros: névoas, neblinas, poeiras, fumaça, gases e vapores.

c) Consideram-se **agentes biológicos**, entre outros: bactérias, fungos, *rickettsia* (grupo de micro-organimos da classe *Proteobacteria*), helmintos, protozoários e vírus.

d) Consideram-se, ainda, como **riscos ambientais**, os **agentes mecânicos** e outras condições de insegurança existentes nos locais de trabalho capazes de provocar lesões à integridade física do trabalhador.

Tratando especificamente desses riscos, não é comum haver **umidade** excessiva no ambiente hospitalar, embora possamos encontrá-la em construções cujos projetos originais foram mal concebidos ou por influência do meio externo. Em alguns casos, ocorre a redução do recebimento da luz solar nas edificações hospitalares por se encontrar, próximo a essas construções, árvores ou outros obstáculos que impedem a ação da luz solar direta.

Quanto ao **ruído**, a ocorrência de perda auditiva depende de fatores relacionados ao hospedeiro, ao meio ambiente e ao próprio agente. Entre outras características do agente, importantes ao aparecimento de doenças, destacamos a **intensidade** (nível de pressão sonora), o **tipo** (contínuo, intermitente ou de impacto), a **duração** (tempo de exposição a cada tipo de agente) e a **qualidade** (frequência dos sons que compõem o ruído em análise) (Brasil, 1995).

Quanto aos **riscos químicos** no ambiente hospitalar, vemos que os produtos químicos são largamente utilizados com as mais diversas finalidades, como agentes de limpeza, desinfecção e esterilização (quaternários de amônio, glutaraldeído, óxido de etileno etc.).

Os **riscos biológicos**, por sua vez, são intensivamente encontrados no ambiente hospitalar. Em razão de sua ligação intrínseca com o ambiente em questão, trataremos do assunto de forma particular. Optamos pelo tratamento setorial, ou seja, o estudo dos setores onde esses riscos estão marcadamente presentes (Brasil, 1995).

Nos **laboratórios de análises clínicas**, as maiores fontes de contaminação são o contato mão-boca, o contato mão-olho, os cortes e as feridas superficiais na pele exposta e as perfurações cutâneas. Para prevenir a contaminação acidental por riscos biológicos, é necessário observar as orientações apresentadas no quadro a seguir:

Quadro 3.6 – Orientações de prevenção à contaminação acidental

| |
|---|
| Usar **luvas** quando as atividades a serem desenvolvidas exigirem contato com fluidos corpóreos (soro, plasma, urina ou sangue total). |
| Usar **protetor facial**, como óculos de segurança, principalmente quando houver possibilidade de espirros de fluidos. |
| Usar **vestimentas de proteção**, como aventais, quando o risco biológico for reconhecido. |
| **Lavar as mãos** depois de retirar as luvas e antes de sair da área contaminada. |
| Minimizar a formação de **aerossóis** durante as manipulações laboratoriais. |
| **Evitar o contato** das mãos com a face. |
| Não **comer, beber** ou **aplicar cosméticos** na área do laboratório. |
| Não **pipetar** qualquer líquido, incluindo água, pela boca. |
| Não permitir o **contato de ferramentas** ou qualquer peça de laboratório com a boca. |
| Não usar **pias de laboratórios** para lavar as mãos ou outras atividades de higiene pessoal. |
| **Cobrir todos os cortes superficiais e ferimentos** antes de iniciar os trabalhos no laboratório. |
| Seguir os **protocolos de biossegurança** para o laboratório e para o depósito de materiais contaminados. |
| Usar **soluções desinfetantes** adequadamente preparadas sempre que necessário. |
| Manter os **frascos** que contêm material infectante **fechados** todas as vezes que não estiverem em uso. |
| **Não levar luvas** para áreas externas do laboratório e lavar as mãos quando sair dele. |
| Especial atenção deve ser dada ao **uso de centrífugas**, que, se manuseadas erroneamente, produzem partículas respiráveis que podem ser ejetadas durante o uso do equipamento; assim, elas devem ser operadas de acordo com as instruções do fabricante. |

*(continua)*

*(Quadro 3.6 – conclusão)*

| |
|---|
| Para as operações de **homogeinização e mistura**, dar preferência aos homogeneizadores de **teflon**, pois os de vidro são quebráveis e podem liberar material infectado repentinamente. O recipiente deve ser aberto, após a operação, em cabine de segurança biológica. |
| Deve-se tomar cuidado especial durante a **abertura de ampolas** contendo material seco e resfriado. Deve-se abri-las em cabine apropriada, pois esses materiais são condicionados a vácuo e, quando abertos, produzem um influxo de ar que poderá ser suficiente para dispersá-los na atmosfera. |
| O manuseio de **geladeiras** e *freezers* deve ser realizado com cuidado e esses aparelhos devem ser limpos e degelados regularmente. Além disso, é preciso verificar atentamente a existência de material ou ampolas quebradas e usar luvas de borracha durante essas operações. |
| Todos os laboratórios devem elaborar um **plano de procedimentos de emergência** e utilizá-lo adequadamente quando for necessário. Esse plano deve conter informações referentes aos seguintes aspectos: avaliação do biorrisco, gerenciamento e descontaminação para cada acidente possível, tratamento médico de emergência para o pessoal afetado, levantamento médico e acompanhamento clínico do pessoal exposto e investigação epidemiológica. |
| Entre outros tipos de acidentes, devem ser incluídos nos planos os seguintes: quebra de recipiente com material em cultura; infecção acidental por injeção, corte e abrasão, ingestão acidental de material contaminado no interior de centrífuga; fogo; vandalismo; equipamento e serviços de emergência para contatos externos ao laboratório etc. |

Fonte: Elaborado com base em Brasil, 1995, p. 35-36.

## Complicações e riscos tecnológicos

Os engenheiros clínicos e os enfermeiros devem compreender as complicações causadas ou, no mínimo, fortemente influenciadas pelos avanços tecnológicos relativos a **equipamentos médicos**. As seguintes complicações podem ser imediatamente reconhecidas e compreendidas, para que medidas de prevenção possam ser tomadas: complicações iatrogênicas, responsabilidade legal, ansiedade, *burn-out* e desumanização (Brasil, 1995).

No que diz respeito às **complicações iatrogênicas**, vários termos têm sido usados para descrever os danos causados a pacientes, quando relacionados a equipamentos médicos. *Iatrogênese* é um termo que se refere aos danos causados por médicos, e essa definição tem sido transposta para intervenções médicas e de enfermagem. Segundo o documento *Segurança no ambiente hospitalar* (Brasil, 1995), a *complicação iatrogênica* é definida como qualquer desordem (enfermidade) que resulta de um procedimento de diagnóstico ou terapêutico. Um estudo sobre ocorrências adversas identificadas em um hospital universitário mostrou que 35% dessas complicações eram relacionadas ao uso de equipamentos médicos, dos quais 42% estavam associados a drogas. Isso se refere aos equipamentos que controlam doses de substâncias medicamentosas, como bombas de infusão, perfusores, nebulizadores e equipamentos de anestesia gasosa.

Como o ambiente hospitalar constantemente sofre **reformas**, ocasionadas pelas necessidades de adequação de áreas de serviços, ampliações, manutenção, instalações de novos equipamentos e sistemas, atenção especial deve ser dada quando dessas ocorrências. Tais atividades podem ser executadas por uma equipe interna, normalmente consciente sobre a rotina hospitalar e sobre os cuidados intrínsecos que esse ambiente demanda, muito diferentes de um canteiro de obras tradicional. Outra opção bastante utilizada é a contratação de empresas de construção civil para a execução dos serviços desejados.

A diversidade de infraestrutura da construção civil existente no ambiente hospitalar originou-se por meio das mudanças tecnológicas sentidas a partir do início do século. Atualmente, a construção de salas para uso de raios X, radioterapia, tomografia computadorizada, salas de cirurgia, entre outras, exige medidas específicas e atenção especial, pois alguns fatores podem comprometer o objetivo final do ambiente.

## Proteção radioativa

Ainda segundo Brasil (1995, p. 74), a **proteção radioativa** ou proteção contra as radiações ionizantes também é um ramo da segurança do trabalho. Tais medidas se desenvolveram praticamente de modo único, em relação aos outros tipos de proteção em um hospital. Em perspectiva histórica, muito cedo se deu a consciência de que esse tipo de proteção demandava recursos tecnológicos e barreiras próprias, específicas para o tipo de perigo a que se expõem pacientes e profissionais que com ela trabalham. Depois que Wilhelm Röntgen descobriu o fenômeno da radiação e o fato de que ela possibilitava ver o interior do corpo humano, em 1896, o casal Pierre e Marie Curie começou suas pesquisas com a radioatividade. Por causa da proximidade com os elementos radioativos e falta de proteção adequada na época, Marie Curie contraiu leucemia e faleceu por causa dela. Esse fato levou à consciência da necessidade de proteção contra os efeitos dos raios X nas pessoas, e esse campo de pesquisa é chamado, propriamente, de *filosofia da proteção radiológica*. Ela determina os métodos para a proteção prática contra as radiações em geral, para que haja a devida segurança em ambientes nos quais as pessoas sejam obrigadas a entrar em contato com radiação em geral.

Nesse pouco mais de um século que se passou desde a descoberta da radiação, descobriram-se outros tipos, além dos raios X, como os raios alfa, beta, gama e radiação de nêutrons, sendo que quase todas constituem **radiações ionizantes**, que têm efeitos já bastante estudados e conhecidos atualmente, como aparecimento de tumores e doenças genéticas hereditárias, já que algumas radiações são teratogênicas. Hoje, a segurança contra esse tipo de ameaça já é bastante desenvolvida e a **radioproteção** – proteção individual contra os efeitos maléficos das radiações – é objeto de estudo e fonte de prescrição de modelos que praticamente evitam a exposição de pacientes e profissionais a esses efeitos.

Há basicamente dois efeitos principais advindos da radioatividade, os **somáticos**, que se dão no corpo daqueles expostos à radiação diretamente; e os **hereditários**, que contaminam as gerações seguintes de descendentes daqueles expostos às radiações ionizantes, com efeitos teratogênicos e de alteração genética. A radioproteção cuida para que o nível de radiação, nos ambientes em que ela é usada, seja aceitável e não traga riscos demasiados a profissionais e pacientes.

As medidas de segurança contra radiação no ambiente hospitalar são principalmente de dois tipos: em primeiro lugar, determinam-se o **tempo** máximo de exposição a certa radiação e também as **distâncias seguras** em relação a sua fonte, pois a quantidade de radiação absorvida varia de modo inversamente proporcional ao quadrado da distância entre a fonte e a pessoa. Após determinadas essas medidas, também existem barreiras contra as radiações, na forma de **blindagens**, que são constituídas de materiais isolantes colocados no revestimento de portas, salas e biombos, ou também em equipamentos de proteção individual, como aventais. AS normas para esse tipo de proteção são publicadas pela Comissão Nacional de Energia Nuclear (CNEN) e regulam a radioproteção, o transporte de materiais radioativos, o licenciamento de serviço de radiografia, o funcionamento e o tratamento com os rejeitos desse serviço.

## Uso de elevadores para o transporte de pessoal e de pacientes

O transporte de pessoal e de pacientes dentro de um EAS é feito de várias maneiras, por vários meios, todos eles regulamentados e previstos nas normas. Em hospitais verticalizados, são usados preferencialmente **elevadores** para deslocamentos entre os andares. A generalização de seu uso preconiza ações para prevenção de incidentes com esse tipo de transporte. As seguintes medidas devem ser previstas:

- O elevador fica paralisado em caso de incêndio, pois pode ocorrer acionamento por curto-circuito nos botões de andares com fogo;
- O fogo pode cortar o fornecimento de energia ao elevador;
- Pacientes em estado crítico devem ser sempre acompanhados por médico;
- O hospital deve propiciar treinamento a funcionários para o caso de ocorrerem paradas repentinas do aparelho;
- A energia para os alarmes e interfone do elevador deve ser sempre suprida, mesmo em caso de falta da rede ou do fornecimento de emergência;
- As placas e sinalizações com capacidades de número de pessoas e de carga sempre devem estar visíveis dentro da cabine;
- O serviço de manutenção deve sempre ser alertado sobre qualquer problema no aparelho;
- Dentro das cabines, sempre deve haver iluminação emergencial.

Mesmo sendo equipamentos bastante seguros, a manutenção dos elevadores é obrigação do hospital, por ser equipamento sensível a quebras e defeitos. Por isso, deve-se sempre buscar a normatização estrita para a segurança desses equipamentos, em particular as que seguem:

Quadro 3.7 – Normas para segurança em elevadores

| Norma | Nome | Data |
|---|---|---|
| NBR 10982 | Elevadores elétricos – dispositivos de operação e sinalização – padronização | 1990 |
| NBR 14364 | Elevadores e escadas rolantes – inspetores de elevadores e escadas rolantes | 1999 |
| NBR 10982 | Elevadores elétricos – Dispositivos de operação e sinalização – Padronização | 1990 |
| NBR 12892 | Elevadores unifamiliares ou de uso restrito à pessoa com mobilidade reduzida – Requisitos de segurança para construção e instalação | 2009 |
| NBR 14364 | Elevadores e escadas rolantes – Inspetores de elevadores e escadas rolantes – Qualificação | 1999 |
| NBR 14712 | Elevadores elétricos e hidráulicos – Elevadores de carga, monta-cargas e elevadores de maca – Requisitos de segurança para construção e instalação | 2013 |
| NBR 15597 | Requisitos de segurança para a construção e instalação de elevadores – Elevadores existentes – Requisitos para melhoria da segurança dos elevadores elétricos de passageiros e elevadores elétricos de passageiros e cargas | 2010 |

*(continua)*

*(Quadro 3.7 – conclusão)*

| Norma | Nome | Data |
|---|---|---|
| NBR 16042 | Elevadores elétricos de passageiros – Requisitos de segurança para construção e instalação de elevadores sem casa de máquinas | 2012 |
| NBR 16083 | Manutenção de elevadores, escadas rolantes e esteiras rolantes – Requisitos para instruções de manutenção | 2012 |
| NBR ISO 9386-1 | Plataformas de elevação motorizadas para pessoas com mobilidade reduzida – Requisitos para segurança, dimensões e operação funcional | 2013 |
| NBR NM 313 (NM – normalização para o Mercosul) | Elevadores de passageiros – Requisitos de segurança para construção e instalação – Requisitos particulares para a acessibilidade das pessoas, incluindo pessoas com deficiência | 2007 |

Assim, no planejamento e na manutenção de edifícios hospitalares, a preocupação com os elevadores deve ser cuidadosa, pois evita incidentes e propicia uma circulação segura dentro do ambiente.

## Segurança na coleta de resíduos hospitalares

A coleta e disposição de resíduos em ambiente hospitalar é assunto que deve ser aprofundado desde a concepção do projeto. Os resíduos sólidos representam uma parcela que não excede 2% do total de resíduos sólidos gerados nas cidades, e 75% a 90% de seus componentes apresentam riscos equivalentes aos observados no resíduo familiar. O gerenciamento dessa fração de 10% a 25% exige cuidados especiais a partir de sua geração, incluindo todas as etapas do processo até a disposição final. Nessas etapas, são envolvidos agentes públicos e privados, assim como as esferas de poder federal, estaduais e municipais (Brasil, 2007). Por isso, há regulamentação da Anvisa – Agência Nacional de Vigilância Sanitária e do Conama – Conselho Nacional do Meio Ambiente sobre o assunto. A primeira publicou a norma RDC n. 306 em 2004 e o segundo a Resolução n. 358 em 2005, ambas sobre os chamados resíduos dos serviços de saúde (RSS). Essas duas normas instituem uma classificação dos resíduos em cinco grupos: grupo A para os resíduos biológicos; o grupo B, para os resíduos de origem química; o grupo C, para os rejeitos radioativos; o Grupo D, para resíduos comuns; e o grupo E, para os materiais perfurocortantes (Brasil, 2007).

O gerenciamento adequado dos resíduos de serviços de saúde (RSS) também pode representar uma redução dos custos diretos e indiretos para os serviços, aí incluídos os serviços públicos. Dos milhares de toneladas de resíduos sólidos gerados no país diariamente, apenas em torno de 2% são resíduos sólidos de saúde, dos quais no máximo 20% são resíduos especiais ou resíduos que necessitam de tratamento prévio à disposição final. Cerca de 63% dos municípios brasileiros têm coleta de resíduos de serviços de saúde separada de resíduos urbanos. Entre estes, 26% realizam a destinação final específica, conforme a Pesquisa Nacional de Saneamento Básico de 2000 (IBGE, 2002).

Ainda, em tema de direito ambiental, o parágrafo 3º do art. 225 da Constituição Federal de 1988 (Brasil, 1988) prevê: "O meio ambiente é bem de uso comum do povo". Além disso, a Conferência das Nações Unidas sobre o Meio Ambiente Humano, realizada em Estocolmo, na Suécia, estabeleceu, a partir de 1972, uma nova maneira de compreender o meio ambiente, expresso no caput do próprio art. 225 da Constituição: "Todos têm direito ao meio ambiente ecologicamente equilibrado [...]" (Brasil, 1988a). Desse modo, podemos ver a importância crescente que o assunto da coleta e disposição de resíduos vem ganhando nas últimas décadas. Assim, são recomendações para o gestor hospitalar manter as precauções com os RSS sempre em atenção. Essas recomendações são as que seguem:

- *os **materiais e fragmentos perfurocortantes**, independentemente de estarem ou não contaminados, devem ser recolhidos em embalagens que impeçam ferimentos acidentais. Embora a esterilização dos mesmos seja recomendada [...], a prevenção efetiva consiste em torná-los incapazes de produzir ferimentos no ambiente hospitalar e nos aterros sanitários [...];*
- *os **cuidados com resíduos patológicos** dependerão da natureza dos mesmos, feto, órgãos e membros devem ser recolhidos e sepultados conforme a legislação; fezes, urina, secreções, sangue e outros líquidos orgânicos deverão ser encaminhados para aterros sanitários;*
- ***curativos e outros materiais sólidos** sujos de sangue, urina e outros líquidos orgânicos (secreções, pús e fezes), em princípio poderão ser recolhidos em embalagens adequadas, autoclavadas e encaminhadas ao aterro sanitário [...].*
- *Algumas autoridades consideram que isso não é necessário, pois eles não representam qualquer perigo à saúde pública e podem ser descartados no aterro sanitário sem esterilização prévia [...];*
- *recipientes descartáveis contendo cultura de microrganismos deverão ser autoclavados e encaminhados a aterro sanitário em embalagens fechadas [...];*
- *o lixo especial não pode ser incinerado, deve ser coletado em recipientes adequados. Seu tratamento ultrapassa a competência do*

*hospital. A destinação de lixos radiativos está regulamentada por legislação específica. Quanto aos resíduos químicos, particularmente a dos metais pesados, ainda não foi estabelecida legislação oficial;*

- *o lixo comum deve ser recolhido em recipientes adequados e tratado da mesma forma que os resíduos domésticos;*
- *em todos os casos, é recomendável seguir os conceitos contidos no Manual de Normas Assépticas do Ministério da Saúde [...].* (Brasil, 1995)

Neste aspecto, é necessário consultar as normas vigentes e se atualizar sempre, seja em legislação municipal, estadual ou resoluções e leis federais, pois há sempre novas exigências a considerar.

## A água no ambiente hospitalar

A água é uma das preocupações inerentes à manutenção hospitalar. Assim, o gestor deve sempre se manter atento quanto à qualidade da água ofertada para beber e para a limpeza dentro do EAS.

A água pode ser vetor de transmissão de organismos patogênicos, como amebas, bactérias causadoras de problemas intestinais, vírus e outros micro-organismos similares. Dessa maneira, os procedimentos quanto ao tratamento da água, como a esterilização e desinfecção de reservatórios e canalizações devem ser feitos periodicamente. A esterilização é específica para os usos que dependem de água estéril, sem formas de vida presentes; já a desinfecção é realizada, em geral, com agentes oxidantes, para cessar o metabolismo dos agentes infecciosos. Usam-se vários sistemas para desinfecção, como o hipoclorito de sódio, hipoclorito de cálcio, cloreto de cálcio, luz ultravioleta, sais de prata e outros. Os procedimentos de hemodiálise, por exemplo, são feitos com água de abastecimento público e devem ser purificadas de elementos tóxicos a níveis determinados internacionalmente, pelas associações médicas. Os reservatórios também são alvo de medidas de contenção de riscos de infecções e contaminações por elementos tóxicos potencialmente presentes. Para os procedimentos periódicos de limpeza de caixas d'água e reservatórios de passagem, a norma adotada também é internacional, determinada conforme padrões da Associação para o Avanço da Instrumentação Médica (AAMI), em documento próprio para referência em diálise (*National Dyalisis Standards Reference Book*, de 1986). Uma publicação mais recente, que trata da evolução desses sistemas é Payne, 2014, comparando as versões dos padrões de cuidados com a água para diálise.

## Controle dos vetores

O controle dos vetores de infecção é parte da segurança hospitalar e deve ser preocupação de todo planejador e gestor, ao se preparar um projeto de EAS. Deve-se levar em conta que o controle dos vetores inclui uma visão bem mais ampla, como a coleta e disposição dos resíduos (RSS), a diminuição possível desses resíduos, a segregação de áreas de manuseio de alimentação, além da simples desinfecção e esterilização de instrumentos e ambientes dentro do hospital.

Para que isso ocorra, deve-se procurar sempre a evolução dos conhecimentos do pessoal envolvido, por meio de cursos e educação contínua e também informação aos pacientes e visitantes. O programa de controle de vetores deve prever o tratamento de animais e insetos considerados transmissores de patógenos, por meio do isolamento de seus ambientes e retirada de possíveis indivíduos presentes. Para roedores, deve-se prever, por uma avaliação prévia, a quantidade, para depois se fazer o extermínio com raticidas. Os insetos nocivos, como baratas, pulgas, piolhos, moscas, pernilongos, borrachudos e aranhas devem sofrer controle principalmente por higiene e desinfecção, mas o uso de telas, sempre que necessário, e mesmo produtos químicos, em cantos e frestas.

O controle geral de vetores dentro do hospital deve ser entregue a uma equipe, de preferência multidisciplinar e bem treinada, que tem a função de coletar informações e preconizar as práticas adequadas a cada caso. Com a colaboração de todos os outros funcionários e grupos internos, como os de prevenção de acidentes (Cipa), de engenharia e segurança de trabalho (Sesmt) e controle de infecções hospitalares (CCIH) podem-se reunir as informações necessárias e estabelecer planos para o controle e mesmo erradicação das pragas.

### 3.3.5 Controle de infecções em materiais e áreas hospitalares

Dentro de um hospital, há uma variedade muito grande de ambientes diferenciados, destinados a diferentes fins. Em cada ambiente desses, há um fator potencial de contaminação por agentes infecciosos, que pode ser maior ou menor, conforme a função, a exposição das pessoas aos materiais e ambientes e o grau específico de contaminação daquele material ou ambiente.

O maior exemplo dessa contaminação é o da própria equipe de saúde, pois ela trabalha diariamente com diversos pacientes e infecções ou contaminações diferenciadas, podendo ser considerado um vetor para as transmissões.

Assim, adotou-se no Brasil a classificação de materiais e ambientes hospitalares em três principais categorias, conforme seu grau de risco, com a finalidade de estabelecer os agentes antimicrobianos a ser utilizados em cada área ou material:

1. áreas e artigos críticos;
2. áreas e artigos semicríticos;
3. áreas e artigos não críticos.

Os **artigos críticos** são os que são usados para injeções sob a pele (subepiteliais), venais e em órgãos que não apresentem flora microbiana própria (como o intestino, por exemplo). São instrumentos: "de corte ou ponta; instrumentos cirúrgicos (pinças, afastadores, catéteres venosos, drenos, etc.); soluções injetáveis; roupas utilizadas nos atos cirúrgicos e obstétricos, em unidades de queimados e berçário de alto risco" (Brasil, 1995). Esses devem estar totalmente livres de contaminação.

Os **artigos semicríticos** são os que entram em contato apenas com os tecidos das mucosas (interior da boca, do nariz etc.), como "equipamentos de anestesia gasosa e de assistência ventilatória, alguns endoscópios, medicamentos orais e inaláveis, pratos, talheres e alimentos" (Brasil, 1995). Esses artigos também devem ser usados apenas quando esterilizados e livres de micro-organismos.

Os **artigos não críticos** são os que entram em contato apenas com a superfície da pele ou sequer entram em contato com o paciente. São "mesas de aparelhos de raios-X, equipamento de hidroterapia, incubadoras sem umidificação, microscópios cirúrgicos, telefones, mobiliário em geral" (Brasil, 1995). Sobre esses artigos, admite-se um pequeno número de micro-organismos de presença comum na flora humana, porém não infecciosos.

A classificação das áreas segue o mesmo princípio dos materiais, ou seja, existem **áreas críticas**, que são as que oferecem maior risco de infecção, seja pela falta de resistência própria do paciente em relação a infecções, seja por serem áreas mais propensas à transmissão de agentes infecciosos. As primeiras, por imunodepressão do paciente, são "salas de operação ou parto; salas de recuperação pós-anestésica; nos isolamentos hospitalares tipo 'isolamento protetor modificado', unidade de diálise; unidade de tratamento intensivo; unidade de queimados; berçário de alto risco" (Brasil, 1995). As últimas, que apresentam risco devido às atividades próprias da área, são "isolamentos hospitalares relativos a doenças transmissíveis, cujo diagnóstico foi comprovado; laboratório de anatomia patológica e de análise clínicas; unidade de hemodinâmica; sala de necropsia; cozinha, lactário e lavanderia de hospitais de doenças transmissíveis" (Brasil, 1995).

As **áreas semicríticas** são as que apresentam menor risco de infecção, e portanto não demandam cuidados muito profundos, além da esterilização dos equipamentos sensíveis e desinfecção geral da área. Elas compreendem as áreas: "ocupadas por pacientes de doenças não-infecciosas, doenças infecciosas não transmissíveis, central de esterilização de material e lavanderia de hospitais gerais" (Brasil, 1995).

As **áreas não críticas** são as áreas que são, em tese, livres do risco de transmissão de agentes infecciosos. Compreendem as áreas não ocupadas por pacientes, ou aquelas em que não se permite o acesso dos pacientes, como "serviço de administração hospitalar, manutenção, vestiários e sanitários públicos, depósitos em geral e almoxarifado" (Brasil, 1995). Enquanto as outras áreas demandam limpeza geral e desinfecção periódica, estas necessitam apenas de limpeza para ficarem à disposição dos que as usam.

## Prevenção de infecções e sua relação com a arquitetura

Entre os trabalhos publicados pelo Ministério da Saúde, com vistas ao apoio à programação e planejamento dos EASs no Brasil, há um trabalho particularmente importante que trata relação entre a prevenção de infecções e a arquitetura dos hospitais. Esse trabalho encontra-se em nossas referências (Fiorentini; Lima; Karman, 1995) e é a base para algumas reflexões nesta seção.

Nessa obra, os autores preconizam a adoção do que chamam de "arquitetura infecto-preditiva", que seria, de modo generalizante, uma maneira de conceber os projetos hospitalares com vistas à prevenção e ao controle das infecções endógenas (que são as provocadas por agentes internos ao hospital), ou seja, infecções provocadas por agentes que estão presentes dentro do hospital, contados principalmente entre estes fatores: "água, esgoto, roupa, resíduos, alimentos, ar condicionado; equipamento de esterilização, destilador de água e muitos outros, quando mal planejados, mal construídos, mal conservados ou operados sem a devida técnica" (Fiorentini; Lima; Karman, 1995, p. 24).

O papel tradicional da arquitetura, nessa função de afastar os riscos de infecções dentro do hospital, é exercido por meio de barreiras, proteções, meios e recursos (físicos, funcionais e operacionais), relacionados a pessoas, ambientes, circulações, práticas, equipamentos, instalações, materiais e fluidos (Fiorentini; Lima; Karman, 1995, p. 9).

Desde a década de 1980, vários estudos e experimentos levaram a conceituações como a da divisão das infecções entre as hospitalares, adquiridas em ambientes de EASs, e as infecções chamadas "comunitárias", contraída na comunidade e trazida ao hospital junto com o paciente. A prática com novos estudos trouxe mais embasamento para que se abandonassem, com total suporte da ciência, procedimentos até então considerados válidos, que mais oneravam o custo dos hospitais que ajudavam na prevenção e no tratamento das infecções. E dão como exemplo o tipo de isolamento dos pacientes praticado então, chamado **isolamento reverso ou protetor**, que isolava os pacientes imunodeprimidos em quartos separados, obrigando a equipe ao uso de aventais, máscaras e luvas esterilizados a cada contato com ele. Todo esse cuidado não evitava as infecções, pelo fato simples de que a maior parte das infecções era causada pela própria flora do paciente.

Os autores, no entanto, veem uma compreensão nova, com o conceito de **isolamento protetor modificado**, que seria um modo de recepção e cuidado diferenciado: "o paciente é instalado em um quarto privativo; a equipe lava as mãos antes e após os cuidados; as refeições servidas excluem alimentos crus (saladas, vegetais e frutas); mesmo flores são banidas, pois podem constituir fontes de patógenos aeróbicos" (Fiorentini; Lima; Karman, 1995, p.16).

Essa evolução foi conduzindo a uma situação em que se determinaram dois grupos diferenciados de cuidados aos pacientes:

a. **1º grupo** – *reúne os procedimentos capazes de impedir ou reduzir a possibilidade de passagem de germes de:*
- *pessoa para pessoa;*
- *pessoa para ambiente;*
- *ambiente para pessoa.* (Fiorentini; Lima; Karman, 1995, p.17)

Tais procedimentos são classificados em tipos de atenções, conforme o Quadro 3.8.

Quadro 3.8 – Tipos de classificação de atenções

| Atenção individual | ◆ cirurgia<br>◆ flebotomia<br>◆ cateterismo vascular<br>◆ cateterismo vesical e<br>◆ outros procedimentos invasivos |
|---|---|
| Atenção coletiva | ◆ limpeza<br>◆ roupa<br>◆ alimentação<br>◆ esterilização/desinfecção, e<br>◆ outros |
| Atenção individual e coletiva | ◆ lavagem de mãos |

Fonte: Elaborado com base em Fiorentini; Lima; Karman, p. 17.

b. **2º grupo** – *refere-se a procedimentos para o tratamento de pacientes portadores de doenças infecciosas, capazes de:*

- transmissão de pessoa para pessoa; e
- colonização por germes multirresistentes. (Fiorentini; Lima; Karman, p. 17)

Para tais pacientes, a proteção proposta é a utilização de barreiras ou obstáculos físicos entre pacientes e outras pessoas, conforme mostra o Quadro 3.9.

Quadro 3.9 – Barreiras de proteção

| Proteção individual | ◆ luvas<br>◆ avental<br>◆ óculos de proteção<br>◆ outros |
|---|---|
| Proteção coletiva | ◆ quarto privativo |

Fonte: Elaborado com base em Fiorentini; Lima; Karman, p. 18.

Dessa maneira, então, constroem-se as barreiras de proteção individual e coletiva, que propiciam um cuidado que debela as infecções hospitalares endógenas, as quais devem estar disponíveis para todos os profissionais no dia a dia do trabalho intrahospitalar.

## Transmissão de germes

Para Fiorentini, Lima e Karman (1995), esta etapa é importante na prevenção e no controle de infecções hospitalares. Os autores distinguiram quatro mecanismos de transmissão:

- **Contato** – Direto, indireto, gotículas oro-nasais.
- **Veículos comuns** – Mãos, objetos contaminados e *fomites* (qualquer objeto inanimado ou substância capaz de absorver, reter e transportar organismos contagiantes ou infecciosos).
- **Mecanismos aéreos** – Núcleos de gotículas e poeiras contaminadas.
- **Vetores** – Artrópodos (insetos).

Para esses casos, o guia da *Center for Disease Control and Prevention* (CDC) traz três parâmetros de isolamento (Quadro 3.10), que revelaram ser de operacionalização complexa, conforme segue.

Quadro 3.10 – Parâmetros de isolamento

| Isolamento necessário | Quando se tratar de:<br>• diagnóstico comprovado;<br>• suspeição de doença infecciosa transmissível;<br>• colonização por germe multirresistente, casos em que o mecanismo de transmissão seleciona a barreira mais adequada e o período de transmissibilidade determina o tempo de isolamento. |
|---|---|

*(continua)*

*(Quadro 3.10 – conclusão)*

| | |
|---|---|
| Isolamento por doença específica (IED) | ♦ Seleção de barreira – a mais indicada para o caso.<br>♦ Duração do isolamento de acordo com a transmissibilidade. |
| Isolamento específico por categoria (IEC) | As doenças infecciosas transmissíveis e a colonização por germes multirresistentes foram classificadas em sete categorias:<br>1. isolamento estrito;<br>2. isolamento de contato;<br>3. isolamento respiratório;<br>4. isolamento para tuberculose;<br>5. isolamento para precauções entéricas;<br>6. isolamento para precauções com drenagem e secreções;<br>7. isolamento para precaução (sangue e líquidos corporais). |

Fonte: Elaborado com base em Fiorentini; Lima; Karman, p. 20.

As áreas de isolamento devem ser identificadas adequadamente para alertar a equipe e os clientes durante o trabalho, evitando, dessa forma, infecções cruzadas.

## A lavagem de mãos na internação

Os autores Fiorentini, Lima e Karman (1995) destacam as mãos como um fator importante de transporte de micro-organismos e também de outros agentes contaminantes, tanto diretamente, por contato, quanto indiretamente, transportando e deixando os agentes nos locais de contato. Portanto, concluem, é também necessário disseminar no hospital recursos e materiais para a higienização das mãos para todos os pacientes, profissionais e visitantes, em geral. Além disso, destacam, deveria ser proporcionado contato com uma rotina de higienização, "antes e após o ingresso no quarto ou antes e após o atendimento ao paciente acamado".

O mais correto parece ser manter nos quartos dos pacientes as instalações sanitárias próprias para essa higienização. No entanto, comentam os autores, há uma barreira psicológica que acomete até mesmo a equipe de atendimento, de não entrar ou utilizar as instalações dos quartos dos pacientes, pelo sentido de propriedade do quarto e da privacidade do ambiente sanitário. Nesse sentido, é necessário que a arquitetura hospitalar dê conta dessas limitações, provendo o ambiente das precauções necessárias, que se somem ao uso das barreiras de uso individual, como luvas, máscaras e aventais.

Desse modo, para o novo tipo de atendimento, é comum se prover um lavatório ou pia fora do sanitário do quarto, no vestíbulo ou em um corredor de entrada, para suporte às ações de higienização, como nova tendência de assistência ao paciente. A isso se somam ações e procedimentos simples, mas eficazes no sentido de proteger dos contaminantes:

> *torneira de água acionada por comando de pé ou por outro meio, capaz de liberar as mãos e preservá-las de contaminação; e, ainda, a provisão de espaço, sob o lavatório-pia, para o posicionamento de porta-saco plástico para roupa suja, de porta-saco plástico para resíduos sólidos e de recipiente sólido para o recolhimento seguro de agulhas de injeção servidas e, de outros perfurocortantes; completam os apoios requeridos: prateleiras elevadas, sobre o lavatório-pia, para a guarda e pronto-uso, sempre à mão, das barreiras individuais (luvas, máscara, avental e outros).* (Fiorentini; Lima; Karman, 1995, p. 27)

Sem dúvida, também o estabelecimento de quartos privativos com instalações sanitárias para o paciente e visitantes e outra instalação para os profissionais resolve o problema psicológico e também aumenta a prevenção para todos. Um sistema complementar, para evitar o contato das mãos com objetos dentro do quarto, é a abertura da porta por comando de pé, que evita o toque com as mãos em maçanetas, consideradas tradicionalmente vetores de contaminantes.

Afora esses cuidados dentro dos quartos dos pacientes, ações semelhantes devem ser tomadas nos consultórios, no contato com pacientes não internados, na cozinha e em todos os procedimentos de tratamento direto com pacientes.

## Escovação pré-operatória

O procedimento de lavagem das mãos e braços no pré-operatório inclui a **antissepsia**, que é mais profunda e estabelecida em guias procedimentais de médicos e enfermeiros. Antissepsia é um conjunto de métodos capaz de destruir germes patogênicos e prevenir as infecções causadas por eles. Ela deve ser realizada em lavabos ou cochos individuais localizados próximo às áreas cirúrgicas. Neles, o acionamento da água é por pedal, com os joelhos ou por sensores, para evitar contato, assim como a dispensação de sabão ou antisséptico. Os gorros, máscaras e toalhas usados para proteção posterior devem ser acomodados próximo a esses cochos.

## Transporte e lavagem de roupa e vestiário

Como recomendam Fiorentini, Lima e Karman (1995, p. 40), há muitas maneiras de viabilizar o transporte da roupa usada à lavanderia, acondicionadas dentro dos sacos próprios, como "corredores, rampas, elevadores, monta-cargas, duto pneumático e tubo de queda". Todas são soluções possíveis, conforme a realidade do hospital requeira.

Eles descrevem a sala de recepção e classificação de roupa suja como ambiente altamente contaminado, necessitando de vários apoios arquitetônicos exclusivos para funcionar de maneira adequada, como "vestiário, sanitário, pia, bebedouro, exaustão mecanizada, pressão negativa, local para recepção de sacos de roupa por carros e por tubulação, espaço para carga de máquinas de lavar, pisos e paredes laváveis, mangueira com água quente e fria e ralos; além disso, telefone interno e visores são necessários à intercomunicação. O vestiário deve servir aos funcionários da recepção de roupas e da classificação, com sanitário próprio para não permitir a saída deles com contaminantes para o ambiente hospitalar de atendimento. Também as transições entre as áreas limpas e sujas do vestiário devem ser guiadas por procedimentos exclusivos, para que não se misturem objetos, roupas e pessoas entre ambas as áreas.

A recepção dos sacos de roupa contaminada deve ser feita à porta, e a pressão negativa do ambiente não permita que fiapos soltos alcancem o ambiente limpo. Para o planejamento do fluxo da roupa dentro do hospital, devem-se levar em conta as seguintes etapas: "recepção, classificação, carregamento, lavagem, descarregamento, extração, secagem, acabamento, costura, armazenamento e distribuição". Todo o sistema de barreiras deve ser pensado a cada etapa para evitar passagem de contaminantes entre cada zona de serviço.

## Ar-condicionado

O aparelho de ar-condicionado deve ser motivo de preocupação desde o planejamento do hospital até à manutenção periódica e corretiva, pois é ele que provê ar tratado para os ambientes variados e deve ser assegurada sua assepsia para proteção dos frequentadores e segurança na utilização de equipamentos. Segundo os autores Fiorentini, Lima e Karman (1995, p. 51), os perigos a que nos submetemos são:

*concepção imprópria; execução sem a devida técnica; filtros inadequados; filtros impossibilitados de remoção e troca, por falta de provisão do necessário espaço e acesso; caixas de filtros desprovidas de manômetro para indicar quando os filtros se encontram saturados; uso de plenum para retorno do ar, ao invés de duto; bandeja evaporadora exposta e localizada a jusante dos filtros, portanto, fora de sua proteção, favorecendo cultura de Legionellas e outras* Water-bacterias *e outros.*

Nesse caso, o planejador deve levar em conta esses riscos e promover previsão adequada, no projeto e na execução, além de promover a facilitação da manutenção.

## Itens relevantes para prevenção a infecções

No Quadro 3.10, apresentamos um breve resumo sobre alguns outros itens que precisam de grande atenção por parte da equipe responsável pelo ambiente de saúde, pois ele precisa de manutenção e limpeza adequadas a fim de evitar infecções hospitalares.

Quadro 3.11 – Itens necessários para evitar infecções hospitalares

| Item | Descrição |
|---|---|
| Trilhos e suportes de soro | Trilhos e suportes de soro, suspensos no forro, devem ser projetados de forma que se impeça o acúmulo de pó e o desprendimento de poeira ou partículas. |
| Luminárias | Embutidas na laje do forro ou sobrepostas, devem oferecer proteção contra a deposição de poeira, inclusive sobre as lâmpadas, mas de forma que se viabilize sua manutenção. |
| Foco cirúrgico | Focos cirúrgicos suspensos no teto, por constituírem uma superfície propícia ao acúmulo de poeiras, devem ser projetados para ensejar uma fácil limpeza.<br>Em salas de operação e similares, uma das maneiras de eliminar superfícies salientes, coletoras de poeira, consiste em recorrer ao sistema de vidro colado ao caixilho, criando-se assim superfícies totalmente lisas, de fácil limpeza. |

*(continua)*

*(Quadro 3.11 – continuação)*

| Item | Descrição |
|---|---|
| Cantos curvos | Graças aos novos conceitos relativos à veiculação de infecções hospitalares – mais dependentes da microbiota humana, de contatos e de procedimentos invasivos (como cateterização vascular e vesical, sonda uretral, flebotomia, traqueostomia, atos cirúrgicos, aplicação de injeção e similares) – e às técnicas e procedimentos vigentes, muito se atenuou a antiga importância dada à transferência de germes do ambiente às pessoas. Por isso, cantos curvos, na junção de paredes, bem como rodapés em "meia-cana", perderam sua razão de ser; até pelo contrário, pelo fato de nem sempre um rodo ser capaz de limpar a curva do rodapé, sua limpeza pode ser prejudicada, além de cantos curvos serem caros e de difícil execução. |
| Lâmpadas germicidas | São contraindicadas em salas de operação e outras, pelo falso sentimento de segurança que inspiram; também não são recomendadas dentro de dutos de ar condicionado, na esterilização de água e outros.<br>O uso de radiação ultravioleta para fim de desinfecção e esterilização de superfícies ou artigos encontra-se proibido. |
| Coluna retrátil e coluna regulável | A chamada *coluna retrátil*, destinada a suprir oxigênio, vácuo, ar comprimido e protóxido de nitrogênio, além de corrente elétrica, pode, em seu movimento ascendente e descendente, criar efeito de pistão e insuflar agentes potencialmente contaminantes no ambiente. Por isso, atualmente preferem-se as chamadas *colunas reguláveis*, que permitem fixar a posição, uma vez escolhida a altura preferida. |
| Sistema de vácuo | A obtenção de vácuo à custa de ar comprimido (trompa de vácuo) em salas assépticas tem a desvantagem de turbilhonar o ar e introduzir ruído no ambiente.<br>Existem dois sistemas consagrados de vácuo central: o sistema de vácuo a seco e o sistema de vácuo úmido. O sistema úmido é o normalmente utilizado em consultórios odontológicos. |
| Cruzamento de material crítico | Muito "malabarismo", arquitetônico e de engenharia, muitas soluções, por vezes complicadas e onerosas, e muitas preocupações por parte de administradores, médicos e enfermeiros poderiam e podem ser evitados, caso se atentasse, com conhecimento de causa, aos mecanismos de infecção cruzada e de transferência de agentes patogênicos potencialmente contaminantes. |

*(Quadro 3.11 – conclusão)*

| Item | Descrição |
|---|---|
| Centro de material esterilizado | A central de esterilização destina-se a receber e lidar com materiais considerados sujos e contaminados, bem como a preparar roupa limpa reciclada pela lavanderia e, ao final do processo, restituí-los esterilizados.<br>O projeto deve selecionar um local, o *expurgo*, para a recepção desse material, onde precisa ser primeiramente desinfetado, para possibilitar o seu manuseio com o mínimo de risco. A desinfecção é realizada por meio de desinfetantes químicos e por uma "lavadora e esterilizadora de instrumentos", que opera com vapor a 132 °C. Ao final do ciclo de preparo, caixas vão à estufa de ar seco, a 170 °C, e pacotes à autoclave de esterilização, por vapor saturado úmido, a 121 °C. |
| Água | A água, tal como ocorre com o esgoto e com a roupa, está presente em praticamente todas as partes da instituição hospitalar; se o planejamento do sistema de distribuição de água não atentar a certas precauções, pode se transformar em um excelente veiculador de patógenos. |

Fonte: Elaborado com base em Fiorentini; Lima; Karman, 1995, p. 52-55; 61-67.

Levando em consideração esses cuidados, entre tantos outros que têm a mesma importância, é possível evitar infecções hospitalares. Dessa forma, toda a arquitetura hospitalar deve ser planejada de forma que se minimizem as infecções hospitalares e se promova segurança para os clientes e profissionais.

## 3.4 Níveis de biossegurança

A resolução RDC n. 50/2002 traz, ainda, em sua terceira parte, uma explanação detalhada para os controles de infecção. Nessa parte, a norma fixa todos os critérios para os projetos arquitetônicos de EASs visando ao controle de infecções. Para tanto, divide os componentes técnicos em duas partes:

a. *o componente de procedimentos nos EAS, em relação a pessoas, utensílios, roupas e resíduos-RSS;*

b. *o componente arquitetônico dos EAS, referente a uma série de elementos construtivos, como: padrões de circulação, sistemas de transportes de materiais, equipamentos e resíduos sólidos; sistemas de renovação e controle das correntes de ar, facilidades de limpeza das superfícies e materiais; e instalações para a implementação do controle de infecções.* (Brasil, 2002a, p. 98)

Como já vimos anteriormente, o controle de infecções é composto por barreiras, proteções, meios e recursos físicos, funcionais e operacionais, relacionados a pessoas, ambientes, circulações, práticas, equipamentos, instalações, materiais, RSS e fluidos. Nesse caso, segue-se a Portaria GM n. 2.616, de 12 de maio de 1998 (Brasil, 1998a), do Ministério da Saúde, que determina precauções, definidas como barreiras, e cuidados com procedimentos dentro das EASs. Em seguida, a resolução define todos os critérios para o projeto, desde o estudo preliminar até o projeto executivo, detalhando como podem ser estabelecidos procedimentos a cada etapa para prevenção, desde a escolha do local (distante de depósitos de lixo, locais ruidosos ou poluentes) até a regulação das atividades de lavagem de roupas, para que se estabeleçam, a cada atividade, barreiras à difusão ou à proliferação de agentes infecciosos. Em seguida, a norma trata do assunto explicitado no Quadro 3.11, no qual temos um resumo dos níveis de biossegurança recomendados para agentes infecciosos.

Quadro 3.12 – Níveis de biossegurança recomendados para agentes infecciosos

| NB | Agentes | Práticas | Equipamentos de segurança | Instalações (barreiras secundárias) |
|---|---|---|---|---|
| 1 | Conhecidos por não causarem doenças em adultos sadios. | Práticas padrão de microbiologia. | Não são necessários. | Bancadas abertas com pias próximas. |
| 2 | Associados a doenças humanas, riscos = lesão percutânea, ingestão, exposição da membrana mucosa. | Prática de níveis de biossegurança (NB) NB-1 mais:<br>• acesso limitado;<br>• aviso de risco biológico;<br>• precauções com objetos perfurocortantes;<br>• manual de biossegurança que defina qualquer descontaminação de dejetos ou normas de vigilância médica. | Barreiras primárias = cabines de classe I ou II, ou outros dispositivos de contenção física usados para todas as manipulações de agentes que provoquem aerossóis ou vazamento de materiais infecciosos. Procedimentos especiais, como o uso de aventais, luvas, proteção para o rosto como necessários. | NB-1 mais: autoclave disponível. |

(continua)

*(Quadro 3.12 – conclusão)*

| NB | Agentes | Práticas | Equipamentos de segurança | Instalações (barreiras secundárias) |
|---|---|---|---|---|
| 3 | Agentes exóticos, com potencial para transmissão via aerossol; a doença pode ter consequências sérias ou até fatais. | Práticas de NB-2 mais:<br>• acesso controlado;<br>• descontaminação de todo o lixo;<br>• descontaminação de toda a roupa usada no laboratório antes de ser lavada;<br>• amostra sorológica. | Barreiras primárias = cabines de classe I ou II, ou outros dispositivos de contenção física usados para todas as manipulações abertas de agentes; uso de aventais, luvas, proteção respiratória quando necessária. | NB-2 mais:<br>• separação física dos corredores de acesso;<br>• portas de acesso duplas com fechamento automático;<br>• ar de exaustão não recirculante;<br>• fluxo de ar negativo dentro do laboratório. |
| 4 | Agentes exóticos ou perigosos, que impõem um alto risco de doenças que ameaçam a vida, infecções laboratoriais transmitidas via aerossol ou relacionadas a agentes com risco desconhecido de transmissão. | NB-3 mais:<br>• mudança de roupa antes de entrar;<br>• banho de ducha na saída;<br>• todo o material descontaminado na saída das instalações. | Barreiras primárias = todos os procedimentos conduzidos em cabines de classe I, II ou III, juntamente com macacão de pressão positiva com suprimento de ar. | NB-3 mais:<br>• edifício separado ou área isolada;<br>• sistemas de abastecimento e escape a vácuo e de descontaminação;<br>• outros requisitos sublinhados no texto. |

Fonte: Adaptado de Brasil, 2002a, p. 105.

Conforme já citamos no Capítulo 2, há quatro níveis de biossegurança previstos na legislação: NB-1, NB-2, NB-3 e NB-4 (Brasil, 2002a), os quais requerem graus de contenção e de proteção maiores a cada nível, o que prevê práticas e técnicas, assim como barreiras primárias e secundárias. Com relação ao projeto executivo, a RDC n. 50/2002 determina toda a escolha de materiais para a finalização do edifício, como acabamentos, pisos, tetos, bancadas, rodapés, forros etc., relacionados a escolhas que estabeleçam barreiras para agentes infecciosos e vetores (Brasil, 2002a, p. 107-108).

## 3.4.1 Localização do hospital

A escolha do local de implantação de um hospital deve ser levada em conta desde o projeto, para que sirva aos objetivos determinados no programa de necessidades. Inicialmente, vemos que o melhor local deve ser em zonas residenciais, pois elas apresentam condições mais favoráveis, como mais silêncio, melhor infraestrutura urbana, menor poluição, movimento e tráfego de automóveis, apresentar bom saneamento público e ser livre de odores e vetores de doenças.

Entretanto, o que vemos muitas vezes são hospitais planejados em regiões inadequadas, sem infraestrutura ou até em locais impróprios, como próximo a "cemitério, lixão, indústria ruidosa, curso de água e atmosfera poluídos (insetos, odores e poeiras), terreno baixo, úmido e insalubre, com pouca insolação, desprovido de panorama, área para expansão e para estacionamento adequado, dando para via movimentada e outros" (Fiorentini; Lima; Karman, 1995, p. 27).

Como dissemos, é questão a ser colocada desde o programa de necessidades e resolvida no projeto, conforme o que for decidido com o cliente.

### 3.4.2 Instalações prediais ordinárias e especiais

O Capítulo 7 da terceira parte da RDC n. 50/2002 abrange instalações prediais ordinárias e especiais. São chamadas *instalações ordinárias* a rede elétrica interna, a rede hidrossanitária e telefônica. *Instalações especiais* são aquelas específicas para o EAS, como de gases medicinais. As instalações de prevenção e combate a incêndio são tratadas em separado na norma. Trazemos apenas a classificação, que é baseada na Portaria 2.296/1997, do Ministério da Administração Federal e Reforma do Estado.

A resolução traz a seguinte classificação, com as respectivas siglas para cada produto:

- Instalações hidrossanitárias (H).
- Água fria (HF).
- Água quente (HQ).
- Esgoto sanitário (HE).
- Instalações elétrica e eletrônica (I)3.
- Elétrica (IE).
- Sinalização de enfermagem (IS).
- Instalação de proteção contra descarga elétrica (P).
- Instalações fluido-mecânicas (F).
- Vapor e condensado (FV).
- Gás combustível (FG).
- Oxigênio medicinal (FO).
- Ar comprimido (FA).

- Ar comprimido Medicinal.
- Ar comprimido Industrial.
- Ar comprimido Sintético.
- Vácuo (FV).
- Vácuo clínico.
- Vácuo de limpeza.
- Óxido nitroso (FN).
- Instalação de climatização (IC).
- Ar-condicionado (AC).
- Ventilação (V).
- Exaustão (E).

Cada um desses insumos tem legislação própria, muitas vezes determinada pela ABNT, em NBRs específicas. Todas elas são citadas na RDC n. 50/2002, na introdução ao tratamento de cada insumo. Assim, para certificar-se dos padrões necessários para cada insumo, deve-se consultar a norma. Nos tópicos posteriores, a resolução se dedica a especificar as regras para cada situação e, após, explica em quadros os locais de consumo de cada um desses insumos e suas necessidades de abastecimento.

## 3.5 Condições ambientais de conforto em ambientes hospitalares[14]

Por trabalhar com seres humanos, a instituição hospitalar precisa trazer conforto e facilidades ao dia a dia dos pacientes. Há um manual para o conforto em ambientes hospitalares – *Sistemas*

---

14   Esta seção é baseada em Oliveira; Ribas (1995).

*de controle das condições ambientais de conforto* – publicado pelo Ministério da Saúde (Oliveira; Ribas, 1995). Os autores identificam o conforto em ambientes hospitalares deste modo:

> Tradicionalmente, a literatura sobre esse tema está voltada para espaços residenciais com características próprias de distribuição das atividades de seus usuários. Por sua vez, os estabelecimentos de saúde possuem características distintas quanto à distribuição das atividades, grau de permanência e uso dos espaços, e categorias de usuários. Seu grau de complexidade é bem maior, pois agrega a convivência de pacientes (externos e internos), profissionais de saúde (médicos e paramédicos), visitantes e pessoal de apoio. (Oliveira; Ribas, 1995, p. 13)

Esses mesmos autores acrescentam que o amplo universo de abrangência desse tema exige a adoção de pressupostos como base epistemológica de trabalho, quais sejam:

a. **Enfatizar o conforto pela permanência**. *As várias categorias de estabelecimentos de saúde (assistenciais, de apoio e mistos) caracterizam-se pela diferença de permanência dos usuários nos ambientes, tanto de forma* **intraespecífica** *(entre uma sala de espera e um consultório, por exemplo), como de forma* **interespecífica** *(de um Centro de Saúde e de um Hospital Local). Concentrando então na priorização da melhora de condições em ambientes de maior permanência, se obterá, por conclusão, para o edifício como um todo, a melhor situação desejada. No campo interespecífico, será dada ênfase aos estabelecimentos assistenciais de permanência prolongada (mais de 24 horas), quais sejam: aquelas que têm a atividade de internação.*

b. **Dar preferência ao conforto do usuário-paciente**. *Como se verá adiante, a noção ou sensação de conforto está também atrelada às condições de saúde. Os mecanismos reguladores do metabolismo*

> *frente as [sic] condições ambientais fica debilitado [sic] (sensíveis, frágeis ou inoperantes) quando a saúde está abalada. Assim, espera-se a melhor condição para o paciente [e] [...] para outros usuários.*
> c. ***Solucionar situações críticas***. *A divisão de áreas/unidades/ departamentos/setores dos estabelecimentos de saúde pode ser classificada em **produtivos** (atividade-fim) e **de apoio** (atividade-meio). Priorizando a resolução das condições críticas das áreas/departamentos/setores produtivos, estará se dando um passo significativo na obtenção dos objetivos propostos.*
> d. ***Segmentação das manifestações sensoriais das pessoas***. *Toda relação do homem com o meio se dá através da interação dos mecanismos sensoriais. Para aprofundamento das questões relativas ao conforto térmico, acústico e luminoso em estabelecimentos de saúde, é necessário separar as inter-relações sensoriais. É sabido, por exemplo, que um espaço termicamente equilibrado pode gerar sensação térmica de desconforto quando o usuário está submetido a situação de ruído ou ofuscamento.* (Oliveira; Ribas, 1995, p. 13-14, grifo nosso e do original)

Conforme já citamos brevemente, há uma metodologia para o controle ambiental nos EASs, que leva em conta as duas dimensões do processo de construção, a endógena e a exógena.

Em relação à **dimensão endógena**, entendemos, como defendem Oliveira e Ribas (1995, p. 14) que é central para a determinação do conforto ambiental no hospital. O conceito de abrigo para o ser humano é uma combinação de condições satisfatórias de segurança, habitabilidade e salubridade, que devem ser garantidas pelo isolamento ou, ao menos, distância das condições externas desfavoráveis, sejam elas climáticas ou ambientais. Para essa garantia, a ciência do conforto ambiental dispõe dos elementos de controle passivo (materiais de construção, *brises*, ventilação natural, iluminação natural) e elementos de controle ativo (os que mudam o ambiente, como ares-condicionados, umidificadores, ventiladores, pressão negativa etc.). Esses elementos à disposição do planejador devem ser considerados um arsenal para a obtenção do maior conforto que se pode prover aos pacientes, visitantes e profissionais envolvidos.

A **dimensão exógena**, por sua vez, é aquela em que se leva em conta a modificação que a construção realiza no ambiente externo a ela. Esse fato é novo no planejamento, visto que tradicionalmente não se levava em conta. Os impactos ambientais e sobre a paisagem podem invalidar todo o esforço da construção. A relação com os aspectos ambientais se dá desde a escolha da orientação da construção, conforme a posição do Sol, até a consideração do sistema de chuvas do local, bem como os ventos e paisagem ao redor.

Por isso, é necessário que se avaliem, já no projeto inicial, as qualidades ambientais do terreno e seus arredores, para que se possam prever soluções e estratégias para diminuir a influência de algum fator que possa ser prejudicial futuramente, na utilização do edifício. Esses métodos ajudam a minimizar o impacto sobre o ambiente da edificação e também a harmonizá-la com seu entorno. Assim, os ganhos em relação à qualidade são otimizados, como defendem Oliveira e Ribas (1995, p. 15), nas dimensões de conforto térmico, acústico e luminoso.

A Figura 3.4 evidencia que os parâmetros do ambiente físico criam qualidades ambientais e resultam em uma percepção e uma avaliação integradas delas pelo ser humano.

Figura 3.4 – Parâmetros do ambiente físico e qualidades ambientais

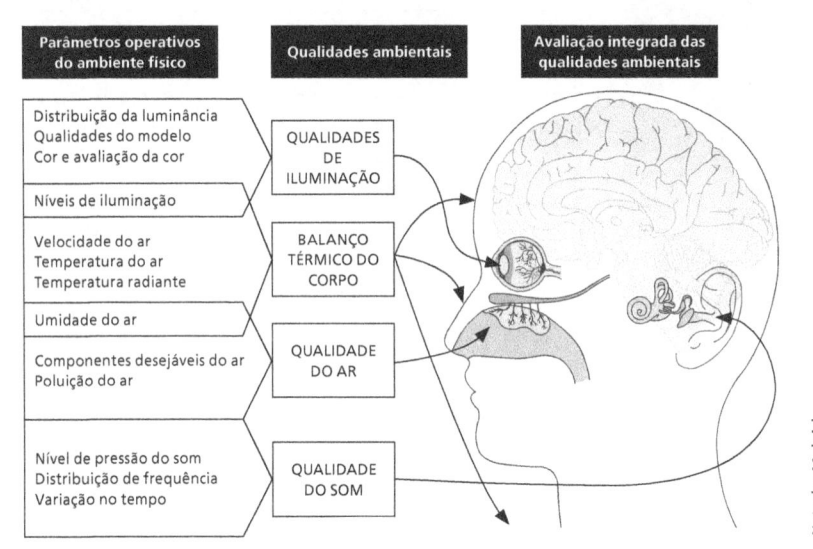

| Parâmetros operativos do ambiente físico | Qualidades ambientais | Avaliação integrada das qualidades ambientais |
|---|---|---|
| Distribuição da luminância / Qualidades do modelo / Cor e avaliação da cor | QUALIDADES DE ILUMINAÇÃO | |
| Níveis de iluminação | | |
| Velocidade do ar / Temperatura do ar / Temperatura radiante | BALANÇO TÉRMICO DO CORPO | |
| Umidade do ar | | |
| Componentes desejáveis do ar / Poluição do ar | QUALIDADE DO AR | |
| Nível de pressão do som / Distribuição de frequência / Variação no tempo | QUALIDADE DO SOM | |

Natasha Melnick

Fonte: Adaptado de Ryd, 1973, citado por Oliveira; Ribas, 1995, p. 22.

Sob a ótica do **conforto térmico**, os movimentos de ar aceleram as trocas de calor entre as pessoas e o ambiente, por convecção e por evaporação (Oliveira; Ribas, 1995).

O Quadro 3.12 relaciona as funções de ventilação e salubridade.

Quadro 3.13 – Funções da ventilação

| | Renovação do ar viciado | Conforto térmico do corpo humano | Resfriamento da massa interna do edifício |
|---|---|---|---|
| Ventilação necessária | Para todos os espaços ocupados. | Principalmente em climas quentes e úmidos. | Principalmente em climas muito quentes e secos. |
| Condição de temperatura externa necessária | Para todas as condições de temperatura externa. | Quando a temperatura do ar externo é mais fresca ou vizinha daquela do ar interno. | Quando a temperatura do ar externo é mais fria em pelo menos 2 °C da do ar interno. |
| Tipo de construção adequada | Todos os tipos. | Construção com uma orientação principal. | Construção com grande inércia térmica. |

Fonte: Adaptado de Oliveira; Ribas, 1995, p. 41.

No que diz respeito à especificidade dos estabelecimentos de saúde, sua diversidade é classificada por tamanho, níveis de complexidade de atendimento, extensão de cobertura à população e os graus de hierarquia dos EASs definidos pelo sistema geral de saúde. Por isso, afirmam Oliveira e Ribas (1995, p. 61):

*À medida que a complexidade funcional aumenta mais difícil determinar soluções integrais que visem obter o conforto ambiental. A necessidade de fortes inter-relações funcionais é tão preponderante, em estabelecimentos de grande porte, que as outras dimensões do projeto de arquitetura – estética e técnica ficam a reboque do arranjo das funções – organograma.*

Vemos, por aí, que há praticamente uma submissão das funções estética e técnica do EAS às decisões das direções, quanto maior for o hospital. Nesse caso, pode parecer que as soluções oferecidas pela ciência do conforto hospitalar fiquem ligadas a "partidos internos", como o da pediatria ou da radiologia, e possam parecer apenas mudanças cosméticas no planejamento, realizadas após a finalização do projeto, defendidas por um ou outro.

No entanto, devem prevalecer as decisões planejadas e tomadas anteriormente, como são as que já citamos sobre condições de clima e ventilação. Para os edifícios mais verticalizados, devem-se projetar soluções que levem em conta a orientação do edifício, visto ser ela importante para áreas sensíveis como internação e salas de espera; para soluções mais planas, como os pavilhões, prever coberturas adequadas, um bom pé-direito e aberturas para estabelecer conforto térmico.

No **aspecto interno**, devemos dimensionar adequadamente os ambientes, circulações e beirais, aberturas e varandas, dedicando especial atenção a espaços de maior permanência e de circulação, levando em conta necessidade de ventilação e resfriamento dos ambientes, se necessários.

Para melhorar o **conforto acústico**, considerar o local em que se vai construir o hospital, já que a localização em áreas muito movimentadas pode levar a necessidades de controle de propagação de sons, que demandam mais recursos (conforme Oliveira e Ribas, p. 65). Há muitos procedimentos possíveis para evitar o excesso de ruídos no ambiente, como podem ser vistos na obra citada (Oliveira e Ribas, p. 66-72).

Quanto ao **conforto luminoso**, Fitch (1972, citado por Oliveira; Ribas, 1995, p. 75) defende que "a complexidade do processo da visão está condicionada a fenômenos físicos, fisiológicos e psicológicos – assim como os outros sentidos humanos. É, contudo, a fonte de informação mais importante a respeito do espaço ambiental – forma, tamanho, localização e características físicas do mundo dos objetos".

A iluminação pode ser nociva não apenas quando é pouca ou muita (aspecto quantitativo), mas também em relação a sua qualidade. Para Oliveira e Ribas (1995, p. 76), os efeitos qualitativos negativos podem ser:

- **Velamento** – *É criado por uma luz intensa difusa no ambiente e reduz o contraste entre luz e sombra na imagem; é um efeito muito utilizado em filmes nos quais aparecem "fantasmas do além": gera a sensação de insegurança, especialmente em pacientes.*
- **Ofuscamento** – *É ocasionado por uma intensa luz direta que incide sobre os olhos do usuário.*
- **Deslumbramento** – *É causado pela luz que penetra diretamente na pupila, formando focos de escuridão, como quando se olha para uma luz intensa.*
- **Iluminamento uniforme prolongado** – *O orgulho dos engenheiros luminotécnicos em manter um ambiente constante e homogeneamente iluminado traz prejuízos ao mecanismo fisiológico do ser humano. Esses efeitos são observados tanto em funcionários de EASs que fazem plantão em áreas fechadas como em espeleólogos que passam dias em cavernas e têm seu ciclo biorrítmico completamente alterado.*

Também as cores usadas interferem na percepção do conforto visual. Quanto às cores, vejamos no Quadro 3.13 uma relação entre seu uso e os efeitos sobre as pessoas.

Quadro 3.14 – Relação das cores com o ânimo

| Cor | Ânimo |
|---|---|
| Amarelo | Estimulação mental, concentração, iniciativa a conversação. |
| Azul | Efeito tranquilizante e refrescante, evita a insônia. |
| Branco | O excesso de claridade pode levar ao cansaço mental. |

*(continua)*

*(Quadro 3.13 – conclusão)*

| Cor | Ânimo |
|---|---|
| Laranja | Estimulante, confere um ar social ao ambiente. |
| Lilás | Sedante, pode causar a sensação de frustração. |
| Rosa | Aconchega, traz calor, mas sem excitação. |
| Verde | Recompõe, equilibra, tem efeito regenerador. |
| Vermelho | Excitante, pode deixar as pessoas agitadas e irritadas. |

Fonte: Adaptado de Pimentel-Souza, 1992, citado por Oliveira; Ribas, 1995, p. 79.

O uso dessas cores nos ambientes de um hospital deve levar em conta a permanência dos frequentadores de cada ambiente e seu estado de saúde, para proporcionar maior bem-estar a todos.

## Síntese

Como podemos perceber, o processo de planejar e executar um ambiente hospitalar é uma tarefa que requer inúmeros cuidados, razão por que é preciso ter uma equipe coesa, com objetivos claros e experiência na área.

Existem alguns materiais destinados a orientar a construção de serviços de saúde, mas a RDC n. 50/2002 é a norma mais completa nesse sentido, pois contém as diretrizes para esse objetivo, com os pontos principais e as condições consideradas necessárias ao processo. Também vale a pena consultar a série de livros publicada pelo Ministério da Saúde, dentro do programa SomaSUS, nos quatro volumes da série Programação Arquitetônica de Unidades Funcionais de Saúde (Brasil, 2011b; 2013a; 2013b; 2014b). Todos eles apresentam visualmente os critérios arquitetônicos definidos na RDC n. 50/2002.

É essencial darmos atenção aos pontos que a resolução traz, pois ela define minimamente os ambientes, além dos apoios logísticos que valem a pena ser destacados.

Também neste capítulo tratamos da composição física dos ambientes hospitalares, apontando pontos relevantes, como circulações externas e internas, condições ambientais de conforto, controle de infecções, instalações ordinárias e especiais, segurança contra incêndio, entre outras, que necessitam de especial atenção quando de seu planejamento, sempre considerando o prazo e a tecnologia para a construção.

## Questões para revisão

1. Sobre as definições da RDC n. 50/2002 (Brasil, 2002a), relacione as duas colunas da sequência:
   a) Programa de necessidades
   b) Estudo preliminar
   c) Projeto básico
   d) Projeto executivo
   e) Obra de reforma
   f) Obra de ampliação
   g) Obra inacabada
   h) Obra de recuperação
   i) Obra nova

   ( ) Estudo realizado para assegurar a viabilidade técnica com base em dados levantados no programa de necessidades, bem como em eventuais condicionantes do contratante.
   ( ) Conjunto de características e condições necessárias ao desenvolvimento das atividades dos usuários da edificação que, adequadamente consideradas, definem e originam a proposição para o empreendimento a ser realizado. Deve conter a listagem de todos os ambientes necessários ao desenvolvimento dessas atividades.

( ) Conjunto de informações técnicas necessárias e suficientes para caracterizar os serviços e as obras, elaborado com base no estudo preliminar e que apresenta o detalhamento necessário à definição e à quantificação dos materiais, equipamentos e serviços relativos ao empreendimento.

( ) Alteração em ambientes sem acréscimo de área, podendo incluir vedações e instalações existentes.

( ) Conjunto de informações técnicas necessárias e suficientes para a realização do empreendimento, contendo, de forma clara, precisa e completa, todas as indicações e os detalhes construtivos para a perfeita instalação, montagem e execução de serviços e obras.

( ) Acréscimo de área a uma edificação existente ou mesmo construção de uma nova edificação para ser agregada funcionalmente (fisicamente ou não) a um estabelecimento já existente.

( ) Construção de uma nova edificação desvinculada funcional ou fisicamente de algum estabelecimento já existente.

( ) Substituição ou recuperação de materiais de acabamento ou instalações existentes, sem acréscimo de área ou modificação da disposição dos ambientes existentes.

( ) Obra cujos serviços de engenharia foram suspensos, não restando qualquer atividade no canteiro de obras.

2. Explique o que significa o esquema a seguir e cada atribuição definida nele.

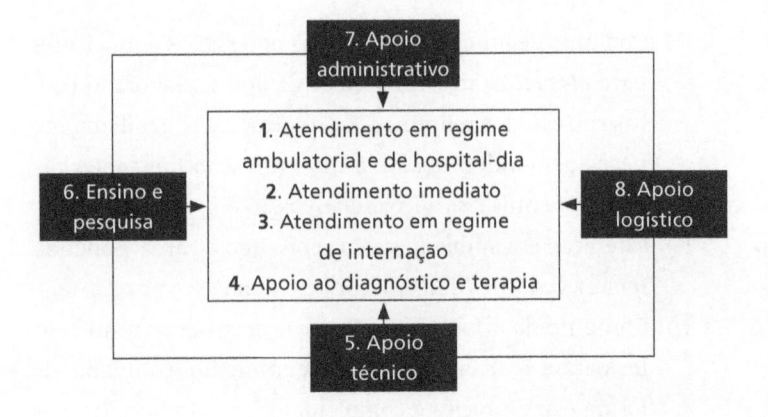

```
            ┌─────────────────────┐
            │    7. Apoio         │
            │  administrativo     │
            └──────────┬──────────┘
                       ▼
   ┌──────────┐  ┌─────────────────────────────┐  ┌──────────┐
   │6. Ensino │  │ 1. Atendimento em regime    │  │ 8. Apoio │
   │    e     │→ │ ambulatorial e de hospital- │ ←│ logístico│
   │ pesquisa │  │ dia                         │  │          │
   └──────────┘  │ 2. Atendimento imediato     │  └──────────┘
                 │ 3. Atendimento em regime    │
                 │    de internação            │
                 │ 4. Apoio ao diagnóstico     │
                 │    e terapia                │
                 └──────────────▲──────────────┘
                                │
                     ┌──────────┴──────────┐
                     │    5. Apoio         │
                     │     técnico         │
                     └─────────────────────┘
```

3. Como podem ser classificados os níveis de biossegurança?
   a) NB-10, NB-20, NB-30 e NB-40.
   b) NBio-1, NBio-2, NBio-3 e NBio-4.
   c) NBio-10, NBio-20, NBio-30 e NBio-40.
   d) NB-1, NB-2, NB-3 e NB-4.

4. Os ambientes de ensino e pesquisa nas instituições hospitalares devem conter:
   a) anfiteatro/auditório, sala de estudo coletivo, sala de professores e biblioteca, área de referência, área de acervo, área de leitura, sala para processos técnicos.
   b) sala de repouso, anfiteatro/auditório, sala de estudo coletivo, sala de professores e biblioteca, área de referência, área de acervo, área de leitura, sala para processos técnicos.

c) sala de aula, sala de estudo (trabalho individual), sala de professores e biblioteca, área de referência, área de acervo, área de leitura.

d) sala de ensino, sala de aula, anfiteatro/auditório, sala de estudo (trabalho individual), sala de professores e biblioteca, área de referência, área de acervo, área de leitura, sala para processos técnicos.

5. Em relação aos pontos relevantes da composição física dos hospitais, assinale a alternativa correta:
   a) Circulações externas e internas – acessos; estacionamento; circulação horizontal; circulação vertical.
   b) Condições ambientais de conforto – qualidade do ar; conforto acústico; conforto luminoso –, bem como iluminação natural, que, além de ser agradável, não tem custo.
   c) Condições ambientais de controle de infecções hospitalares – componente de procedimentos dos EAS em relação a pessoas, utensílios, roupas e resíduos; componente arquitetônico dos EAS referente a elementos construtivos, como padrões de circulação; sistemas de transportes de materiais, equipamentos e resíduos sólidos; sistemas de renovação e controle das correntes de ar; facilidades de limpeza das superfícies e dos materiais; e instalações para a implementação do controle de infecções.
   d) Instalações ordinárias e especiais – materiais construtivos estruturais; acessibilidade dos veículos do serviço de extinção de incêndio; vias de escape.

## Questões para reflexão

1. Discorra sobre o conteúdo do Gráfico 3.1, relacionada ao número de mortos em virtude da ocorrência de incêndios, associando a aspectos culturais e econômicos dos países.

2. Que evidências temos disponíveis no Brasil sobre a qualidade do ar interno em ambientes hospitalares?

    Texto de apoio para esta questão:

    MOTA, R. J. B. S. et al. Qualidade do ar interno no ambiente hospitalar: uma revisão integrativa. **Revista Saúde**, v. 8, n. 1, p. 44-52, 2014. Disponível em: <http://revistas.ung.br/index.php/saude/article/viewFile/1571/1533>. Acesso em: 6 dez. 2016.

3. A água utilizada para a lavagem de roupas em ambientes hospitalares pode ser reutilizada? Justifique sua resposta.

    Consulte o texto de apoio para esta questão:

    BUENO, F. C.; VILELA, L. L. **Estudo da água residuária de lavagem de roupas hospitalares**. 32 f. Trabalho de Conclusão de Curso (Graduação em Engenharia Química) – Universidade Federal de Alfenas, Poços de Caldas, 2014. Disponível em: <http://www.unifal-mg.edu.br/engenhariaquimica/system/files/imce/TCC_2014_1/Fernanda-Larissa.pdf>. Acesso em: 5 ago. 2016.

## Questão para reflexão

Escolha um quadro de uma unidade funcional e discuta, com seus colegas, os pontos facilitadores e dificultadores de colocar em prática as respectivas normativas.

## Para saber mais

Veja a Portaria MS n. 453/1998, sobre as diretrizes de proteção radiológica em radiodiagnóstico médico e odontológico:

BRASIL. Ministério da Saúde. Secretaria de Vigilância Sanitária. Portaria n. 453, de 1º de junho de 1998. **Diário Oficial da União**, Brasília, DF, 2 jun. 1998. Disponível em: <http://www.conter.gov.br/uploads/legislativo/portaria_453.pdf>. Acesso em: 23 mar. 2017.

O livro a seguir enfoca, entre outros tópicos, o planejamento e as formas de financiamento, abordando estritamente a questão brasileira, inclusive quanto às normas do Ministério da Saúde que regulamentam as construções hospitalares.

GÓES, R. **Manual prático de arquitetura hospitalar**. 2. ed. São Paulo: Edgard Blucher, 2011.

Os quatro manuais para planejamento arquitetônico publicados pelo Ministério da Saúde são essenciais para se compreender a arquitetura hospitalar atual.

BRASIL. Ministério da Saúde. Secretaria Executiva. Departamento de Economia da Saúde e Desenvolvimento. **Atendimento ambulatorial e atendimento imediato**. Brasília, DF: Ministério da Saúde, 2011. (Programação Arquitetônica de Unidades Funcionais de Saúde, v. 1). Disponível em: <http://bvsms.saude.gov.br/bvs/publicacoes/programacao_arquitetonica_somasus_v1.pdf>. Acesso em: 6 dez. 2016.

BRASIL. Ministério da Saúde. Secretaria Executiva. Departamento de Economia da Saúde e Desenvolvimento. **Internação e apoio ao diagnóstico e terapia (reabilitação)** Brasília, DF: Ministério da Saúde, 2013. (Programação Arquitetônica de Unidades Funcionais de Saúde, v. 2). Disponível em: <http://bvsms.saude.gov.br/bvs/publicacoes/soma_sus_sistema_apoio_elaboracao_vol2.pdf>. Acesso em: 9 mar. 2017.

_____. **Apoio ao diagnóstico e à terapia (imagenologia)** Brasília, DF: Ministério da Saúde, 2013b. (Programação Arquitetônica de Unidades Funcionais de Saúde, v. 3). Disponível em: <http://bvsms.saude.gov.br/bvs/publicacoes/soma_sus_sistema_apoio_elaboracao_vol3.pdf>. Acesso em: 9 mar. 2017.

_____. **Apoio ao diagnóstico e à terapia**: Anatomia Patológica, Patologia Clínica, Hemoterapia e Hematologia, Medicina Nuclear. Brasília, DF: Ministério da Saúde, 2014. (Programação Arquitetônica de Unidades Funcionais de Saúde; v. 4). Disponível em: <http://portalarquivos.saude.gov.br/images/pdf/2015/fevereiro/09/apoio-diagnostico-terapia-anatomia-somasus-vol4.pdf>. Acesso em: 9 mar. 2017.

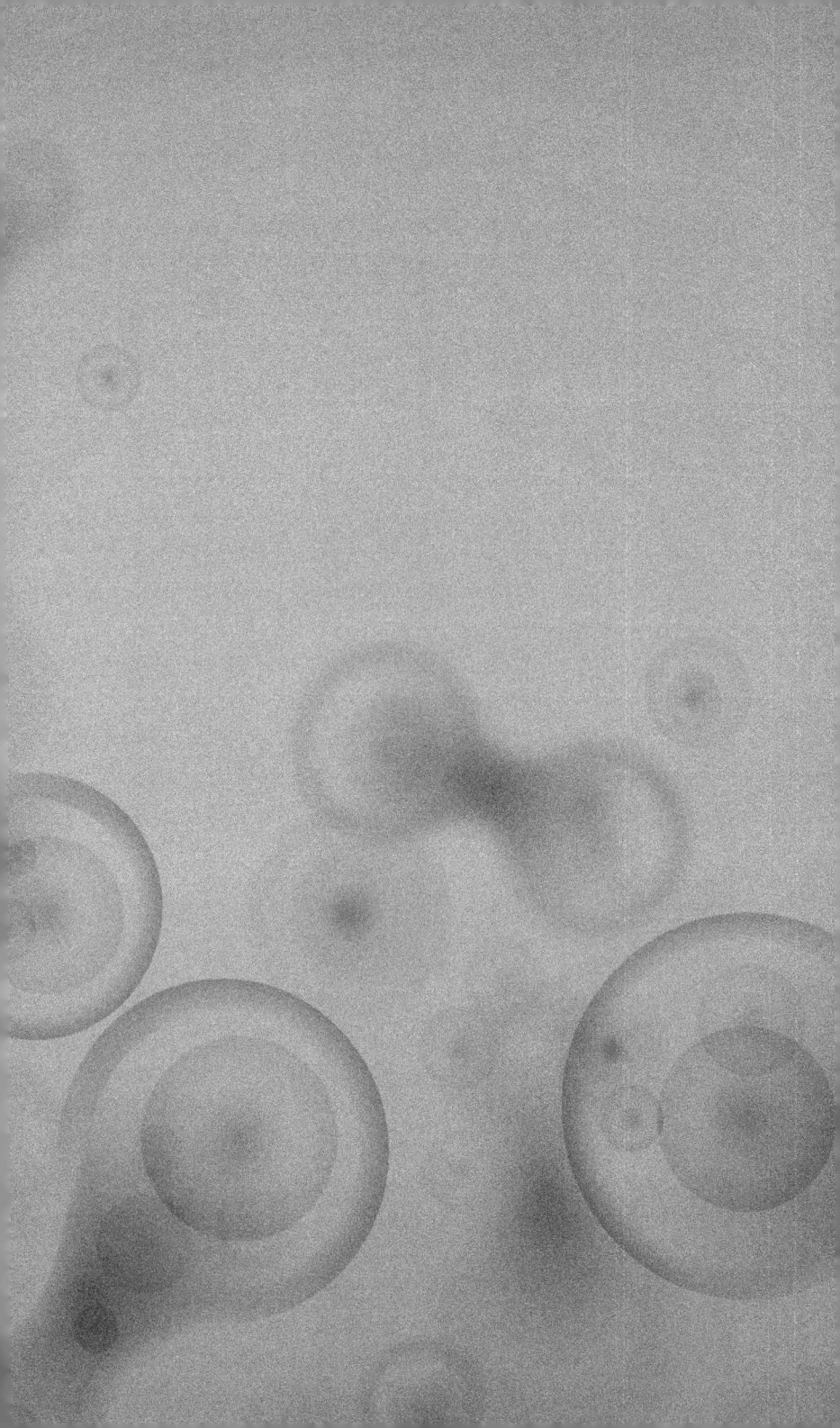

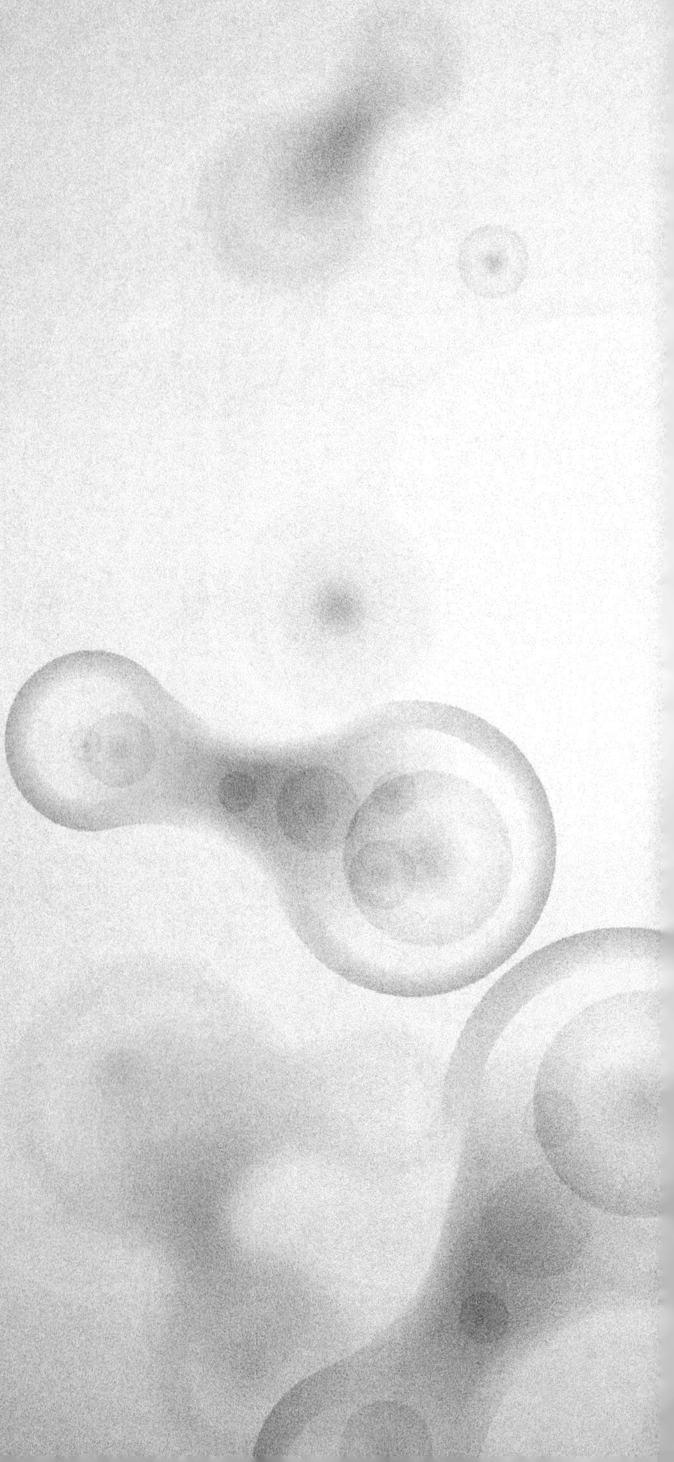

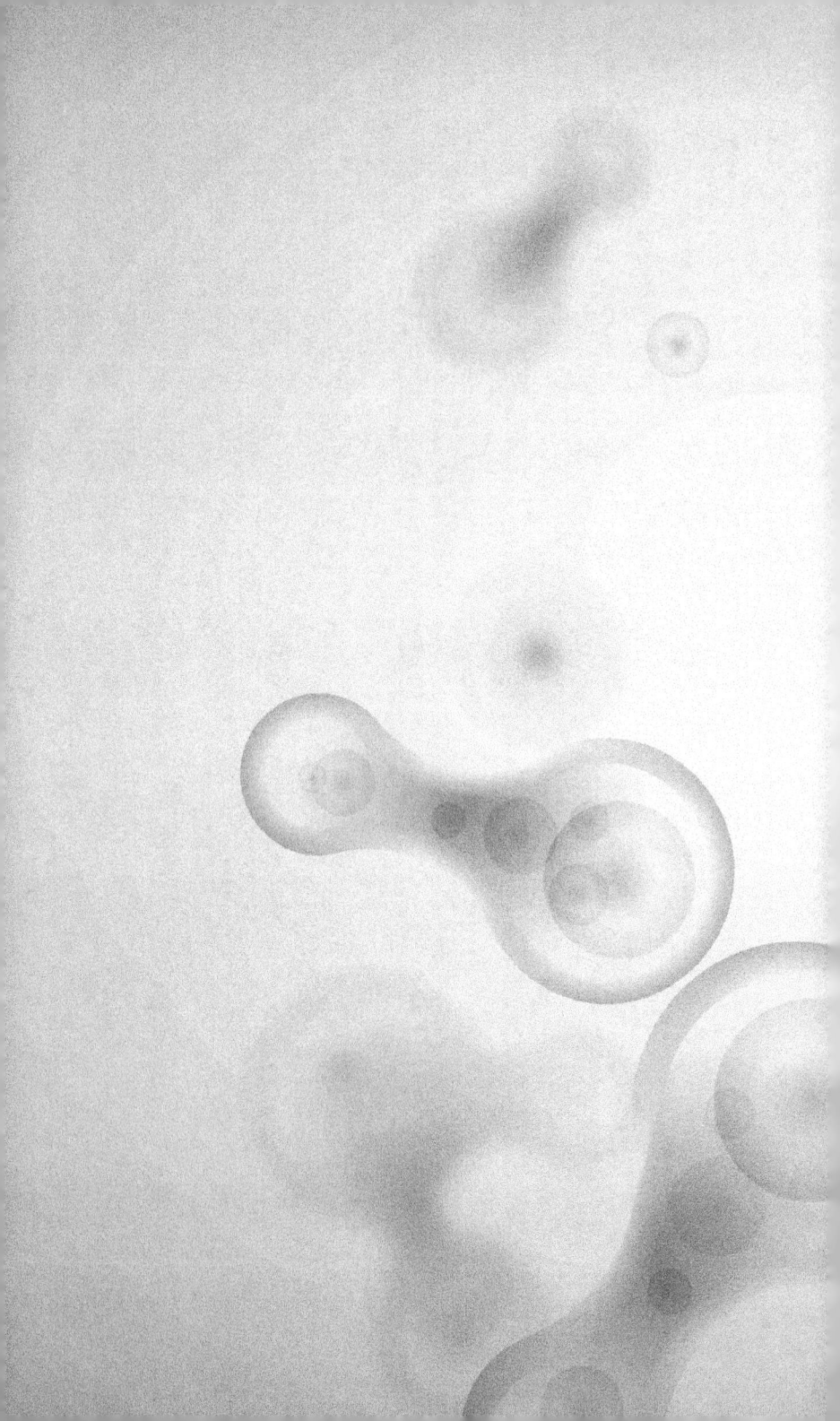

**Capítulo 4**
# Princípios sobre o custo das decisões arquitetônicas

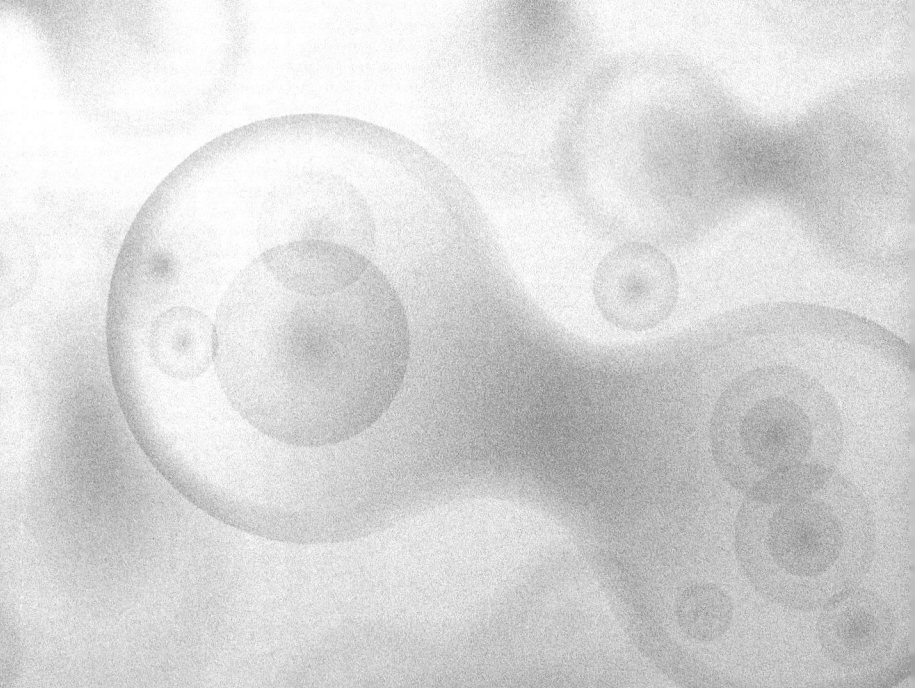

## Conteúdos do capítulo:

- Princípios do custo de obras hospitalares.
- A manutenção da arquitetura hospitalar.

## Após o estudo deste capítulo, você será capaz de:

1. identificar princípios para cálculo de custos relacionados às decisões arquitetônicas e manutenção de hospitais.

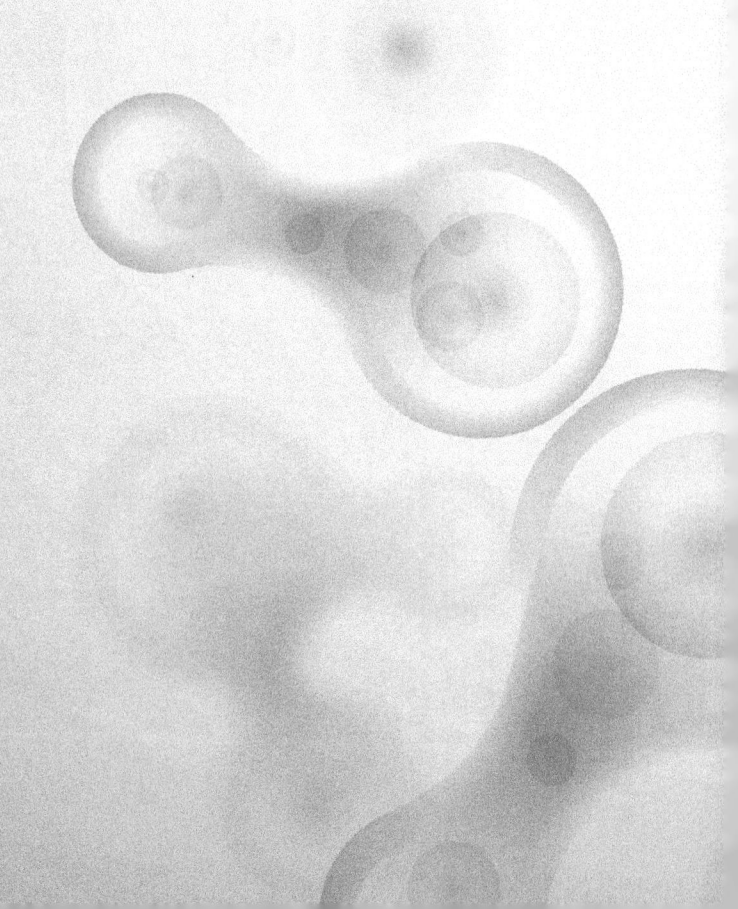

Este capítulo tem como base a cartilha *O custo das decisões arquitetônicas no projeto de hospitais*, escrita por Juan Luiz Mascaró (1995), disponibilizada pelo Ministério da Saúde para a tomada deste tipo de decisões em projetos de hospitais.

É comum a preocupação com aspectos há muito vistos como determinantes, na visão econômica de custo das edificações, como a área total construída, a qualidade dos materiais utilizados para instalações e acabamentos, que acabam conduzindo a análise de custo da obra. No entanto, como aponta Mascaró, é necessário se preocupar, quando se trata de uma obra de hospital, como as soluções arquitetônicas previstas podem impactar nos custos finais da obra. Ele aponta, inicialmente, três razões principais para chegar aos custos das decisões arquitetônicas em hospitais:

1ª. *o porte e a complexidade que essas construções podem assumir;*
2ª. *o volume dos investimentos demandados, pela qualidade da construção, pelas instalações especiais e cuidados com assepsia; e*
3ª. *os custos de manutenção envolvidos.* (Mascaró, 1995, p. 10)

Dessa maneira, adotando-se soluções econômicas e viáveis, podem-se evitar custos desnecessários a serem revistos no decorrer da obra e em manutenção posterior. Então, o autor toma a divisão que já vimos no Capítulo 3, quando discorremos sobre as atribuições do hospital, para os edifícios hospitalares. Apenas como complementação, quando a preocupação é sobre o edifício, soma-se uma funcionalidade a mais, importantíssima, que são as circulações entre os setores, as quais não são uma atribuição do hospital, porém constituem as vias, os canais pelos quais circulam e interagem todos os trabalhadores, visitantes e pacientes nos estabelecimentos assistenciais de saúde (EASs). Os hospitais constituem um dos tipos mais complexos de edifícios, podendo-se identificar nele os seguintes setores funcionais: "Administração; Ambulatório; Diagnóstico; Tratamento; Pronto atendimento; Internação; Serviços de apoio; Serviços gerais; Circulações intersetoriais" (Mascaró, 1995, p. 15).

Cada um dos setores desses apresenta uma configuração arquitetônica diferente e, consequentemente, estrutura de custos distinta. Assim, os princípios de economia no projeto arquitetônico de cada um deles serão diferentes.

O custo do edifício, como um todo, se reduz à medida que aumenta seu índice de compacidade de atendimento; assim, uma medida inicial de economia pode ser, por exemplo, situar o setor de tratamento no centro do edifício, pois ele deve ser isolado, quase sempre, de fatores que propiciem contaminação, como o são a ventilação e a iluminação naturais. Dessa maneira, ocupar o centro do edifício com o setor *Tratamento* pode trazer condições de assepsia mais favoráveis, desde a concepção, o que aumenta a compacidade do projeto.

Os edifícios hospitalares podem ser classificados em dois tipos básicos em relação a sua concepção de edificação, segundo Mascaró (1995, p. 16, grifo nosso):

> **Hospitais verticais**: *compostos de uma torre ou uma lâmina com vários andares, completada, às vezes, com uma base maior de uns poucos andares.*
>
> **Hospitais horizontais**: *[...] pode ser desenvolvido na forma de um bloco único de um edifício, tipo pátio, ou subdividido em pavilhões.*

A escolha entre hospital vertical e horizontal deve se dar considerando o espaço disponível pela instituição, visto que hospitais verticais ocupam espaços reduzidos, em comparação aos horizontais, mas com um custo maior. Nesse aspecto, a escolha é subordinada ao espaço disponível, sendo que as condicionantes podem levar a optar, por exemplo, por construir uma base mais sólida, com poucos andares – para localizar setores como Administração, Diagnóstico, Ambulatório e Tratamento –, e uma torre, onde se localiza a internação. Se condicionantes como a área do terreno permitirem, pode ser mais econômico construir um bloco inteiro, único, apenas considerando a altura mais econômica em relação aos investimentos disponíveis.

## 4.1 Custos de construção e de manutenção

Quando se olha para a questão de conceber um edifício hospitalar, inicialmente do ponto de vista quantitativo, pode-se dividir o custo, segundo Mascaró (1995), em custos de construção e de manutenção. Em relação ao custo de construção, 60% equivale aos espaços e 40% às instalações. Já no custo de manutenção, as instalações respondem por 70% do custo total, enquanto a parte civil (espaços internos) corresponde a 30%.

Levando em consideração essas porcentagens, ressaltamos que, com a era tecnológica, há um número maior de instalações eletrônicas nas instituições e com vida útil reduzida pela utilização ou inadequação de uso, o que reforça o alto índice de manutenção desses equipamentos, que podem pesar no custo de manutenção de instalações e elevar ainda mais sua percentagem em relação aos outros componentes de custos, mesmo nessa visão inicial.

Os custos também se relacionam de modo proporcional, o que quer dizer que, em visão generalista, se os custos de construção forem altos, assim também serão os de manutenção – e os custos futuros devem ser considerados desde o planejamento. Como o custo da construção diz respeito aos espaços e o da manutenção tem mais a ver com o das instalações, deve-se tentar minimizar o custo de construção, de um lado, e o das instalações, de outro. Isso pode ocorrer por meio da redução da quantidade de materiais, na construção, bem como do desperdício deles. No entanto, isso não ocorre em relação às instalações, pois nese caso se visa ao menor custo de manutenção, sem levar em conta a quantidade inicial de material na instalação propriamente dita.

## 4.2 Divisão dos edifícios em planos horizontais, verticais e instalações

Para se ter uma ideia percentual de custos, podemos consultar a Tabela 4.1, a seguir, para comparar os custos de cada setor, tanto aqueles locados em planos verticais, quanto aos referentes aos planos horizontais, além do custo relativo às instalações de cada setor, que basicamente não se modifica qualquer que seja o plano escolhido.

Tabela 4.1 – Participação de planos horizontais e verticais e instalações nos custos (valores médios) – em %

| Setor | Planos horizontais | Planos verticais | Instalações |
|---|---|---|---|
| Administração | 27 | 35 | 38 |
| Ambulatório | 28 | 33 | 39 |
| Diagnóstico | 27 | 36 | 37 |
| Tratamento | 23 | 27 | 50 |

*(continua)*

*(Tabela 4.1 – conclusão)*

| Setor | Planos horizontais | Planos verticais | Instalações |
|---|---|---|---|
| Pronto atendimento | 22 | 34 | 44 |
| Internação | 21 | 38 | 41 |
| Serviços de apoio | 25 | 27 | 48 |
| Serviços gerais | 16 | 45 | 39 |
| Circulação interna | 61 | 17 | 22 |
| **Média** | **26** | **34** | **40** |

Fonte: Adaptado de Mascaró, 1995, p. 25.

Vale reforçar que os planos horizontais têm um custo menor em comparação aos planos verticais, mas, em razão da realidade enfrentada principalmente nas grandes cidades, que é a escassez de grandes terrenos, isso nem sempre é possível.

É também valioso, como base de comparação, verificar as informações constantes na Tabela 4.2, a qual traz uma média de custos para planos horizontais e verticais referentes aos elementos construtivos.

Tabela 4.2 – Participação média das diferentes rubricas nos planos horizontais e verticais

| Elemento construtivo | Participação do elemento no custo total do plano (%) |
|---|---|
| **Planos horizontais** | |
| Estrutura resistente | 65 a 75 |
| Contrapiso | 3 a 6 |
| Piso | 15 a 30 |
| **Total** | **100** |

*(continua)*

*(Tabela 4.2 – conclusão)*

| Elemento construtivo | Participação do elemento no custo total do plano (%) |
|---|---|
| **Planos verticais** | |
| Alvenaria, isolamento e pilares estruturais | 25 a 35 |
| Acabamentos verticais (rebocos, pintura e azulejos) | 30 a 40 |
| Caixilharia e esquadrias internas e externas | 30 a 40 |
| Total | 100 |

Fonte: Adaptado de Mascaró, 1995, p. 26.

Essa tabela apresenta os valores comparativos dos custos em planos verticais e em planos horizontais. Em planos horizontais, a estrutura tem maior custo, enquanto nos planos verticais, os maiores custos são referentes a materiais de acabamento e de aberturas, devido à gama de opções oferecidas. Para se ter uma ideia, essa parte custará entre 9% e 22% do custo total do edifício hospitalar, constituindo, assim, um dos conjuntos de itens mais caros do edifício.

Vejamos, agora, uma amostra comparativa para os elementos construtivos relativos aos elementos de revestimento vertical, que incluem desde o chapisco de base até pinturas e azulejos de cobertura de paredes. A Tabela 4.3 mostra um resumo percentual de custos de elementos para planos verticais. Nessa tabela, vemos três grandes grupos de custos: os dos revestimentos exteriores, dos interiores e dos impermeáveis ou laváveis. A qualidade da base colocada para tais revestimentos é de grande importância nos custos finais dos acabamentos, pois alvenaria irregular leva ao encarecimento geral da obra. Assim, é melhor garantir de início uma alvenaria de qualidade, o que leva à economia de custos relacionados a emboço e reboco, quando do acabamento.

Os revestimentos impermeáveis, como azulejos, podem gerar importante fator de economia quando se opta por não revestir o ambiente todo até o teto, optando por cobrir até 1,80 m ou mesmo 1,50 m, o que gera economia de até 50% dos custos com esse revestimento. Esse mesmo critério, somado ao uso de tinta impermeável para cobrir o que resta da parede, pode gerar economia de até 60%, embora possa não ser indicado a todos os tipos de obra.

Tabela 4.3 – Participação média dos diferentes componentes no custo dos revestimentos verticais

| Elemento | Participação do elemento no custo total dos revestimentos (%) |
|---|---|
| Chapisco, emboço e reboco exteriores | 20 a 25 |
| Emboço e reboco interiores | 25 a 30 |
| Pintura exterior | 7 a 10 |
| Pintura interior | 10 a 15 |
| Revestimentos impermeáveis e laváveis como azulejos | 15 a 30 |
| Rodapés | 2 a 4 |
| Total | 100 |

Fonte: Adaptado de Mascaró, 1995, p. 27.

## 4.3 Concepção da planta do edifício e sua relação com o custo

O tipo de planta escolhido para o edifício hospitalar influi também, ao fim, nos seus custos. A escolha pode ser feita pela compacidade dos formatos, já que essa escolha diz respeito tanto à disponibilidade de espaço quanto ao clima da região, que pode proporcionar diminuição do custo das fachadas. Isso pode até mesmo gerar mudanças entre os custos previstos na Tabela 4.4, porém ela deve ser considerada por prever limites de custos referentes a cada planta. Na tabela, apresentamos alguns modelos de formas de planta e sua relação direta com os custos.

Tabela 4.4 – Variação da construção pelo índice de compacidade (IC) do edifício

| Forma da planta | Superfície da planta (indice) | Índice de compacidade IC (%) | Custo de construção (libras/m²) | Incremento de custo |
|---|---|---|---|---|
| | 100,00 | 88,50 | 90 | 100 |
| | 100,00 | 49,20 | 108 | 114 |
| | 100,00 | 34,00 | 112 | 124 |

Fonte: Adaptado de Mascaró, 1995, p. 42.

## 4.4 Quantidade de andares e custos relativos

O número de andares de um edifício hospitalar representa custos maiores, conforme a quantidade destes, a altura do pé-direito e a quantidade de planos verticais em cada andar. Porém, alguns custos diminuem, por exemplo, em relação ao movimento de terra necessário, aos subsolos, às coberturas etc. Nesse sentido, esses custos previstos devem ser equilibrados a fim de otimizar o custo total da obra. Em relação à **influência da variação da quantidade de andares no custo**, os principais fatores que acarretam variações no valor de construção com relação à altura dos edifícios são os seguintes:

   a. *Com incidência crescente no custo, aumentando o número de pavimentos:*
   - *a estrutura resistente;*
   - *os elevadores;*
   - *as fachadas;*
   - *as instalações em geral;*
   - *a duração da obra;*
   - *o insumo de mão de obra.*

   [...]

   b. *Com incidência decrescente no custo, aumentando o número de pavimentos:*
   - *o movimento da terra;*
   - *os subsolos do edifício (quando existirem);*
   - *a cobertura;*
   - *o vestíbulo dos elevadores e outros espaços comuns;*
   - *o terreno ocupado.* (Mascaró, 1995, p. 54)

Considerando esses fatores relacionados, há um custo geral, independentemente do número de pavimentos. Se tomarmos como exemplo, isoladamente, o fator *cobertura*, seu custo é dividido pelo número de pavimentos existente. Se for apenas um pavimento, o custo é único para esse pavimento. No entanto, é possível dividir o custo por pavimento, se forem dois ou mais. Assim, o custo relativo desse fator diminui quanto maior for o número de andares da obra. Sendo assim, quanto mais andares forem construídos, menor será sua incidência no custo por pavimento. Nesse caso, o custo do metro quadrado de cobertura é inversamente proporcional ao número de andares da construção. (Mascaró, 1995).

Considerando tudo o que apresentamos nesta seção, percebe-se que o **planejamento** e o **acompanhamento da obra** são pontos críticos para o seu sucesso, da mesma maneira que possibilitam diminuição de custos e custos relativos, por facilitarem a escolha por um ou outro sistema de construção, mais verticalizado ou mais horizontalizado.

## 4.5 Manutenção da arquitetura hospitalar

Esta seção toma por base o que é proposto no **planejamento hospitalar preditivo** (PHP), tematizado por Karman (1995) em sua obra *Manutenção incorporada à arquitetura hospitalar*, realizada para o Ministério da Saúde como parte da coleção que se dedica à programação física de estabelecimentos de saúde. Esse tipo de planejamento concebe o hospital como:

> *um organismo dinâmico, sempre em mutação: paredes e divisórias são seguidamente removidas, deslocadas e acrescidas; alterações espaciais se sucedem em decorrência de exigências administrativas e técnicas; novos equipamentos demandam suportes, apoios, suprimentos e instalações (água, energia elétrica e outros).* (Karman, 1995, p. 11)

A arquitetura específica dos hospitais traz dentro de si muitas outras propostas arquitetônicas, como a arquitetura infecto-preditiva, a arquitetura segurança-preditiva, a arquitetura administração-preditiva, a arquitetura humanização-preditiva, a arquitetura manutenção-preditiva, entre outras (Karman, 1995). Todas essas propostas arquitetônicas têm em comum o fato de serem usadas para a prevenção e a segurança de ambientes destinados à recepção de pacientes e ao trabalho diagnóstico e de tratamento. Segundo o autor, é o que se entende por *arquitetura por antecipação*, "o que, de certa forma, não deixa de ser redundante, pois, a Arquitetura, por si, [em maior ou menor extensão] é preditiva" (Karman, 1995, p. 11).

Assim como se previne a infecção no planejamento da obra, também a manutenção dependerá dos meios disponibilizados pela arquitetura preditiva. Conforme Karman (1995, p. 11), "sem a previsão e a provisão de recursos estruturais e orgânicos, a arquitetura poderá condenar a futura instituição a precário desempenho e inoperante manutenção, sabido que vícios de origem são de difícil superação".

Quanto a **espaços reservados e espaços destinados**, duas responsabilidades são imputadas à arquitetura manutenção-preditiva (Karman, 1995). Nos **espaços reservados**, é necessário capacitar o futuro hospital, após construído e implementado, a desempenhar satisfatoriamente suas diversas funções (Karman, 1995). No entanto, para que isso ocorra, ele deve estar completamente estruturado e em condições de realizar eficazmente sua manutenção operacional. Já nos **espaços destinados**, mesmo ainda na fase de concepção, a arquitetura de manutenção deve suprir as futuras demandas da manutenção operacional, o que possibilitará que esta atenda às expansões de que vai carecer, razão por que o plano diretor deve deixar claramente consignados tais espaços (Karman, 1995).

## Síntese

Neste capítulo, verificamos alguns princípios sobre os custos das decisões relacionadas à arquitetura, que devem ser considerados com base em três razões: o porte e a complexidade que a construção terá; o volume dos investimentos demandados pela qualidade da construção, pelas instalações especiais e pelos cuidados com assepsia; e os custos de manutenção propriamente ditos.

Verificamos, nesse aspecto, a validade de se considerar a otimização dos custos finais de uma obra levando em conta o número de planos horizontais e verticais a serem erguidos, além de relacionar os custos ao número de andares, às circulações e à elevação vertical da obra. Por fim, trouxemos alguns fundamentos do planejamento preditivo que podem auxiliar no regime de manutenção dos edifícios hospitalares.

## Questões para revisão

1. A importância do estudo do custo das decisões arquitetônicas hospitalares se deve a quais razões?
    a) O porte e a complexidade que essas construções podem assumir; o volume dos investimentos demandados pela qualidade da construção, pelas instalações especiais e pelos cuidados com assepsia; e os custos de manutenção envolvidos.
    b) O porte e a complexidade que essas construções podem assumir; a dificuldade de verbas, as instalações especiais e os cuidados com assepsia; e os custos de manutenção envolvidos.

c) A distância das grandes cidades; o volume dos investimentos demandados pela qualidade da construção, pelas instalações especiais e pelos cuidados com assepsia; e os custos de manutenção envolvidos.

d) O porte e a complexidade que essas construções podem assumir; o volume dos investimentos demandados pela qualidade da construção e o número de leitos.

2. Como os hospitais podem ser classificados, segundo seus tipos?

3. Em relação aos custos das construções hospitalares, é correto afirmar:
   a) 60% deles correspondem à parte civil.
   b) 60% deles correspondem às instalações.
   c) 50% deles correspondem à parte civil.
   d) 50% deles correspondem às instalações.

4. A quantidade de andares de um edifício hospitalar representa custos. Considerando os principais elementos ou fatores que acarretam aumento no valor de construção com relação à altura dos edifícios, assinale as afirmativas a seguir como verdadeiras (V) ou falsas (F):
   ( ) Elevadores.
   ( ) Duração da obra.
   ( ) Estacionamento.
   ( ) Leitos.
   ( ) Cobertura.
   ( ) Estrutura resistente.

5. Como podemos definir espaços reservados e os espaços destinados em uma instituição hospitalar?

## Questão para reflexão

O planejamento e o acompanhamento são pontos cruciais em uma obra. Como as obras são feitas? Quem participa efetivamente desse processo? Esta é uma questão para você debater em grupo.

### Para saber mais

O livro que indicamos a seguir responde a questões das áreas de planejamento, construção e manutenção de hospitais. Nela, o engenheiro e arquiteto Jarbas Karman, um dos fundadores da arquitetura hospitalar no Brasil, traz novas possibilidades de pensamento sobre esse campo científico.

KARMAN, J. **Manutenção e segurança hospitalar preditivas**. 3. ed. São Paulo: Estação Liberdade, 2011.

# Para concluir...

O ambiente hospitalar é múltiplo e variado, englobando profissionais de muitas especialidades na área da saúde, mas também é constituído por profissionais de outras áreas, pacientes internos e externos, visitantes e acompanhantes, edifício, instalações e equipamentos de última geração. Unificar todos esses elementos da instituição faz dela cada vez mais um complexo de diferentes ambientes e interações humanas, principalmente com a evolução nas tecnologias empregadas.

Para os profissionais da saúde, os aparelhos e seus usos cada vez mais complexos reservam responsabilidades e conhecimentos intrincados, que dizem respeito à gestão eficiente. Os profissionais têm de ser conscientes do valor desses recursos inovadores, mas também dos riscos e das possibilidades advindos com eles, assumindo suas competências em utilizá-los da melhor maneira, em colaboração com a instituição. Assim, é vital o envolvimento dos profissionais com o próprio planejamento da instituição.

Considerando que o objetivo principal da instituição hospitalar é prestar seus serviços com qualidade, eficiência (proporcionar a meta de cura e saúde com gasto mínimo) e eficácia (cuidado para implementar a saúde), e, acima de tudo, com efetividade (o efeito máximo dessas atitudes), todos os profissionais devem se sentir engajados nesse objetivo.

Os profissionais também devem estar atentos à questão da segurança da instituição hospitalar, pois esta é uma área complexa e que exige tratamento multiprofissional para a tomada de decisões compartilhadas, técnicas, administrativas, econômicas e operacionais. Os regulamentos e procedimentos internos para se buscar maior segurança têm sempre de ser renovados, identificando práticas cada vez mais seguras e corrigindo o que escapar a elas.

Dessa maneira, procuramos apresentar nesta obra um conjunto mínimo de conhecimentos para compreendermos o planejamento e a estrutura de hospitais no Brasil atualmente. Iniciamos com uma breve história dos hospitais e da arquitetura hospitalar, desde as civilizações mais antigas até o pós-modernismo. Depois, abordamos especificamente a arquitetura de hospitais, com bases de desenho arquitetônico e de concepção de projetos para estabelecimentos assistenciais de saúde (EASs), com ênfase na ambiência dos hospitais atuais. Tratamos ainda das leis e das normas que regem a concepção de projetos de hospitais no Brasil e finalizamos com alguns princípios de custos de obras hospitalares.

Acreditamos que você, durante a leitura, teve muitas respostas a seus questionamentos, mas torcemos para que também tenhamos provocado muitas perguntas, pois, quanto mais perguntas fazemos, de mais respostas precisamos, e, dessa forma, buscamos incessantemente o saber.

# Lista de siglas

| | |
|---|---|
| ABNT | Associação Brasileira de Normas Técnicas |
| Anvisa | Agência Nacional de Vigilância Sanitária |
| CCA | Centro cirúrgico ambulatorial |
| CCIH | Comissão de controle de infecção hospitalar |
| Cipa | Comissão Interna de Prevenção de Acidentes |
| CNEN | Comissão Nacional de Energia Nuclear |
| CNES | Cadastro Nacional de Estabelecimentos de Saúde |
| EAS | Estabelecimentos assistenciais de saúde |
| EPI | Equipamentos para proteção individual |
| Funasa | Fundação Nacional da Saúde |
| HE | Hospitais de ensino |
| IES | Instituição de ensino superior |
| INPS | Instituto Nacional de Previdência Social |
| Loas | Lei Orgânica da Saúde |
| NB | Nível de bossegurança |
| OIT | Organização Internacional do Trabalho |
| OHB | Oxigenoterapia hiperbárica |
| OMS | Organização Mundial da Saúde |
| ONU | Organização das Nações Unidas |
| PBA | Projeto básico de arquitetura |
| PDH | Plano diretor hospitalar |
| PHP | Planejamento hospitalar preditivo |
| PNS | Plano Nacional de Saúde |
| RSS | Resíduos de Serviços de Saúde |
| Sadt | Serviço de Apoio Diagnóstico e Terapêutico |

| | |
|---|---|
| SESMT | Serviço Especializado em Engenharia de Segurança e em Medicina do Trabalho |
| Sipac | Sistema Integrado de Patrimônio, Administração e Contratos |
| SUS | Sistema Único de Saúde |
| Suseme | Superintendência de Serviços Médicos |
| UBS | Unidade Básica de Saúde |
| UPA | Unidade de Pronto-Atendimento |
| UTI | Unidade de terapia intensiva |
| UTQ | Unidade de tratamentos intensivos de queimados |

# Referências

ABNT – Associação Brasileira de Normas Técnicas. **NBR 5261**: símbolos gráficos de eletricidade – princípios gerais para desenho de símbolos gráficos. Rio de Janeiro, 1979.

\_\_\_\_\_. **NBR 6492**: representação de projetos de arquitetura. Rio de Janeiro, 1994.

\_\_\_\_\_. **NBR 7191**: execução de desenhos para obras de concreto simples ou armado. Rio de Janeiro, 1982.

\_\_\_\_\_. **NBR 7256**: tratamento de ar em estabelecimentos assistenciais de saúde (EAS) – requisitos para projeto e execução das instalações. Rio de Janeiro, 2005.

\_\_\_\_\_. **NBR 7808**: símbolos gráficos para projetos de estruturas. Rio de Janeiro, 1983.

\_\_\_\_\_. **NBR 9050**: acessibilidade a edificações, mobiliário, espaços e equipamentos urbanos. Rio de Janeiro, 2004.

\_\_\_\_\_. **NBR 9077**: saídas de emergência em edifícios. Rio de Janeiro, 2001.

\_\_\_\_\_. **NBR 12235**: armazenamento de resíduos sólidos perigosos. Rio de Janeiro, 1992.

\_\_\_\_\_. **NBR 13531**: elaboração de projetos de edificações – atividades técnicas. Rio de Janeiro, 1995a.

\_\_\_\_\_. **NBR 13532**: elaboração de projetos de edificações – arquitetura. Rio de Janeiro, 1995b.

\_\_\_\_\_. **NBR 14100**: proteção contra incêndio – símbolos gráficos para projeto. Rio de Janeiro, 1998.

\_\_\_\_\_. **NBR 14611**: desenho técnico – representação simplificada em estruturas metálicas. Rio de Janeiro, 2000.

ABNT – Associação Brasileira de Normas Técnicas. **NBR 17240**: sistemas de detecção e alarme de incêndio – projeto, instalação, comissionamento e manutenção de sistemas de detecção e alarme de incêndio – requisitos. Rio de Janeiro, 2010.

ALMEIDA, M. de L. de et al. Instrumentos gerenciais utilizados na tomada de decisão do enfermeiro no contexto hospitalar. **Texto & Contexto Enfermagem**, Florianópolis, v. 20, p. 131-137, 2011. Disponível em: <http://www.scielo.br/pdf/tce/v20nspe/v20nspea17.pdf>. Acesso em: 6 dez. 2016.

AVERY, G. B. **Neonatologia**: fisiopatologia e tratamento do recém-nascido. 2. ed. Rio de Janeiro: Medsi, 1984.

BACELAR, A. **Revisão da RDC 50/2002**: Estrutura – Mapa conceitual. 5 set. 2016. Disponível em: <https://prezi.com/gcjcj-jydfau/revisao-da-rdc-502002/>. Acesso em: 8 mar. 2017.

BACKES, D. S.; LUNARDI, V. L.; LUNARDI FILHO, W. D. A humanização hospitalar como expressão da ética. **Revista Latino-americana de Enfermagem**, v. 14, n. 1, p. 132-135, jan./fev. 2006. Disponível em: <http://www.scielo.br/pdf/rlae/v14n1/v14n1a18.pdf>. Acesso em: 6 dez. 2016.

BELLO, S. C. de. Humanización y calidad de los ambientes hospitalarios. **RFM**, Caracas, v. 23, n. 2, p. 93-97, jul. 2000. Disponível em: <http://www.scielo.org.ve/scielo.php?pid=S0798-04692000000200004&script=sci_abstract >. Acesso em: 14 fev. 2017.

BRASIL. Agência Nacional de Vigilância Sanitária. **Arquitetura e engenharia**: organização físico-funcional. Disponível em: <https://goo.gl/8zO8xc>. Acesso em: 6 dez. 2016a.

_____. **Minuta da revisão da RDC 50/2002**. 16 jun. 2016b. Disponível em: <http://portal.anvisa.gov.br/documents/219201/2782895/Minuta+de+revisao+RDC+50-2002/f1185ff8-1c13-4020-a59e-c5e9200e6575>. Acesso em: 8 mar. 2017.

BRASIL. Agência Nacional de Vigilância Sanitária. **Normas**: Arquitetura e Engenharia em Saúde. 2003. Disponível em: <http://www.anvisa.gov.br/servicosaude/arq/normas.htm>. Acesso em: 8 mar. 2017.

_____. **Processamento de roupas de serviços de saúde**: prevenção e controle de riscos. Brasília: Anvisa, 2009a. (Série Tecnologia em Serviços de Saúde). Disponível em: <http://www.anvisa.gov.br/servicosaude/manuais/processamento_roupas.pdf>. Acesso em: 6 dez. 2016.

_____. **RDC Anvisa n. 306/04**: aspectos jurídicos da Resolução da Diretoria Colegiada da Anvisa sobre resíduos de serviços de saúde. Brasília: Anvisa, 2007. Disponível em: <https://controllab.com/pdf/revista_anvisa_rdc_306.pdf>. Acesso em: 18 mar. 2017.

_____. Regra de projetos de estabelecimentos de saúde em discussão. **Portal Anvisa**. 16 jun. 2016c. Disponível em: <http://portal.anvisa.gov.br/noticias/-/asset_publisher/FXrpx9qY7FbU/content/regra-de-projetos-de-estabelecimentos-de-saude-em-discussao/219201/pop_up?inheritRedirect=false>. Acesso em: 8 mar. 2017.

_____. Resolução da Diretoria Colegiada – RDC n. 50, de 21 de fevereiro de 2002. **Diário Oficial da União**, Brasília, DF, 21 fev. 2002a. Disponível em: <http://www.anvisa.gov.br/anvisalegis/resol/2002/50_02rdc.pdf>. Acesso em: 6 dez. 2016.

_____. Resolução da Diretoria Colegiada – RDC n. 63, de 6 de julho de 2000. **Diário Oficial da União**, Brasília, DF, 7 jul. 2000a. Disponível em: <http://www20.anvisa.gov.br/segurancadopaciente/index.php/legislacao/item/resolucao-da-diretoria-colegiada-rcd-n-63-de-6-de-julho-de-2000?category_id=198>. Acesso em: 6 dez. 2016.

BRASIL. Agência Nacional de Vigilância Sanitária. Resolução da Diretoria Colegiada – RDC n. 151, de 21 de agosto de 2001. **Diário Oficial da União**, Brasília, DF, 22 ago. 2001a. Disponível em: <http://www.hemocentro.fmrp.usp.br/wp-content/uploads/legislacao/RDC%20151%20de%2021%2008%2001.pdf>. Acesso em: 18 mar. 2017.

_____. Resolução da Diretoria Colegiada – RDC n. 171, de 4 de setembro de 2006. **Diário Oficial da União**, Brasília, DF, 5 set. 2006a. Disponível em: <http://www20.anvisa.gov.br/segurancadopaciente/index.php/legislacao/item/rdc-171-de-4-de-setembro-de-2006>. Acesso em: 6 dez. 2016.

_____. Resolução da Diretoria Colegiada – RDC n. 305, de 14 de novembro de 2002. **Diário Oficial da União**, Brasília, DF, 18 nov. 2002b. Disponível em: <ftp://ftp.cve.saude.sp.gov.br/doc_tec/hidrica/doc/2RDC_30502ANVISA.pdf>. Acesso em: 6 dez. 2016.

_____. Resolução da Diretoria Colegiada – RDC n. 306, de 7 de dezembro de 2004. **Diário Oficial da União**, Brasília, DF, 7 dez. 2004a. Disponível em: <http://www.saude.mg.gov.br/images/documentos/res_306.pdf>. Acesso em: 6 dez. 2016.

_____. **Segurança no ambiente hospitalar**. Brasília, 1995. (Série Saúde e Tecnologia: Textos de Apoio à Programação Física dos Estabelecimentos Assistenciais de Saúde). Disponível em: <http://portal.anvisa.gov.br/documents/33852/271855/Seguran%C3%A7a+no+ambiente+hospitalar/473c5e32-025a-4dc2-ab2e-fb5905d7233a>. Acesso em: 6 dez. 2016.

BRASIL. Agência Nacional de Vigilância Sanitária. Fundação Nacional de Saúde. Portaria Conjunta n. 1, de 2 de agosto de 2000. **Diário Oficial da União**, Brasília, DF, 7 dez. 2000b. Disponível em: <http://www.saude.mg.gov.br/images/documentos/Portaria1.pdf>. Acesso em: 6 dez. 2016.

BRASIL. Conselho Federal de Enfermagem. Resolução n. 453, de 16 de janeiro de 2014. **Diário Oficial da União**, Brasília, DF, 28 jan. 2014a. Disponível em: <ftp://ftp.saude.sp.gov.br/ftpsessp/bibliote/informe_eletronico/2014/iels.jan.14/Iels19/U_RS-COFEN-453_160114.pdf>. Acesso em: 18 mar. 2017.

BRASIL. Constituição (1988). **Diário Oficial da União**, Brasília, DF, 5 out. 1988. Disponível em: <http://www.planalto.gov.br/ccivil_03/Constituicao/Constituicao.htm>. Acesso em: 6 dez. 2016.

_____. Decreto n. 5.296, de 2 de dezembro de 2004. **Diário Oficial da União**, Poder Executivo, Brasília, DF, 3 dez. 2004b. Disponível em: <http://www.planalto.gov.br/ccivil_03/_ato2004-2006/2004/decreto/d5296.htm>. Acesso em: 6 dez. 2016.

_____. Decreto-Lei n. 5.452, de 1º de maio de 1943. **Diário Oficial da União**, Poder Executivo, Rio de Janeiro, RJ, 9 ago. 1943. Disponível em: <http://www.planalto.gov.br/ccivil_03/decreto-lei/Del5452.htm>. Acesso em: 6 dez. 2016.

_____. Lei n. 6.437, de 20 de agosto de 1977. **Diário Oficial da União**, Poder Legislativo, Brasília, DF, 24 ago. 1977a. Disponível em: <http://www.planalto.gov.br/ccivil_03/leis/L6437.htm>. Acesso em: 6 dez. 2016.

_____. Lei n. 8.069, de 13 de julho de 1990. **Diário Oficial da União**, Poder Legislativo, Brasília, DF, 16 jul. 1990a. Disponível em: <http://www.planalto.gov.br/ccivil_03/leis/L8069.htm>. Acesso em: 6 dez. 2016.

_____. Lei n. 8.080, de 19 de setembro de 1990. **Diário Oficial da União**, Poder Legislativo, Brasília, DF, 20 set. 1990b. Disponível em: <http://www.planalto.gov.br/ccivil_03/leis/L8080.htm>. Acesso em: 6 dez. 2016.

BRASIL. Ministério da Ciência, Tecnologia e Inovação. Comissão Nacional de Energia Nuclear. **NE 6.05**: gerência de rejeitos radioativos em instalações radiativas. **Diário Oficial da União**, Brasília, DF, 17 dez. 1985. Disponível em: <http://www.saude.rj.gov.br/comum/code/MostrarArquivo.php?C=MTkzNQ%2C%2C>. Acesso em: 18 mar. 2017.

_____. **NN 3.05**: requisitos de proteção e segurança radiológica para serviços de medicina nuclear. Brasília, 1996. Disponível em: <http://appasp.cnen.gov.br/seguranca/normas/pdf/Nrm305.pdf>. Acesso em: 18 mar. 2017.

BRASIL. Ministério da Saúde. Datasus. **Tipo de estabelecimento**. Disponível em: <http://tabnet.datasus.gov.br/cgi/cnes/tipo_estabelecimento.htm>. Acesso em: 24 fev. 2017a.

_____. **Cadastro nacional de estabelecimentos de saúde CNES**: Notas Técnicas. Disponível em: <http://tabnet.datasus.gov.br/cgi/cnes/NT_Estabelecimentos.htm>. Acesso em: 14 fev. 2017b.

BRASIL. Ministério da Saúde. Departamento Nacional de Saúde. Divisão de Organização Hospitalar. **História e Evolução dos Hospitais**. Rio de Janeiro, 1944. Disponível em: <http://bvsms.saude.gov.br/bvs/publicacoes/cd04_08.pdf>. Acesso em: 18 mar. 2017.

BRASIL. Ministério da Saúde. Gabinete do Ministro. Portaria n. 44, de 10 de janeiro de 2001. **Diário Oficial da União**, Brasília, DF, 10 jan. 2001b. Disponível em: <http://www.cbo.net.br/novo/comissao-saude-suplementar/Portarias/MS-44-DayClinic.pdf>. Acesso em: 6 dez. 2016.

_____. Portaria n. 280, de 7 de abril de 1999. **Diário Oficial da União**, Brasília, DF, 8 abr. 1999a. Disponível em: <https://goo.gl/LhHq8K>. Acesso em: 6 dez. 2016.

BRASIL. Ministério da Saúde. Gabinete do Ministro. Portaria n. 1.091, de 25 de agosto de 1999. **Diário Oficial da União**, Brasília, DF, 26 ago. 1999b. Disponível em: < http://www.saude.mg.gov.br/images/documentos/PORTARIA_1091.pdf>. Acesso em: 20 mar. 2017.

_____. Portaria n. 1.312, de 30 de novembro de 2000. **Diário Oficial da União**, Brasília, DF, 4 dez. 2000c. Disponível em: <sna.saude.gov.br/legisla/legisla/histo/GM_P1.312_00histo.doc>. Acesso em: 10 nov. 2016.

_____. Portaria n. 3.012, de 1º de dezembro de 2009. **Diário Oficial da União**, Brasília, DF, 2 dez. 2009b. Disponível em: <http://www.prefeitura.sp.gov.br/cidade/secretarias/upload/chamadas/PRT3012_1dez09_ProjReg_Tecnico_MERCOSUL_antimicrobianos_ar_1265914955.pdf>. Acesso em: 22 mar. 2017.

_____. Portaria n. 2.616, de 12 de maio de 1998. **Diário Oficial da União**, Brasília, DF, 13 maio 1998a. Disponível em: <http://bvsms.saude.gov.br/bvs/saudelegis/gm/1998/prt2616_12_05_1998.html>. Acesso em: 22 mar. 2017.

BRASIL. Ministério da Saúde. Instituto Nacional de Alimentação e Nutrição. Secretaria de Programas Especiais. Programa Nacional de Incentivo ao Aleitamento Materno. **Normas Gerais para Bancos de Leite Humano**. Brasil: Ministério da Saúde. 1993. Disponível em: <http://www.redeblh.fiocruz.br/media/p322_1988.pdf>. Acesso em: 18 mar. 2017.

BRASIL. Ministério da Saúde. **Manual de laboratório cito-histopatológico**: normas e manuais técnicos. Brasília, 1987a. Disponível em: <http://www.abralapac.org.br/v3/arquivo/MANUAL_DE_LABORATORIO_CITO_E_HISTO_MS.doc>. Acesso em: 6 dez. 2016.

BRASIL. Ministério da Saúde. Secretaria de Assistência à Saúde. Coordenação Materno-Infantil. **Manual de assistência ao recém-nascido**. Brasília, 1994a. Disponível em: <http://docplayer.com.br/3874185-Manual-de-assistencia-ao-recem-nascido.html>. Acesso em: 6 dez. 2016.

BRASIL. Ministério da Saúde. Secretaria de Assistência à Saúde. Departamento de Assistência e Promoção à Saúde. Coordenação do Controle de Infecção Hospitalar. **Processamento de artigos e superfícies em estabelecimentos de saúde**. 2. ed. Brasília, 1994b. Disponível em: <http://w2.fop.unicamp.br/cibio/downloads/processamento_artigos.pdf>. Acesso em: 6 dez. 2016.

BRASIL. Ministério da Saúde. Secretaria de Assistência à Saúde. **Normas para projetos físicos de estabelecimentos assistenciais de saúde**. Brasília, 1994c. (Série Saúde & Tecnologia). Disponível em: <http://bvsms.saude.gov.br/bvs/publicacoes/normas_montar_centro_.pdf>. Acesso em: 18 mar. 2017.

BRASIL. Ministério da Saúde. Secretaria de Atenção à Saúde. Departamento de Ações Programáticas e Estratégicas. **Atenção hospitalar**. Brasília, 2011a. (Cadernos HumanizaSUS, v. 3). Disponível em: <http://www.redehumanizasus.net/sites/default/files/itens-do-acervo/files/atencao_hospitalar_vol_3_v2.pdf>. Acesso em: 6 dez. 2016.

BRASIL. Ministério da Saúde. Secretaria de Atenção à Saúde. Departamento de Regulação, Avaliação e Controle. Coordenação-Geral dos Sistemas de Informação. **Cadastro nacional de estabelecimentos de saúde – CNES**: Anexo do manual técnico do cadastro nacional de estabelecimentos de saúde – Tabelas atualizadas. Brasília, 2008. Disponível em: <http://portal.pmf.sc.gov.br/arquivos/arquivos/pdf/23_12_2009_11.02.21.5417b9d5e4951f6047eb973efc6ca7f2.pdf>. Acesso em: 24 fev. 2017.

Brasil. Ministério da Saúde. Secretaria de Atenção à Saúde. Núcleo Técnico da Política Nacional de Humanização. **Ambiência**. 2. ed. Brasília: Editora do Ministério da Saúde, 2006b. (Série B. Textos Básicos de Saúde). Disponível em: <http://www.saude.sc.gov.br/hijg/gth/Ambiência.pdf>. Acesso em: 1º mar. 2017.

BRASIL. Ministério da Saúde. Secretaria de Atenção à Saúde. Portaria n. 511, de 29 de dezembro de 2000. **Diário Oficial da União**, Brasília, DF, 4 jan. 2001c. Disponível em: <http://sna.saude.gov.br/legisla/legisla/control_av/SAS_P511_01control_av_g.doc>. Acesso em: 24 fev. 2017.

BRASIL. Ministério da Saúde. Secretaria de Políticas de Saúde. Projeto Promoção da Saúde. **As Cartas da Promoção da Saúde**. Brasília: Ministério da Saúde, 2002c. (Série B. Textos Básicos em Saúde). Disponível em: <http://bvsms.saude.gov.br/bvs/publicacoes/cartas_promocao.pdf>. Acesso em: 2 mar. 2017.

BRASIL. Ministério da Saúde. Secretaria de Vigilância Sanitária. Portaria n. 272, de 8 de abril de 1998. **Diário Oficial da União**, Brasília, DF, 23 abr. 1998b. Disponível em: <http://www.saude.mg.gov.br/images/documentos/PORTARIA_272.pdf>. Acesso em: 6 dez. 2016.

_____. Portaria n. 453, de 1º de junho de 1998. **Diário Oficial da União**, Brasília, DF, 2 jun. 1998c. Disponível em: <http://www.conter.gov.br/uploads/legislativo/portaria_453.pdf>. Acesso em: 6 dez. 2016.

BRASIL. Ministério da Saúde. Secretaria Executiva. Departamento de Economia da Saúde e Desenvolvimento. **Apoio ao diagnóstico e à terapia**: Anatomia Patológica, Patologia Clínica, Hemoterapia e Hematologia, Medicina Nuclear. Brasília: Ministério da Saúde, 2014b. (Programação Arquitetônica de Unidades Funcionais de Saúde; v. 4). Disponível em: <http://portalarquivos.saude.gov.br/images/pdf/2015/fevereiro/09/apoio-diagnostico-terapia-anatomia-somasus-vol4.pdf>. Acesso em: 9 mar. 2017.

BRASIL. Ministério da Saúde. Secretaria Executiva. Departamento de Economia da Saúde e Desenvolvimento. **Apoio ao diagnóstico e à terapia (imagenologia)**. Brasília: Ministério da Saúde, 2013a. (Programação Arquitetônica de Unidades Funcionais de Saúde, v. 3). Disponível em: <http://bvsms.saude.gov.br/bvs/publicacoes/soma_sus_sistema_apoio_elaboracao_vol3.pdf>. Acesso em: 9 mar. 2017.

\_\_\_\_\_. **Atendimento ambulatorial e atendimento imediato**. Brasília: Ministério da Saúde, 2011b. (Programação Arquitetônica de Unidades Funcionais de Saúde, v. 1) Disponível em: <http://bvsms.saude.gov.br/bvs/publicacoes/programacao_arquitetonica_somasus_v1.pdf>. Acesso em: 18 mar. 2017.

\_\_\_\_\_. **Internação e apoio ao diagnóstico e terapia (reabilitação)** Brasília, DF: Ministério da Saúde, 2013b. (Programação Arquitetônica de Unidades Funcionais de Saúde, v. 2). Disponível em: <http://bvsms.saude.gov.br/bvs/publicacoes/soma_sus_sistema_apoio_elaboracao_vol2.pdf>. Acesso em: 9 mar. 2017.

\_\_\_\_\_. **Programa qualidade do sangue**: sangue e hemoderivados. Brasília: Ministério da Saúde, 2000d. Disponível em: <http://bvsms.saude.gov.br/bvs/publicacoes/qualidade_sangue.pdf>. Acesso em: 20 mar. 2017.

BRASIL. Ministério da Saúde. Secretaria Nacional de Ações Básicas de Saúde. Coordenação de Assistência Médica e Hospitalar. **Conceitos e definições em saúde**. Brasília, 1977b. Disponível em: <http://bvsms.saude.gov.br/bvs/publicacoes/0117conceitos.pdf>. Acesso em: 26 abr. 2016.

BRASIL. Ministério da Saúde. Secretaria Nacional de Ações Básicas de Saúde. Portaria n. 400, de 6 de dezembro de 1977. **Diário Oficial da União**, Brasília, DF, 6 de dezembro de 1977c. Disponível em: <http://www.sivac.com.br/legislacoes/gm/12606-400.html>. Acesso em: 8 mar. 2017.

BRASIL. Ministério da Saúde. Secretaria Nacional de Organização e Desenvolvimento de Serviços de Saúde. **Terminologia básica em saúde**. Brasília: Centro de Documentação do Ministério da Saúde, 1987b. (Série B: Textos básicos de saúde, 4). Disponível em: <http://bvsms.saude.gov.br/bvs/publicacoes/0112terminologia1.pdf>. Acesso em: 18 mar. 2017.

BRASIL. Ministério do Meio Ambiente. Conselho Nacional do Meio Ambiente. Resolução n. 316, de 29 de outubro de 2002. **Diário Oficial da União**, Brasília, DF, 20 nov. 2002d. Disponível em: <http://www.mma.gov.br/port/conama/res/res02/res31602.html>. Acesso em: 6 dez. 2016.

\_\_\_\_\_. Resolução n. 358, de 29 de abril de 2005. **Diário Oficial da União**, Brasília, DF, 4 maio 2005. Disponível em: <http://www.mma.gov.br/port/conama/legiabre.cfm?codlegi=462>. Acesso em: 6 dez. 2016.

BRASIL. Ministério do Trabalho e Emprego. NR 9: programa de prevenção de riscos ambientais. **Diário Oficial da União**, Brasília, DF, 6 jul. 1978a. Disponível em: <https://www.legisweb.com.br/legislacao/?id=248162>. Acesso em: 6 dez. 2016.

\_\_\_\_\_. NR 13: caldeiras, vasos de pressão e tubulações. **Diário Oficial da União**, Brasília, DF, 6 jul. 1978b. Disponível em: <http://trabalho.gov.br/images/Documentos/SST/NR/NR13.pdf>. Acesso em: 6 dez. 2016.

\_\_\_\_\_. NR 24: condições sanitárias e de conforto nos locais de trabalho. **Diário Oficial da União**, Brasília, 6 jul. 1978c. Disponível em: <http://trabalho.gov.br/images/Documentos/SST/NR/NR24.pdf>. Acesso em: 6 dez. 2016.

CHIAVENATO, I. **Administração**: teoria, processo e prática. 4. ed. Rio de Janeiro: Elsevier, 2007.

COSTEIRA, E. M. A. Arquitetura hospitalar: história, evolução e novas visões. **Sustinere – Revista de Saúde e Educação**, v. 2, n. 2. jul./dez. 2014. Disponível em: <http://www.e-publicacoes.uerj.br/index.php/sustinere/article/download/14127/10717>. Acesso em: 1º mar. 2017. http://docplayer.com.br/17449399-Arquitetura-hospitalar-historia-evolucao-e-novas-visoes.html

\_\_\_\_\_. **Hospitais de emergência da cidade do Rio de Janeiro**: uma nova abordagem para a eficiência do ambiente construído. Dissertação (Mestrado em Arquitetura) – Universidade Federal do Rio de Janeiro, Rio de Janeiro, 2003. Disponível em: <http://docplayer.com.br/4658827-Hospitais-de-emergencia-da-cidade-do-rio-de-janeiro-uma-nova-abordagem-para-a-eficiencia-do-ambiente-construido.html>. Acesso em: 6 dez. 2016.

DINIZ, W. Desenho arquitetônico e noções de construção civil. In: EDITORA INTERSABERES (Org.). **Comércio e serviços imobiliários**. Curitiba: InterSaberes, 2015. p. 7-58.

FIORENTINI, D. M. F.; LIMA, V. H. de A.; KARMAN, J. B. (Col.). **Arquitetura na prevenção de infecção hospitalar**. Brasília: Ministério da Saúde/Secretaria de Assistência à Saúde, 1995. (Série Saúde e Tecnologia: Textos de Apoio à Programação Física dos Estabelecimentos Assistenciais de Saúde). Disponível em: <http://portal.anvisa.gov.br/documents/33852/271121/infeccao.pdf/c75403ca-3558-4a8c-a87a-37c4ece21014>. Acesso em: 6 dez. 2016.

FOUCAULT, M. **Microfísica do poder**. 28. ed. Rio de Janeiro: Record, 2014.

GIRIBOLA, M. Arquitetura hospitalar: projetos e detalhes. **Arquitetura e urbanismo**, ed. 247, out. 2014. Disponível em: <http://www.au.pini.com.br/arquitetura-urbanismo/247/arquitetura-hospitalar-projetos-e-detalhes-327526-1.aspx>. Acesso em: 1º mar. 2017.

GÓES, R. D. **Manual prático de arquitetura hospitalar**. São Paulo: Edgard Blucher, 2004.

GONÇALVES, E. L. Estrutura organizacional do hospital moderno. **RAE – Revista de Administração de Empresas**, São Paulo, v. 38, n. 1, p. 80-90, jan./mar. 1998. Disponível em: <http://www.scielo.br/pdf/rae/v38n1/a08v38n1.pdf>. Acesso em: 6 dez. 2016.

HERÓDOTO. **História**. Versão para o português de J. Brito Broca. São Paulo: eBooksBrasil, 2006.

HOUAISS, A.; VILLAR, M. DE S. **Dicionário Houaiss da língua portuguesa**. Versão 3.0. Rio de Janeiro: Instituto Antônio Houaiss; Objetiva, 2009. 1 CD-ROM.

IBGE – Instituto Brasileiro de Geografia e Estatística. **Pesquisa Nacional de Saneamento Básico de 2000**. Rio de Janeiro, 2002. Disponível em: <https://sidra.ibge.gov.br/pesquisa/pnsb/pnsb-2000>. Acesso em: 18 mar. 2017.

IDEAGRID. **Artistas transformam hospital infantil em Londres**. 2015. Disponível em: <http://www.ideagrid.com.br/arquitetura/artistas-transformam-hospital-infantil-em-Londres>. Acesso em: 6 dez. 2016.

JONG, A. E. E.; LEEMAN, J.; MIDDELKOOP, E. Development of Nursing Workload Measurement Instrument in Burn Care. **Burns**, Guildford, v. 35, n. 7, p. 942-948, Nov. 2009.

KARMAN, J. B. **Manutenção incorporada à arquitetura hospitalar**. Brasília: Ministério da Saúde/Secretaria de Assistência à Saúde, 1995. (Série Saúde e Tecnologia: Textos de Apoio à Programação Física dos Estabelecimentos Assistenciais de Saúde). Disponível em: <http://portal.anvisa.gov.br/documents/33852/271121/manut.pdf/f27d475e-6db1-4445-a2a2-296c2ef9988a>. Acesso em: 6 dez. 2016.

LAMHA NETO, S. **Instalações prediais ordinárias e especiais**. Brasília: Ministério da Saúde/Secretaria de Assistência à Saúde, 1995. (Série Saúde e Tecnologia: Textos de Apoio à Programação Física dos Estabelecimentos Assistenciais de Saúde). Disponível em: <http://www.anvisa.gov.br/servicosaude/manuais/prediais.pdf>. Acesso em: 6 dez. 2016.

LIMA, C. D.; LOPES, M. de A.; GONÇALVES, V. M. da S. O enfermeiro no planejamento do espaço físico hospitalar. **Revista Enfermagem Integrada**, Ipatinga, v. 3, n. 2, nov./dez. 2010. Disponível em: <http://www.unilestemg.br/enfermagemintegrada/artigo/V3_2/02-enfermeiro-no-planejamento-fisico-hospitalar.pdf>. Acesso em: 6 dez. 2016.

LIMA, H. de O. **A aplicação da acreditação aos hospitais do programa de fortalecimento e melhoria da qualidade dos hospitais do SUS/MG**. 85 f. Dissertação (Mestrado em Gestão de Serviços de Saúde) – Instituto Universitário de Lisboa, Lisboa, 2010. Disponível em: <http://www.ufjf.br/oliveira_junior/files/2009/06/LIMA-2010.pdf>. Acesso em: 6 dez. 2016.

LISBOA, T. C. Breve história dos hospitais: da Antiguidade à Idade Contemporânea. **Notícias Hospitalares**, v. 4, n. 37, Encarte, p. 1-30, jun./jul. 2002.

LUKIANTCHUKI, M. A.; CARAM, R. M. Arquitetura hospitalar e o conforto ambiental: evolução histórica e importância na atualidade. In: SEMINÁRIO INTERNACIONAL DO NÚCLEO DE PESQUISA EM TECNOLOGIA DA ARQUITETURA E URBANISMO DA UNIVERSIDADE DE SÃO PAULO, 7., 2008, São Carlos. **Anais**... São Carlos: USP, 2008. Disponível em: <https://www.usp.br/nutau/CD/160.pdf>. Acesso em: 13 fev. 2017.

LUZ NETO, M. A. da. **Condições de segurança contra incêndio**. Brasília: Ministério da Saúde/Secretaria de Assistência à Saúde, 1995. (Série Saúde e Tecnologia: Textos de Apoio à Programação Física dos Estabelecimentos Assistenciais de Saúde). Disponível em: <http://portal.anvisa.gov.br/documents/33852/271121/incendio.pdf/97b95c4f-fc13-47a6-8ddd-033fb2b893be>. Acesso em: 6 dez. 2016.

MASCARÓ, J. L. **O custo das decisões arquitetônicas no projeto de hospitais**. Brasília: Ministério da Saúde/Secretaria de Assistência à Saúde, 1995. (Série Saúde e Tecnologia: Textos de Apoio à Programação Física dos Estabelecimentos Assistenciais de Saúde). Disponível em: <http://portal.anvisa.gov.br/documents/33852/271121/custos.pdf/88b8bcb5-6dde-4dd7-840c-3670324e34dd>. Acesso em: 6 dez. 2016.

MASCARÓ, J. L. (Org.). **O custo das decisões arquitetônicas**. 5. ed. Porto Alegre: Masquatro, 2010.

MITIDIERI, M. L.; IOSHIMOTO, E. **Proposta de classificação de materiais e componentes construtivos com relação ao comportamento frente ao fogo**: reação ao fogo. São Paulo: Epusp, 1998.

OLIVEIRA, M. N. de. **Infraestrutura hospitalar e incorporação tecnológica**: a experiência do Reforsus. 2004. Disponível em: <http://docplayer.com.br/4249885-Healthcare-infra-structure-and-technological-incorporation-the-experience-of-reforsus.html>. Acesso em: 6 dez. 2016.

OLIVEIRA, T. A. de; RIBAS, O. T. **Sistemas de controle das condições ambientais de conforto**. Brasília: Ministério da Saúde/Secretaria de Assistência à Saúde, 1995. (Série Saúde e Tecnologia: Textos de Apoio à Programação Física dos Estabelecimentos Assistenciais de Saúde). Disponível em: <http://www.anvisa.gov.br/servicosaude/manuais/conforto.pdf>. Acesso em: 6 dez. 2016.

OMS – Organización Mundial de la Salud. Función de los hospitales en los programas de protección de la salud. **Serie de Informes Técnicos**, Ginebra, n. 122, 1957. Disponível em: <http://apps.who.int/iris/bitstream/10665/37304/1/WHO_TRS_122_spa.pdf>. Acesso em: 18/ mar. 2017.

OMS – Organização Mundial da Saúde. **Declaração de Alma-Ata**. In: CONFERÊNCIA INTERNACIONAL SOBRE CUIDADOS PRIMÁRIOS DE SAÚDE, 1., 1978, Alma-Ata, URSS. Disponível em: <http://cmdss2011.org/site/wp-content/uploads/2011/07/Declara%C3%A7%C3%A3o-Alma-Ata.pdf>. Acesso em: 2 mar. 2017.

PAYNE, G. M. **Dialysis Water and Dialysate Recommendations**: A User Guide. Arlington, VA: Association for the Advancement of Medical Instrumentation, 2014. Disponível em: <http://my.aami.org/aamiresources/previewfiles/dug_preview.pdf>. Acesso em: 27 mar. 2017.

PESSOA, F. **Páginas de estética e de teoria e crítica literárias**. Textos estabelecidos e prefaciados por Georg Rudolf Lind e Jacinto do Prado Coelho. Tradução de Jorge Rosa. Lisboa: Ática, 1966.

POTIER, A. C. Quão pós-modernos são os hospitais brasileiros? **Revista IPH – Revista do Instituto Brasileiro de Desenvolvimento e Pesquisas Hospitalares**, v. 7, p. 8-12, 2006.

RIBEIRO, C. de M. Atividades de enfermagem de saúde pública: estruturas organizacionais que favoreçam o desenvolvimento dessas atividades. **Revista Brasileira de Enfermagem**, Brasília, v. 25, n. 1-2, p. 81-88, jan./abr. 1972. Disponível em: <http://www.scielo.br/scielo.php?script=sci_arttext&pid=S0034-71671972000100081>. Acesso em: 18 mar. 2017.

RIBEIRO, J. P.; GOMES, G. C.; THOFEHRN, M. B. **Ambiência como estratégia de humanização da assistência na unidade de pediatria: revisão sistemática**. Revista da Escola de Enfermagem da USP, São Paulo, v. 40, n. 3, p. 530-539, jun. 2014. Disponível em: <http://www.scielo.br/scielo.php?pid=S0080-62342014000300530&script=sci_arttext&tlng=pt>. Acesso em: 18 mar. 2017.

RIO DE JANEIRO (Estado). **Hospital Estadual da Criança vai garantir experiência lúdica na hora de fazer uma tomografia**. 4 mar. 2013. Disponível em: <http://www.rj.gov.br/web/ses/exibeconteudo?article-id=1466607>. Acesso em: 6 dez. 2016.

SOUZA, L. L. de. **Diretrizes para elaboração de um plano diretor físico hospitalar**: o caso do Complexo Hospitalar Monsenhor Walfredo Gurgel, Natal/RN. 96 f. Monografia (Especialização em Arquitetura de Sistemas de Saúde) – Universidade Federal da Bahia, Salvador, 2008. Disponível em: <http://docplayer.com.br/5820274-Diretrizes-para-elaboracao-de-um-plano-diretor-fisico-hospitalar-o-caso-do-complexo-hospitalar-monsenhor-walfredo-gurgel-natal-rn.html>. Acesso em: 18 mar. 2017.

SOUZA, M. de; POSSARI, J. F.; MUGAIAR, K. H. B. Humanização da abordagem nas unidades de terapia intensiva. **Revista Paulista de Enfermagem**, v. 5, n. 2, p. 77-79, abr./jun. 1985.

SVALDI, J. S. D.; SIQUEIRA, H. C. H. de. Ambiente hospitalar saudável e sustentável na perspectiva ecossistêmica: contribuições da enfermagem. **Escola Anna Nery**, v. 14, n. 3, p. 599-604, jul./set. 2010. Disponível em: <http://www.scielo.br/pdf/ean/v14n3/v14n3a23.pdf>. Acesso em: 6 dez. 2016.

TIMBY, B. K. **Conceitos e habilidades fundamentais no atendimento de enfermagem**. 6. ed. Porto Alegre: Artmed, 2001.

TOPALIAN, A. **The Management of Design Projects**. Londres: Associated Business Press, 1980.

WEIDLE, E. P. S. **Sistemas construtivos na programação arquitetônica de edifícios de saúde**. Brasília: Ministério da Saúde/Secretaria de Assistência à Saúde, 1995. (Série Saúde e Tecnologia: Textos de Apoio à Programação Física dos Estabelecimentos Assistenciais de Saúde). Disponível em: <http://www.anvisa.gov.br/servicosaude/manuais/sistemas.pdf>. Acesso em: 5 ago. 2016.

# Respostas

## Capítulo 1

1. a, f, e, c, g, d, b
2. Em uma época desprovida de grandes recursos, Florence Nightingale conseguiu, com sua dedicação e conhecimento em enfermagem, ser a precursora em determinar fatores que, até os dias de hoje, trazem benefícios ao tratamento hospitalar. Durante a Guerra da Crimeia, ela percebeu que, detectando as enfermidades por sinais e sintomas e mantendo um padrão de higiene pessoal e no local onde os pacientes se encontravam, a recuperação era favorecida.
3. d, c, a, b
4. d
5. b

## Capítulo 2

1.

| | |
|---|---|
| **Estratégico** | É elaborado pela alta administração e abrange a organização em sua totalidade. É programado para o longo prazo e direcionado para a eficácia da organização. |
| **Tático** | De nível intermediário, abrange a transformação das decisões estratégicas em planos reais no âmbito departamental. |
| **Operacional** | Refere-se à realização de tarefas e operações específicas no curto prazo, visando à otimização e à maximização dos resultados. O planejamento é uma importante ferramenta, que possibilita a manutenção de uma postura ativa dos gestores no processo gerencial. |

2. a
3. c
4. Sobre materiais e equipamentos, devem ser considerados: tipo e qualidade; características para identificação; unidade de comercialização e as respectivas quantidades. A relação entre quantidade e qualidade deve estar descrita minuciosamente, visto que a quantidade pode ser identificada com facilidade por números, enquanto a qualidade depende do foco, da essência ou da natureza de algo e pode ser subjetiva.
5. Planta de situação, planta(s) baixa(s), cortes (longitudinal e transversal), fachadas, planta de cobertura, detalhes construtivos e perspectivas.

# Capítulo 3

1. b, a, c, e, d, f, i, h, g
2. 
    1. *Prestação de atendimento eletivo de assistência à saúde em regime ambulatorial* – atendimento a pacientes externos, programado e continuado.
    2. *Prestação de atendimento imediato de assistência à saúde* – atendimento a pacientes externos em situações de sofrimento, sem risco de vida (urgência) ou com risco de vida (emergência).
    3. *Prestação de atendimento de assistência à saúde em regime de internação* – atendimento a pacientes que necessitam de assistência direta programada por período superior a 24 horas (pacientes internos).
    4. *Prestação de atendimento de apoio ao diagnóstico e terapia* – atendimento a pacientes internos e externos em ações de apoio direto ao reconhecimento e recuperação do estado da saúde (contato direto).

5. *Prestação de serviços de apoio técnico* – atendimento direto à assistência à saúde em funções de apoio (contato indireto).
6. *Formação e desenvolvimento de recursos humanos e de pesquisa* – atendimento relacionado direta ou indiretamente à atenção e à assistência à saúde em funções de ensino e pesquisa.
7. *Prestação de serviços de apoio a gestão e execução administrativa* – atendimento ao estabelecimento em funções administrativas.
8. *Prestação de serviços de apoio logístico* – atendimento ao estabelecimento em funções de suporte operacional.

As quatro primeiras são atribuições-fim, isto é, constituem funções diretamente relacionadas à atenção e à assistência à saúde. As quatro últimas são atribuições-meio para o desenvolvimento das primeiras e de si próprias.

3. d
4. d
5. c

## Capítulo 4

1. a
2. Hospitais verticais e hospitais horizontais.
3. a
4. V, V, F, F, F, V.
5. Nos espaços reservados, é necessário capacitar o futuro hospital, após construído e implementado, a desempenhar bem suas múltiplas e complexas funções, estruturando-o de modo a ter condições de viabilizar sua manutenção operacional eficazmente. Já nos espaços destinados, mesmo ainda na fase de concepção, a arquitetura de manutenção deve suprir as futuras demandas da manutenção operacional, considerando que o hospital é uma "instituição inconclusa, sempre por completar".

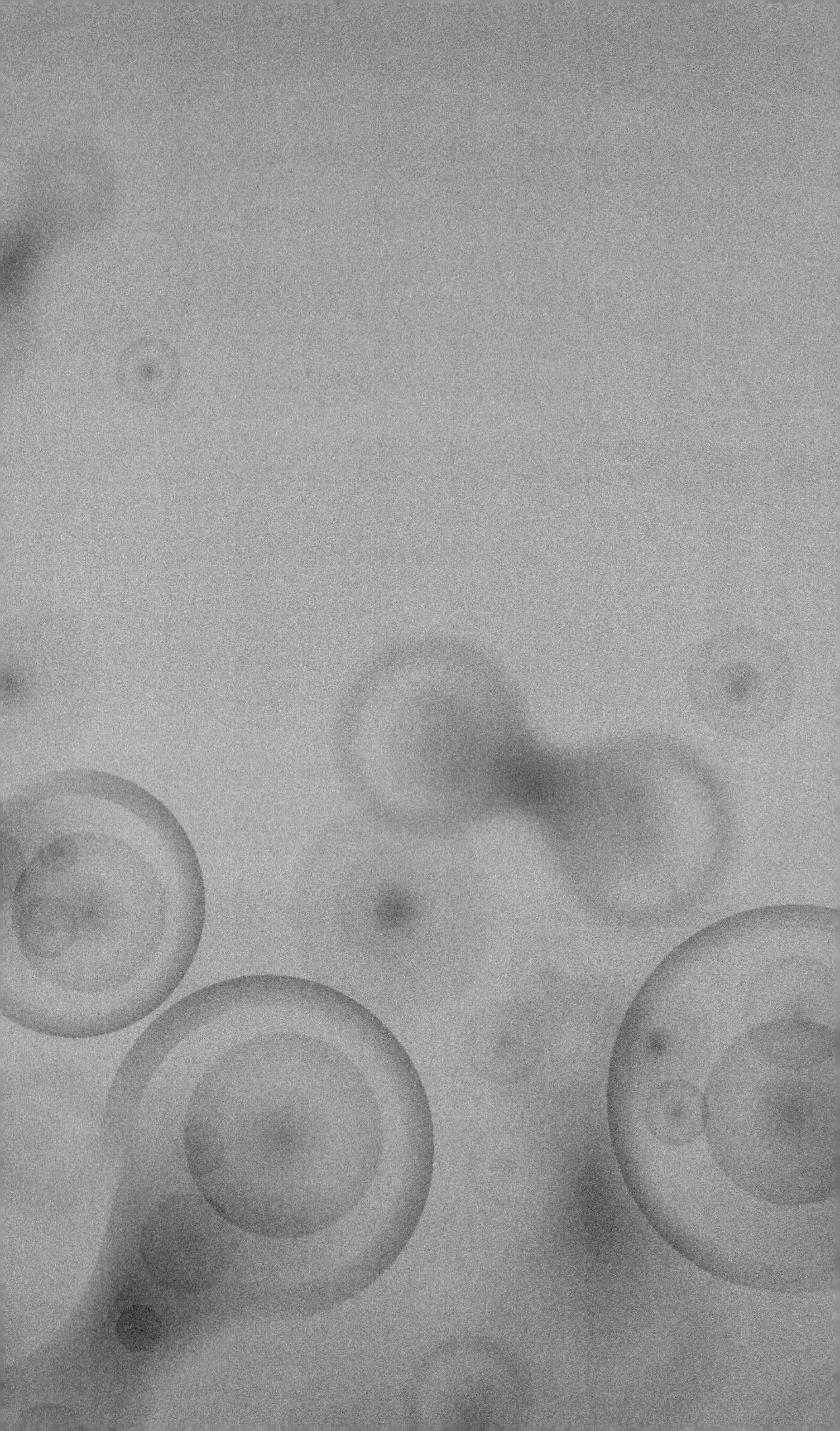

# Sobre a autora

**Graciele de Matia** tem graduação em Enfermagem (1999) pela Universidade do Vale do Itajaí (Univali); especialização em Educação Profissional na Área de Saúde: Enfermagem (2002) pela Fundação Oswaldo Cruz (Fiocruz); especialização em Metodologias Ativas (2011) pelas Faculdades Pequeno Príncipe (FPP); especialização em Administração Hospitalar e Clínicas (2003) pela Universidade do Contestado (UnC); e mestrado em Biotecnologia Aplicada à Saúde da Criança e do Adolescente (2015) pelas Faculdades Pequeno Príncipe. Atualmente, é enfermeira de Educação e Pesquisa no Complexo Hospital de Clínicas da Universidade Federal do Paraná (CHC-UFPR) e professora das Faculdades Pequeno Príncipe, nos cursos de graduação em Enfermagem e Medicina, onde também é orientadora de TCC na graduação e na pós-graduação e membro do grupo de Pesquisa em Ensino na Saúde (Pensa). Tem experiência na área de enfermagem, tanto assistencial quanto administrativa. Atua como pesquisadora nos seguintes temas: ensino, avaliação do ensino, educação superior e estudos de validação.

Os papéis utilizados neste livro, certificados por instituições ambientais competentes, são recicláveis, provenientes de fontes renováveis e, portanto, um meio sustentável e natural de informação e conhecimento.

FSC
www.fsc.org
MISTO
Papel produzido a partir de fontes responsáveis
FSC® C057341

Impressão: Log&Print Gráfica e Logística S.A.
Março/2022